U0133553

墨人 著

本全集保留作者手批手稿

墨人博士作品全集【全60冊】

第四冊 中國的月亮

文史哲出版社印行

國家圖書館出版品預行編目資料

墨人博士作品全集 / 墨人著 -- 初版 -- 臺北
市:文史哲, 民 100.12
頁： 公分
ISBN 978-957-549-987-7 (全套 60 冊：平裝)

1.現代文學 2. 中國文學 3.別集

848.6 100022602

墨人博士作品全集【全60冊】

第四冊 中國的月亮

著 者：墨 人
出 版 者：文 史 哲 出 版 社
http://www.lapen.com.tw
登記證字號：行政院新聞局版臺業字五三三七號
發 行 人：彭 正 雄
發 行 所：文 史 哲 出 版 社
印 刷 者：文 史 哲 出 版 社
臺北市羅斯福路一段七十二巷四號
郵政劃撥帳號：一六一八〇一七五
電話886-2-23511028・傳真886-2-23965656

【全60冊】定價新臺幣 36,800 元

中華民國一百年（2011）十二月初版

ISBN 978-957-549-987-7 08992

墨人博士著作品全集　總目

一、散文類

二、長篇小說

三、中短篇小說散文合集

四、詩詞及論評

附：外篇

墨人的一部文學千秋史

張萬熙先生，筆名墨人，江西九江人，民國九年生。爲一位享譽國內外名小說家、詩人、學者。歷任軍、公、教職。六十五歲始自從國民大會簡任一級加年功俸的資料組長兼圖書館長公職崗位退休，但已是中國文壇上一位閃亮的巨星。出版有：《全唐詩尋幽探微》、《紅樓夢的寫作技巧》、二百九十多萬字的大長篇小說《紅塵》、《白雪青山》、《春梅小史》；詩集：《哀祖國》；散文集：《小園昨夜又東風》……。民國五十年、五十一年連續以短篇小說，兩次入選維也納納富出版公司出版的《世界最佳小說選集》。七十歲時自東吳大學中文系教席二度退休，仍著述不輟，爲國寶級文學家。墨人博士在臺勤於創作六十多年（在大陸時期已創作十年），並以其精通儒、釋、道之學養，綜理戎機、參贊政務、作育英才，更以其對傳統文學的精湛造詣，與對新文藝的創作，在國際上贏得無數榮譽，如：美國世界大學榮譽文學博士、美國馬奎士國際大學榮譽文學博士、美國艾因斯坦國際學院榮譽人文學博士（包括哲學、文學、藝術、語言四類）、英國劍橋國際傳記中心副總裁（代表亞洲）、英國莎士比亞詩、小說與人文學獎得主，現在出版《全集》中。

壹、家世・堂號

張萬熙先生，江西省德化人（今九江），先祖玉公，明末時以提督將軍身份鎭守雁門關，蒙古騎兵入侵，戰死於東昌，後封爲「河間王」。其子輔公，進士出身，歷任文官。後亦奉召領兵「三定交趾」，因戰功而封爲「定興王」。其子貞公亦有兵權，因受奸人陷害，自蘇州嘉定（即今上海市一區），謫居潯陽（今江西九江）。祖宗牌位對聯爲：嘉定源流遠，潯陽歲月長；右書「清河郡」、左寫「百忍堂」。

貳、來臺灣的過程

民國三十八年，時局甚亂，張萬熙先生攜家帶眷，在兵荒馬亂人心惶惶時，張先生從湖南長沙火車站，先將一千多度的近視眼弱妻，與四個七歲以下子女，從車窗口塞進車廂，自己則擠在廁所內動彈不得，千辛萬苦的從湖南長沙搭火車南下廣州，從廣州登商輪來臺。七月三日抵基隆，由同學顧天一先生，接到臺北縣永和鎮鄉下暫住。

參、在臺灣一甲子奮鬥的過程

一、初到臺灣的生活

家小安頓妥後，張萬熙先生先到臺北萬華，一家新創刊的《經濟快報》擔任主編，但因財務不濟，四個月不到便草草結束。幸而另謀新職，舉家遷往左營擔任海軍總司令辦公室秘書，負責紀錄整理所有軍務會報紀錄。

民國四十六年，張先生自左營來臺北任職國防部史政局編纂《北伐戰史》（歷時五年多浩大工程，編成綠布面精裝本、封面燙金字《北伐戰史》叢書），完成後在「八二三」炮戰前夕又調任國防部總政治部，主管陸、海、空、聯勤文宣業務，四十七歲自軍中正式退役後轉任文官，在臺北市中山堂的國民大會主編研究世界各國憲法政治的十六開大本的《憲政思潮》，作者、譯者都是台灣大學、政治大學的教授、系主任，首開政治學術化先例。

張先生從左營遷到臺北大直海軍眷舍，只是由克難的甘蔗板隔間眷舍改爲磚牆眷舍，大小一般，但邊間有一片不小的空地，子女也大了，不能再擠在一間房屋內，因此，張先生加蓋了三間竹屋安頓他們。但眷舍右上方山上是一大片白色天主教公墓，在心理上有一種「與鬼爲鄰」的感覺。張夫人有一千多度的近視眼，她看不清楚，子女看見嘴裡不講，心裡都不舒服。張先生自軍中假退役後，只拿八成俸。

張先生因爲有稿費、版稅，還有些積蓄，除在左營被姓譚的同學騙走二百銀元外，剩下的積蓄還可以做點別的事。因爲住左營時在銀行裡存了不少舊臺幣，那時左營中學附近的土地只要三塊多錢一坪，張先生可以買一萬多坪。但那時政府的口號是「一年準備，兩年反攻，三年掃蕩，五年成功。」張先生信以爲真，三十歲左右的人還是「少不更事」，平時又忙著上班、寫作，實在不懂政治、經濟大事，以爲政府和「最高領袖」不會騙人，五年以內真的可以回大陸，張先生又有「戰士授田證」。沒想到一改用新臺幣，張先生就損失一半存款，呼天不應。但天理不容，姓譚的同學不但無后，也死了三十多年，更沒沒無聞。張先生作人、看人的準則是：無論幹什麼都是「誠信」第一，因果比法律更公平、更準。欺人不可欺心，否則自食其果。

二、退休後的寫作生活

張先生四十七歲自軍職退休後，轉任台北市中山堂國大會主編十六開大本研究各國憲法政治的《憲政思潮》十八年，時任簡任一級資料組長兼圖書館長。並在東吳大學兼任副教授二十年、香港廣大學院指導教授、講座教授、指導論文寫作、不必上課。六十四歲時即請求自公職提前退休，以業務重要不准，但取得國民大會秘書長（北京朝陽大學法律系畢業）何宜武先生的首肯，六十五歲依法退休。當時國民大會、立法院、監察院簡任一級主管多延至七十歲退休，因所主管業務富有政治性，與單純的行政工作不同，六十五歲時張先生雖達法定退休年齡，還是延長了四個月才正式退休，何秘書長宜武大惑不解地問張先生：「別人請求延長退休而不可得，你爲什麼反而要求退休？」張先生答以「專心寫作」，何秘書長才坦然不疑。退休後日夜寫作，因胸有成竹，很快完成了一百九十多萬字的大長篇小說《紅塵》，在鼎盛時期的《臺灣新生報》連載四年多，開中國新聞史中報紙連載最大長篇小說先河。但報社還不敢出版，經讀者熱烈反映，才出版前三大冊。當年十二月即獲行政院新聞局「著作金鼎獎」與嘉新文化基金會「優良著作獎」，亦無前例。《台灣新生報》又出九十三章至一百二十二章，只好名爲《續集》。墨人在書前題五言律詩一首：

浩劫未埋身，揮淚寫紅塵，非名非利客，孰晉孰秦人？
毀譽何清問？吉凶自有因。天心應可測，憂道不憂貧。

二〇〇四年初，巴黎 **youfeng** 書局出版豪華典雅的法文本《紅塵》，亦開「五四」以來中文作家大長篇小說進入西方文學世界重鎮先河。時爲巴黎舉辦「中國文化年」期間，兩岸作家多由政府資助出席，張先生未獲任何資助，亦未出席，但法文本《紅塵》卻在會場展出，實爲一大諷刺。張先生一生「只問耕耘，不問收穫」的寫作態度，七十多年來始終如一，不受任何外在因素影響。

肆、特殊事蹟與貢獻

一、《紅塵》出版與中法文學交流

《紅塵》寫作時間跨度長達一世紀，由清朝末年的北京龍氏家族的翰林第開始，寫到八國聯軍、滿清覆亡、民國初建、八年抗日、國共分治下的大陸與臺灣，續談臺灣的建設發展、開放大陸探親等政策。空間廣度更遍及大陸、臺灣、日本、緬甸、印度，是一部中外罕見的當代文學鉅著。墨人五十七歲時應邀出席在西方文藝復興聖地佛羅倫斯所舉辦的首屆國際文藝交流大會，會後環遊地球一周。七十歲時應邀訪問中國大陸四十天，次年即出版《大陸文學之旅》。《紅塵》一書最早於臺灣新生報連載四年多，並由該報連出三版，臺灣新生報易主後，將版權交由昭明出版社出版定本六卷。由於本書以百年來外患內亂的血淚史爲背景，寫出中國人在歷史劇變下所顯露的生命態度、文化認知、人性的進取與沉淪，引起中外許多讀者極大共鳴與回響。

旅法學者王家煜博士是法國研究中國思想的權威，曾參與中國古典文學的法文百科全書翻譯工作，他認爲深入的文化交流仍必須透過文學，而其關鍵就在於翻譯工作。從五四運動以來，中西文化交流一直是西書中譯的單向發展。直到九十年代文建會提出「中書外譯」計畫，臺灣作家才逐漸被介紹到西方，如此文學鉅著的翻譯，算是一個開始。

王家煜在巴黎大學任教中國上古思想史，他指出《紅塵》一書中所引用的詩詞以及蘊含中國思想的博大精深，是翻譯過程中最費工夫的部分。爲此，他遍尋參考資料，並與學者、詩人討論，歷時十年終於完成《紅塵》的翻譯工作，本書得以出版，感到無比的欣慰。他笑著說，這可說是「十年寒窗」。

《紅塵》法文譯本分上下兩大冊，已由法國最重要的中法文書局「友豐書店」出版。友豐負責人潘立輝謙沖寡言，三十年多來，因對中法文化交流有重大貢獻而獲得法國授予文化「騎士勳章」的榮譽。他於五年前開始成立出版部，成爲歐洲一家以出版中國圖書法文譯著爲主業的華人出版社。

潘立輝表示，王家煜先生的法文譯筆典雅、優美而流暢，使他收到「紅塵」譯稿時，愛得不忍釋手，他以一星期的時間一口氣看完，經常讀到凌晨四點。他表示出版此書不惜成本，不太可能賺錢，卻感到十分驕傲，因爲本書能讓不懂中文的旅法華人子弟，更瞭解自己文化根源的可貴之處，同時，本書的寫作技巧必對法國文壇有極大影響。

二、不擅作生意

張先生在六十五歲退休之前，完全是公餘寫作，在軍人、公務員生活中，張先生遭遇的挫折不少。軍職方面，張先生只升到中校就不做了，因爲過去稱張先生爲前輩、老長官的人都成爲張先生的上司，張先生怎麼能做？因爲張先生的現職是軍聞社資料室主任（他在南京時即任國防部新創立的「軍事新聞總社」實際編輯主任，因言守元先生是軍校六期老大哥，未學新聞，不在編輯之列）。但張先生以不求官，只求假退役，不擋人官路，這才退了下來。那時養來亨雞風氣盛行，在南京軍聞總社任外勤記者的姚秉凡先生頭腦靈活，他即時養來亨雞，張先生也「東施效顰」，結果將過去稿費積蓄全都賠光。

三、家庭生活與運動養生

張先生大兒子考取中國廣播公司編譯，結婚生子，廿七年後才退休，長孫修明取得美國南加州大學電機碩士學位，之後即在美國任電機工程師。五個子女均各婚嫁，小兒子選良以獎學金取得美國華盛頓大學化學工程博士，媳蔡傳惠爲伊利諾理工學院材料科學碩士，兩孫亦已大學畢業就業，落地生根。

張先生兩老活到九十一、九十二歲還能照顧自己。（近年以一印尼女「外勞」代做家事）張先生一伏案寫作四、五小時都不休息，與臺大外文系畢業的長子選翰兩人都信佛，六十五歲退休後即吃全素。低血壓十多年來都在五十五至五十九之間，高血壓則在一百一十左右，走路「行如風」，年輕人很多都跟不上張先生，比起初來臺灣時毫不遜色，這和張先生運動有關。因爲張先生住大直後山海軍眷舍八年，眷舍右上方有一大片白色天主教公墓，諸事不順，公家宿舍小，又當西曬，張先生靠稿費維持七口之家和五個子女的教育費。三伏天右手墊塡著毛巾，背後電扇長吹，三年下來，得了風濕病，手都舉不起來，花了不少錢都未治好。後來章斗航教授告訴張先生，圓山飯店前五百完人塚廣場上，有一位山西省主席閻錫山的保鑣王延年先生在教太極拳，勸張先生天一亮就趕到那裡學拳，一定可以治好。張先生一向從善如流，第二天清早就向王延年先生報名請教，王先生有教無類，收張先生這個年已四十的學生，王先生先不教拳，只教基本軟身功攀腿，卻受益非淺。

四、耿直的公務員性格

張先生任職時向來是「不在其位，不謀其政」。後來升簡任一級組長，有一位「地下律師」的專員，平時鑽研六法全書，混吃混喝，與西門町混混都有來往，他的前任為大畫家齊白石女婿，平日公私不分，是非不明，借錢不還，沒有口德，人緣太差，又常約那位「地下律師」專員到家中打牌。那專員平日不簽到，甚至將簽到簿撕毀他都不哼一聲，因爲爲他多報年齡，屆齡退休時想更改年齡，但是得罪人太多，金錢方面更不清楚，所以不准再改年齡，組長由張先生繼任。

張先生第一次主持組務會報時，那位地下律師就在會報中攻擊圖書科長，張先生立即申斥，並宣佈記過。簽報上去處長都不敢得罪那地下律師，又說這是小事，想馬虎過去，張先生以秘書處名譽紀律爲重，非記過不可，讓他去法院告張先生好了。何宜武祕書長是學法的，他看了張先生簽呈同意記過，那位地下律師「專員」不但不敢告，只暗中找一位不明事理的國大「代表」來找張先生的麻煩。因事先有人告訴他，張先生完全不理那位代表，他站在張先生辦公室門口不敢進來，幾分鐘後悄然而退。人不怕鬼，鬼就怕人。諺云：「一正壓三邪」，這是經驗之談。直到張先生退休，那位專員都不敢惹事生非，西門町流氓也沒有找張先生的麻煩，當年的代表十之八九已上「西天」，張先生活到九十二歲還走路「行如風」，一坐到書桌，能連續寫作四、五小時而不倦，不然張先生怎麼能在兩岸出版約三千萬字的作品？

原載新文豐《紮根台灣六十年》，墨人民國一百年十一月十三日校正）

墨人博士作品全集

文學是千秋慧業
秦皇漢武今何在
李白杜甫仍風流

全集共分四大類
一、散文類　二、小說類
三、文學理論類
四、新詩古典詩詞類

我出生於一個「萬般皆下品，惟有讀書高」的傳統文化家庭，且深受佛家思想影響，因祖母信佛，兩個姑母先後出家，大姑母是帶著賠嫁的錢購買依山傍水風景很好，上名山廬山的必經之地的「天后宮」出家的，小姑母的廟則在鬧中取靜的市區。我是父母求神拜佛後出生的男子，並寄名佛下，乳名聖保，上有二姊下有一妹都夭折了，在那個重男輕女的時代！我自然水漲船高了。我記得四、五歲時一位面目清秀，三十來歲文質彬彬的李瞎子替我算命，母親問李瞎子，我的命根穩不穩？能不能養大成人？李瞎子說我十歲行運，幼年難免多病，可以養大成人，但是會遠走高飛。母親聽了憂喜交集，在那個時代不但妻以夫貴。也以子貴，有兒子在身邊就多了一層保障。母親的心理壓力很大，李瞎子的「遠走高飛」那句話可不是一句好話。

到現在八十多年了，我還記得十分清楚。母親暗自憂心。何況科舉已經廢了，不必「進京趕考」，更不會「當兵吃糧」，安安穩穩作個太平紳士或是教書先生不是很好嗎？我們張家又是大族，人多勢眾，不會受人欺侮，何況二伯父的話此法律更有權威，人人敬仰，去外地「打流」又有什麼好處？因此我剛滿六歲就正式拜孔夫子入學啓蒙，從《三字經》、《百家姓》、《千字文》、《千家詩》、《論語》、《大學》、《中庸》……《孟子》、《詩經》、《左傳》讀完了都要整本背，在十幾位學生中，也只有我一人能背，我背書如唱歌，窗外還有人偷聽，他們實在缺少娛樂。除了我父親下雨天會吹吹笛子、簫，消遣之外，沒有別的娛樂，我自幼歡喜絲竹之音，但是很少聽到。讀書的人也只有我們三房、二房兩兄弟，二伯父在城裡當紳士，偶爾下鄉排難解紛，他是一族之長，更受人尊敬，因爲他大公無私，又有一百八十公分左右的身高，眉眼自有威嚴，能言善道，他的話比法律更有效力，加之民性純樸，真是「夜不閉戶，道不失遺」。只有「夏都」廬山才有這麼好的治安。我十二歲前就讀完了四書、詩經、左傳、千家詩。我最喜歡的是《千家詩》和《詩經》。

關關雎鳩，在河之洲，
窈窕淑女，君子好逑。

我覺得這種詩和講話差不多，可是更有韻味。我就喜歡這個調調。《千家詩》我也喜歡，我背得更熟。開頭那首七言絕句詩就很好懂：

雲淡風清近午天，傍花隨柳過前川。
時人不識余心樂，將謂偷閒學少年。

老師不會作詩，也不講解，只教學生背，我覺得這種詩和講話差不多，但是更有韻味。我也了解大意，我以讀書爲樂，不以爲苦。這時老師方教我四聲平仄，他所知也止於此。

我也喜歡《詩經》，這是中國最古老的詩歌文學，是集中國北方詩歌的大成。可惜三千多首被孔子刪得只剩三百首。孔子的目的是：「詩三百，一言以蔽之，曰思無邪。」孔老夫子將《詩經》當作教條。詩是人的思想情感的自然流露，是最可以表現人性的。先民質樸，孔子既然知道「食色性也」，對先民的集體創作的詩歌就不必要求太嚴，以免喪失許多文學遺產和地域特性。楚辭和詩經不同，就是地域特性和風俗民情的不同。文學藝術不是求其同，而是求其異。這樣才會多彩多姿。文學不應成爲政治工具，但可以移風易俗，亦可淨化人心。我十二歲以前所受的基礎教育，獲益良多，但也出現了一大危機，沒有老師能再教下玄。幸而有一位年近二十歲的姓王的學生在盧山一未立案的國學院求學，他問我想不想去？我自然想去，但盧山夏涼，冬天太冷，父親知道我的心意，並不反對，他對新式的人手是刀尺的教育沒有興趣，我便在飄雪的寒冬同姓王的爬上盧山，我生在平原，這是第一次爬上高山。

在盧山我有幸遇到一位湖南岳陽籍的閣毅字任之的好老師，他只有三十二歲，飽讀詩書，與民國初期的江西大詩人散原老人唱和，他的王字也寫的好。有一天他要六七十位年齡大小不一的學生各寫一首絕句給他看，我寫了一首五絕交上去，盧山松樹不少，我生在平原是看不到松樹的，我是即景生情，信手寫來，想不到閣老師特別將我從大教室調到他的書房去，在他右邊靠牆壁另加一桌一椅，教我讀書寫字，並且將我的名字「熹」改爲「熙」，視我如子。原來是他很欣賞我那首五絕中的「疏松月影亂」這一句。我只有十二歲，不懂人情世故，也不了解他的深意。時任漢口市長張群的侄子張繼文還小我一歲，卻是個天不怕、地不怕的小太保，江西省主席熊式輝的兩個小舅子大我幾歲，閣老師的侄子卻高齡二十八歲。學歷也很懸殊，有上過大學的、高中的，多是對國學有興趣，支持學校的袞袞諸公也都是有心人士，新式學校教育日漸西化，國粹將難傳承，所以創辦了這樣一個尙未立案的國學院，也未大張旗鼓正式掛牌招生，但聞風而至的要人子弟不少，校方也本著「有教無類」的原則施教，閣老師也是義務施教，他與隱居盧山的要人嚴立三先生也有交往。（抗日戰爭一開始嚴立三即出山任湖北省主席，諸閣老師任省政府秘書，此是後話。）同學中權貴子弟亦多，我雖不是當代權貴子弟，但九江先組玉公以提督將軍身分抵抗蒙古騎兵入侵雁門關戰死東昌(雁門關內北京以西縣名，一九九〇年我應邀訪問大陸四十天時去過。)而封河間王；其子輔公。以進士身分出仕，後亦應昭領兵三定交趾而封定興王；其子貞公亦有兵權，因受政客讒害而自嘉定謫居潯陽。大詩人白居易亦曾謫爲江州司馬，我另一筆名即用江州司馬。我是黃帝第五子揮的後裔，他因善造弓箭而賜姓張。遠祖張良是推薦韓信爲劉邦擊敗楚霸王項羽的漢初三傑之首。他有知人之明，深知劉邦可以共患難，不能共安樂，所以悄然引退，作逍遙遊，不像韓信爲劉邦拼命打天下，立下汗馬功勞，雖封三齊王卻死於未央宮呂后之手。這就是不知進退的後果。我很敬佩張良這位遠祖，抗日戰爭初期（一九三八）我爲不作「亡國奴」，即輾轉赴臨時首都武昌以優異成績考取軍校，一位落榜的姓熊的同學帶我們過江去漢口。中共未公開招生的「抗日大學」（當時國共合作抗日，中共在漢口以「抗大」名義吸收人才。）辦事處參觀，接待我們的是一位讀完大學二年級才貌雙全，口才奇佳的女生獨對我說負責保送我免試進「抗大」一期，因未提其他同學，我不去。一年後我又在軍校提前一個月畢業，因我又考取陪都重慶中央政府培養高級軍政幹部的中央訓練團，而特設的新聞「新聞研究班」第一期，與我同期的有爲新詩奉獻心力的覃子豪兄（可惜五十二歲早逝）和中央社東京分社主任兼國際記者協會主席的李嘉兄。他在我訪問東京時曾與我合影留念，並親贈我精裝《日本專欄》三本。他七十歲時過世，這兩張照片我都編入「全集」一百九十多萬字的空前大長篇小說（紅塵）照片類中。而今在台同學只有兩位了。

民國二十八年（一九三九）九月我以軍官、記者雙重身分，奉派到第三戰區最前線的第三十二集團軍上官雲相總部所在地，唐宋八大家之一，又是大政治家王安石，尊稱王荆公的家鄉臨川，（屬撫州市）作軍事記者，時年十九歲，因第一篇戰地特寫《臨川新貌》經第三戰區長官都主辦的行銷甚廣的《前線日報》發表，隨即由淪陷區上海市美國人經營的《大美晚報》轉載，而轉爲文學創作，因我已意識到新聞性的作品易成「明日黃花」，文學創作則可大可久，我爲了寫大長篇《紅塵》、六十四歲時就請求提前退休，學法出身的秘書長何宜武先生大惑不解，他對我說：

「別人想幹你這個工作我都不給他，你爲什麼要退？」我幹了十幾年他只知道我是個奉公守法的張萬熙，不知道我是「作家」墨人，有一次國立師範大學校長劉真先生告訴他張萬熙就是墨人，劉校長看了我在當時的「中國時報」發表的幾篇有關中國文化的理論文章，他希望我繼續寫，劉校長真是有心人。沒想到他在何宜武秘書長面前過獎，使我不能提前退休，要我幹到六十五歲多四個月才退了下來。現在事隔二十多年我才提這件事。鼎盛時期的（台灣新生報）連載四年多的拙作《紅塵》出版前三冊時就同時獲得新聞局著作金鼎獎和嘉新文化基金會「優良著作獎」，劉真校長也是嘉新文化基金會的評審委員之一，他一定也是投贊成票的。「世有伯樂而後有千里馬」。我九十二歲了，現在經濟雖不景氣，但我還是重讀重校了拙作「全集」我一向只問耕耘，不問收穫，我歷任軍、公、教三種性質不同的職務，經過重重考核關卡，寫作七十三年，經過編者的考核更多，我自己從來不辦出版社。我重視分工合作。我頭腦清醒，是非分明，歷史人物中我更敬佩遠祖張良，不是劉邦。張良的進退自如我更歎服。在政治角力場中要保持頭腦清醒，人性尊嚴並非易事。我們張姓歷代名人甚多，我對遠祖張良的進退自如尤爲歎服，因此我將民國四十年在台灣出生的幼子依譜序取名選良。他早年留美取得化學工程博士學位，雖有獎學金，但生活仍然艱苦，美國地方大，出入非有汽車不可，這就不是獎學金所能應付的，我不能不額外支持，他取得化學工程博士學位與取得材料科學碩士學位的媳婦蔡傳惠雙雙回台北探親，且各有所成，幼子曾研究生產了飛機太空船用的抗高溫的纖維，媳婦則是一家公司的經理，下屬多是白人，兩孫亦各有專長，在台北出生的長孫是美國南加州大學的電機碩士，在經濟不景氣中亦獲任工程師，我不要第三代走這條文學小徑，是現實客觀環境的教訓，我何必讓第三代跟我一樣忍受生活的煎熬，這會使有文學良心的人精神崩潰的。我因經常運動，又吃全素二十多年，九十二歲還能連寫四、五小時而不倦。我寫作了七十多年，也苦中有樂，但心臟強，又無高血壓，一是得天獨厚，二是生活自我節制，我到現在血壓還是60—110之間，沒有變動，寫作也少戴老花眼鏡，走路仍然「行如風」，十分輕快，我在國民大會主編《憲政思潮》十八年，看到不少在大陸選出來的老代表，走路兩腳在地上蹉跎，這就來日不多了。個人的健康與否看他走路就可以判斷，作家寫作如在八十歲以後還不戴老花眼鏡，沒有高血壓，長命百歲絕無問題。如再能看輕名利，不在意得失，自然是仙翁了。健康長壽對任何人都很重要，對詩人作家更重要。

一九九〇年我七十歲應邀訪問大陸四十天作「文學之旅」時，首站北京，我先看望已九十高齡的老前輩散文作家，大家閨秀型的風範，平易近人，不慍不火的冰心，她也「勞改」過，但仍心平氣和。本來我也想看看老舍，但老舍已投湖而死，他的公子舒乙是中國現代文學館的副館長，他也出面接待我，還送了我一本他編寫的《老舍之死》，隨後又出席了北京詩人作家與我的座談會，參加七十賤辰的慶生宴，彈指之間卻已二十多年了。我訪問大陸四十天，次年即由台北「文史哲出版社」出版照片文字俱備的四二五頁的《大陸文學之旅》。不虛此行。大陸文友看了這本書的無不驚異，他們想不到我七十一高齡還有這樣的快筆，而又公正詳實。他們不知我行前的準備工作花了多少時間，也不知道我一開筆就很快。

我拜會的第二位是跌斷了右臂的詩人艾青，他住協和醫院，我們一見如故，他是浙江金華人，卻體格高大，性情直爽如燕趙之士，完全不像南方金華人。我們一見面他就緊握著我的手不放，侃侃而談，我不知道他編《詩刊》時選過我的新詩。在此之前我交往過的詩人作家不少，沒有像他如此豪放真誠，我告別時他突然放聲大哭，陪我去看他的北京新華社社長族侄張選國先生，陪我四十天作《大陸文學之旅》的廣州電視台深圳站站長高麗華女士，文字攝影記者譚海屏先生等多人，不但我爲艾青感傷，陪同我去看艾青的人也心有戚戚焉，所幸他去世後安葬在八寶山中共要人公墓，他是大陸唯一的詩人作家有此殊榮。台灣單身詩人同上校軍文黃仲琮先生，死後屍臭才有人知道，他小我二歲，如我不生前買好八坪墓地，連子女也只好將我兩老草草火化，這是與我共患難一生的老伴死也不甘心的，抗日戰爭時她父親就是我單獨送上江西南城北門外義山土葬的。這是中國人「入土爲安」的共識。也許有讀者會問這和文學創作有什麼關係？但文學創作不是單純的文字工作，而是作者整個文化觀、文學觀，人生觀的具體表現，不可分離。詩人作家不能「瞎子摸象」，還要有「舉一反三」的能力。我做人很低調。寫作也不唱高調，但也會作不平之鳴、仗義直言。我不鄉愿，我重視一步一個腳印，「打高空」可以譁眾邀寵於一時，但「旁觀者清」，讀者中藏龍臥虎，那些不輕易表態的多是高人。高人一旦直言不隱，會使洋洋自得者現出原形。作品一旦公諸於世，一切後果都要由作者自己負責，這也是天經地義的事。

我寫作七十多年無功無祿，我因熬夜寫作頭暈住馬偕醫院一個星期也沒有人知道，更不像大陸的當代作家、詩人是有給制，有同教授的待過，而稿費、版稅都歸作者所有。依據民國九十八年一月十日「中國時報」A十四版「二〇〇八年中國作家富豪榜單」二十五名收入人民幣的數字統計，第一高的郭敬明一年是一千三百萬人民幣，第二名鄭淵潔是一千一百萬人民幣，第三名楊紅櫻是九百八十萬人民幣。最少的第二十五名的李西閩也有一百萬人民幣，以人民幣與台幣最近的匯率近一比四・五而言，現在大陸作家一年的收入就如此之多，是我一九九〇年應邀訪問大陸四十天作文學之旅時所未想像到的，而現在的台灣作家與我年紀相近的二十年前即已停筆，原因之一是發表出版兩難，二是年齡太大了。民國九十八年(二〇〇九)以前就有張漱菡(本名欣禾)、尹雪曼、劉枋、王書川、艾雯、嚴友梅六位去世，嚴友梅還小我四、五歲，小我兩歲的小說家楊念慈則行動不便，鬍鬚相當長，可以賣老了。我托天佑，又自我節制，二十多年來吃全素，又未停止運動，也未停筆，最近在台北榮民總醫院驗血檢查，健康正常。我也有我的養生之道，每天吃枸杞子明目，吃南瓜子抑制攝護腺肥大，多走路、少坐車，伏案寫作四、五小時而不疲倦，此非一日之功。

民國九十八(二〇〇九)己丑，是我來台六十周年，這六十年來只搬過兩次家，第一次從左營搬到台北大直海軍眷舍，在那一大片天主教白色公墓之下，我原先不重視風水，也無錢自購住宅，想不到鄰居的子女有得神經病的，有在金門車禍死亡的，大人有坐牢的，有槍斃的，也有得神經病的，我退役養雞也賠光了過去稿費的積蓄，讀台大外文系的大兒子也生病，我則諸事不順，直到搬到大屯山下坐北朝南的兩層樓的獨門獨院自宅後，自然諸事順遂，我退休後更能安心寫作，遠離台北市區，真是「市遠無兼味，地僻客來稀。」同里鄰的多是市井小民，但治安很好，誰也不知道我是爬格子的，連警察先生也不光顧舍下，除了近十年常有人打電話來騙我，幸未上大當外，我安心過自己的生活。當年「移民潮」去不了美國的也會去加拿大，我是「美國人」的祖父，我不移民美國，更別說去加拿大了。娑婆世界無常，早年即移民美國的琦君（本名潘希真）、彭歌，最後還是回到台灣來了，這不能說台灣是「天堂」，以我的體驗而言是台北市氣候宜人，夏天三十四度以上的日子少，冬天十度以下的日子也很少，老年人更不能適應零度以下的氣溫，我只有冬天上大屯山、七星山頂才能見雪。有高血壓、心臟病的老人更不能適應。我不想做美國公民，做台灣平民六十多年，也沒有自卑感。

娑婆世界是一個無常的世界，天有不測風雲，人有旦夕禍福，老子早說過：「福兮禍所倚，禍兮福所伏。」禍福無門，唯人自招。我一生不起歪念，更不損人利己，與人爲善。雖常吃暗虧，只當作上了一課。這個花花世界是我學不完的大教室，萬丈紅塵其中也有黑洞，我心存善念，更不造文字孽，不投機取巧，不違背良知，蒼天自有公斷，我本著文學良心寫作，盡其在我而已，讀者是最好的裁判。

民國一〇〇年（二〇一一）辛卯七月二十九日下午六時二十三分於紅塵寄廬

1951 年墨人 31 歲與夫人曾麗春女士（30 歲）結婚十周年紀念合影於左營

墨人博士七十壽辰與夫人曾麗春女士合影。此照為大翻譯家、文學理論家黃文範先生所攝，並在照片背後題「南山北海惟仁者壽」。

民國二十九年（1940）作者墨人在江西南城戎裝照。

1939 年墨人即自戰時陪都四川重慶奉派至江西臨川王安石家鄉，第三戰區前線任軍事記者創辦軍報，提供抗日官兵精神食糧。時年 19 歲。

2010 年「五四」作者墨人 91 歲在花蓮和南寺家人合影

2003 年 8 月 26 日作者墨人（中）在含鄱口觀山景點與作者長女韻華、長子選翰、三女韻湘、二女韻真合影。

2005 年 2 月作者次子選良（右一）回台北與父（右二）及作者夫人（中）三女韻湘（左二）二女韻真（左一）合影。

作者墨人在書房留影，時年八十五歲。

《墨人博士大長篇小說〈紅塵〉法文譯本封面照片》

Marquis Giuseppe Scicluna (1855-1907)
International University Foundation (Founded 1973)

21st June, 1988.

Protocol:61/88/MDA/CWHMO/MLA

Prof. Wan-Hsi Mo Jen Chang
14, Alley 7, Ln. 502
Chung-Hoe St.
Peitou, Taipei, Republic of China

Dear Professor Chang,

This is to certify that today the twenty-first day of the month of June, in the year of our Lord Nineteen Hundred and Eighty-eight, you have been awarded the degree of Doctor of Literature (Honoris Causa) - D.Litt.(Hon.) with all the honors, rights, privileges and dignity pertaining to such a degree.

Yours sincerely,

Dr. Marcel Dingli-Attard
de' baroni Inguanez,
Registrar and General Secretary.

1988 年美國馬奎士國際大學基金會，授予張萬熙墨人教授榮譽文學博士學位證書。

ACCADEMIA ITALIA
ASSOCIAZIONE INTERNAZIONALE
PER LA DIFFUSIONE E IL PROGRESSO DELLA
UNIVERSITÀ DELLE ARTI

DIPLOMA DI MERITO

per la particolare rilevanza dell'opera
svolta nel campo della Letteratura

conferito a

Chang Wan Hsi

Il Rettore
Nicola Pampinto

Salsomaggiore Terme, addì 20.12.1982

義大利出版英、法、德、義四種文字的「國際文學史」的 ACCADEMIA ITALIA, 1982 年授予墨人的文學功績證書。

Albert Einstein (1879-1955)
International Academy Foundation (Founded 1965)

25th May, 1990.

Prof. Dr. Wan-Hsi Mo Jen Chang, D.Litt.(Hon.)
14, Alley 7, Ln. 502
Chung-Hoe St.
Peitou
Taipei, Republic of China

Dear Professor Chang,

This is to certify that today the Twenty-Fifth day of the month of May, in the year of our Lord Nineteen Hundred and Ninety, you have been awarded the degree of Doctor of Humanities (Honoris Causa) - D.H.(Hon.) with all the honors, rights, privileges, and dignity pertaining to such a degree.

Yours sincerely,

Dr. Marcel Dingli-Attard
de' baroni Inguanez,
President of AEIAF and
Special Representative of International Association of Educators for World Peace, NGO, United Nations (ECOSOC) & UNESCO, to AEIAF.

Protocol:6/90/AEIAF/MDA/W-HMJC/KS

1990 年美國愛因斯坦國際學院基金會授予張萬熙墨人教授榮譽人文學（含哲學文學藝術語言四種）博士學位

WORLD UNIVERSITY ROUNDTABLE
In Corporate Affiliation with the World University
Greetings
In recognition of Distinguished Achievement within the principles and purposes of the World University development, the Trustees of the Corporation, upon the nomination of the Secretariat, confer doctoral membership and this honorary award upon
Chang Wan-Hsi (Mo Jen)
The Cultural Doctorate in Literature
with all rights and privileges there to pertaining.

Witness our hand and seal at the
International Secretariat
Regional Campus, Benson, Arizona
April 17, 1989

President of the Board of Trustees
Secretary of the Board of Trustees

1989 年美國世界大學授予張萬熙墨人榮譽文學博士學位，文化大學創辦人張其昀（曉峰）先生亦獲此榮譽。

THIS PICTORIAL TESTIMONIAL OF ACHIEVEMENT AND DISTINCTION proclaims throughout the world that

DR. CHANG WAN-HSI (MO JEN)

is the recipient of the above-mentioned Honour, granted by the Board of Editors of the

2000 OUTSTANDING SCHOLARS OF THE 20TH CENTURY

meeting in Cambridge, England, on the date set out below, AND that the Board also resolves that a portrait photograph of

DR. CHANG WAN-HSI (MO JEN)

be attached to this Testimonial as verification of the Honour bestowed.

2000 OUTSTANDING SCHOLARS OF THE 20TH CENTURY

First Edition

Signed and sealed on the 14th December 1999

Authorized Officer

1999 年 10 月張萬熙墨人博士榮登英國劍橋國際傳記中心《二十世二千位傑出學者》第一版證書。

The Definitive Book of the

Deputy-Directors-General of the International Biographical Centre

THIS Certificate of Inclusion confirms & proclaims that

Dr Chang Wan-Shi (Mo Jen)

having been appointed a Deputy-Director-General of the International Biographical Centre of Cambridge England representing Asia is this day further honoured by the inclusion of a full & comprehensive biographical entry in the Definitive Book of the Deputy-Directors-General of the International Biographical Centre.

Given under the Hand & Seal of the International Biographical Centre

Date March 1992

Authorized Officer

1992 英國劍橋國際傳記中心（I.B.C.）任張萬熙墨人博士為代表亞洲的副總裁。

THE INTERNATIONAL SHAKESPEARE AWARD FOR LITERARY ACHIEVEMENT

This Illuminated Certificate of Merit commemorates and celebrates the life and work of

Dr. Chang Wan-Hsi (Mo Jen) DDG

and is therefore a rightful recipient of the Shakespeare Award for Literary Achievement and as such stands testament to the efforts made by said individual in the arena of

Poetry, Novels and the Humanities

Witnessed on the date set out below by the Officers of the International Biographical Centre at its Headquarters in Cambridge, England and signed by the Director General and Editor-in-Chief.

16th March 2009

Director General　　Editor-In-Chief

2009 年 3 月 16 日英國劍橋國傳記中心總裁與總編輯聯合授予張萬熙墨人博士國際莎士比亞文學成就獎。

International Biographical Centre Cambridge CB2 3QP England
Telephone: +44 (0) 1353 646600 Facsimile: +44 (0) 1353 646601

IBC

REF: LAA/MED/MW-13640

13 November 2002

Dr Chang Wan-Hsi (Mo Jen) DDG
14 Alley 7, Lane 502
Chung Ho Street
Peitou
Taipei
Taiwan

Dear Dr Chang

Please find enclosed the Medal in respect of the **Lifetime Achievement Award** which I hope meets with your approval.

Yours sincerely

M Whitehall

MICHELLE WHITEHALL
Personal Assistant to the Director General

Enc

英國劍橋國傳記中心(I.B.C.)2002 年頒發詩人作家張萬熙（墨人）博士終身成就獎，英文信及金牌正反面照片墨人早年即被 I.B.C.推選為副總裁。

塗鴉記（代序）

時間如黑貓的脚步，悄悄地從身邊溜過。從二十八年發表詩作開始，不知不覺在方格子中頭尾爬了三十年。彷彿闖進了迷魂陣，一直爬不出來。

最初十年迷於新詩，散文和短篇小說只是偶一爲之。那是一個血與火的年代，炸彈隨時會落到頭上來，那種年齡是一個人一生最狂熱的階段，「自由的火燄」詩集中十之五六的詩都是在警報中或是逃難的路上想好寫好的。

來臺灣以後，最初兩三年寫的詩都收集在「哀祖國」詩集內。在我寫詩的十二三年歲月中，是中國歷史上空前的大動亂大苦難時期。在大陸上我沒有在一個地方停過一年，工作也往往一年三變，軍人、記者、教員、公務員、編輯、主筆，彷彿走馬燈樣換來換去。在這種大動亂中，既上都要跑警報，也只能寫寫詩，決無時間經營小說。

在臺北幹了八天報紙主編，睡了八夜大編輯桌，一文未拿，又去左營當軍人，當初時局雖然不安，沒想到却在左營一住八年，這等於整個抗戰時間。

寫詩可以不拘時間地點。躲警報坐在大樹底下或是壕溝裡面都可以寫，只要有一枝筆，一張草紙或一個爛信封就行，想起一行就寫一行，即使沒有紙筆，也可以記在心裡，事後再寫下來。有時飯後散步，或是午夜夢回，也會靈機一動，寫出一首小詩。躺在床上作白日夢時，繆思更會像個風趣的戀人，悄悄走來。

由於安定，同時我覺得詩的世界太窄，無法表現這個包羅萬象的社會和錯綜複雜的人生，四十二年我正式寫小說，一動手就寫了一個三十萬字的長篇《閃爍的星辰》，一寫完就由大業書店出版，這不但是大業的第一個長篇，也是臺灣所有民營書店第一次出版長篇；因爲那時很少人寫長篇，書店也只出四五萬字的短篇；中篇都很少。當時大業書店本錢不多，幾乎是爲我那部分作兩册出版的長篇孤注一擲，並且一次先付給我一千塊錢的版稅，這是陳暉先生的大手筆，而且由他自己設計封面，那個封面在我所有的書中，到現在我還認爲是最滿意的。《閃爍的星辰》我原來的計劃是寫三部，當時以爲頂多三兩年就可以回大陸，第三部是要回大陸後寫的，誰知一拖七八年，前年還有一位嘉義的女讀者寫信問我什麼時候寫第三部？我無法答覆，但希望愈快愈好。一回大墜，我要寫的東西太多，豈止「閃爍的星辰」第三部？繼「閃爍的星辰」之後，出版了一個短篇集子「最後的選擇」，剛好百成書店大火，付之一炬。接着又寫了「黑森林」、「魔障」、「孤島長虹」、「碎心記」四個長篇。詩却越來越少寫，偶爾寫一首兩首，也不想發表，更不想出書[illegible]。

民國四十五年底調臺北之後，工作繁重，有兩三年期間，幾乎停筆，同時爲了一個長遠的寫作計劃和退一步打算，[illegible]養雞；嬌滴滴的來亨雞，又耗去我[illegible]三年時間。因爲本小，事必躬親，自釘雞籠，自製孵卵器，自掃雞糞，敲敲打打，東摸西摸，[illegible]每天晚上，總要弄到一兩點才睡。釘鎚打在手指上，痛徹心肝，立刻青紫，咬咬牙讓眼淚往肚裡流；雞糞沾在手上，臭不可聞，但我覺得比骯髒氣好受。後來弄得心力交瘁，無本可賠，同時覺得時間精力損失太大，只好收手。雞夢如烟，對於我的打擊很大，因爲長遠的寫作計劃[illegible]破滅。

民國四十九年底退役下來，以破釜沉舟之心，從事寫作。人貴「適性」，我幹過不少行業，覺得沒有一樣適合我的個性，反而浪費了二十年光陰，還不如抱殘守拙，關起門來爬方格子，一身輕鬆，了無掛礙。這以前的作品，都是利用公餘之暇，在雜亂的辦公室寫的，往往剛起頭又被迫停筆，時寫時輟，痛苦無比。自己支配自己；縱然少吃一頓飯，我也感到十分欣慰；縱然躺在椅子上望着牆壁天花板，苦思三五天不得一字，我也覺得是一種享受。眼無俗物，心無俗事，我歡喜這份單純。

寫小說和寫詩不同，小說需要更廣泛的知識和更長久的思考，佈局結構自然也複雜的多。因此一個短篇先後也要個把星期工夫，長篇則非三五個月不可。而通常總是想的時間比寫的時間多。我寫的時間多在白天，不過五六個鐘頭；更不是一時之快，或為了應酬、救急，熬夜寫作。但是答應了的稿子，不論長短，一定準時交卷，不預支稿費，也決不失信誤事，否則寧可一口謝絕。

在開始專業寫作時，還沒有第二位和我一樣冒險，更沒有誰有我這麼大的包袱；雖然我走的是獨木橋，而又有所寫有所不寫，但這幾年我活的最心安理得，是有生以來很難得到的一段和風細雨的歲月。

由於專心寫作，產量自然增加，無形中彌補了初到臺北那幾年的損失。五十三年我在臺港兩地出版了長篇「白雪青山」，中篇「古樹春藤」，小說集「花嫁」、「水仙花」、「白夢蘭」、「颱風之夜」等六本。五十四年底出版了長篇小說「春梅小史」 「合家歡」兩本，五十五年出版長篇小說「洛陽花似錦」、「東風無力百花殘」、「紅樓夢的寫作技巧」及小說集「塞外」四本。五十六年出版長篇「碎心記」。今年出版小說集「變性記」、「嬌客」、散文集「鱗爪集」，此外還有一個長篇「靈姑」。手邊還有一個未完成的大長篇。已經發表的中短篇經我出書時淘汰下來的大約有十多萬字。

在這幾年專業寫作中，我有一度最悲傷的時候，那就是大前年冬天一覺醒來，左背痠痛，很快地發展到手臂麻痺，一直麻到指尖，中西醫都診不好。原因是連年夏天好幾個月，我都靠開電扇寫作，自恃身體甚健，不讓電扇搖頭，結果得了風濕。大除夕我寫了一首七律感懷，錄在這裡，可見當時心情：

瀛海棲遲十幾春，
桃符又見歲華新。
年年夢斷長江水，
夜夜魂銷醉石津；
解甲無田思五柳，
賣文計字絕嬴秦。
滔滔濁浪排天起，
傲骨強撐一病身。

也許天不絕我，幸得韋斗航教授介紹我向太極拳名家王延年先生學太極拳。正月初六清早五點多鐘我就跑上圓山。王先生教我基本運動，僅習兩月即去臺中。但此後我每天早晨五點多鐘即起運動，即使在馮尼拉的富都旅社，我也未曾中斷一日，因我知道這種運動比什麽醫藥都有效，事實上我練習不到三月，風濕痲痺即霍然而癒。現在身體反而比以前更好，與二十歲時並不多讓，眞是因禍得福。

曹雪芹在紅樓夢裏寫了一首五言絕句：

滿紙荒唐言，一把辛酸淚；

都云作者癡，誰解其中味？

我塗鴉三十年，此中艱苦辛酸，自非讀者所能盡知。尼采說：「凡一切已經寫下的，我只愛其人用血寫下的書。」其實還有一種「和淚寫下的書」。惟有心血和眼淚寫下的書，才能永遠存在。如果我這一生中幸而能留下一兩本書，那是我付出了心血和眼淚；如果一篇也不能留，那是我付出的心血和眼淚還不够。文藝創作不是欺騙勾當，此中縱有虛名可求，但無實利可取；而心血和眼淚的結晶又是無價的，不是幾十幾百塊錢一千字所能買到，諾貝爾獎金也難衡量其價値。此沙特之所以棄而不取，曹雪芹、莎士比亞之所以能千秋萬世。

五十七年四月修正

目次

第一輯

第二輯

第三輯

■第一輯

家鄉的鳥

家鄉常見的鳥類有麻雀、烏鴉、喜鵲、八哥、畫眉、黃鶯、鷓鴣、鷺鷥、快割鳥、啄木鳥、鷹、燕、鴿、雁、鷺鷥、雲雀，以及一種和八哥差不多大小，身長尾長，羽毛漆黑而好鬥的鳥，但我寫不出它的名字。

麻雀和烏鴉之多，簡直可以遮天蔽日。麻雀經常是在屋簷和麥草堆上跳來跳去，喞喞喳喳，尤其是在春夏之交的時候，麥堆得比樓房還高，它們都在裡面做窠，產卵，孵化；孩子們常常搬着梯子爬上麥堆，伸手到牠們的窠裡去抓，不是抓着幾個滿是雀斑的小蛋，就是抓着幾個小麻雀，決不會落空。而當大人們折下麥堆打麥時，常常發現一窠窠的蛋和一窠窠的小麻雀。

烏鴉之被中國人討厭，大概是易地亦皆然。我們除了討厭牠的不吉利之外，最恨牠抓小鷄。

牠常常站在屋角上，或是麥堆上，乘虛蹈隙地飄然而下，啣走小鷄，使老母鷄和婦女小孩防不勝防。農婦們辛辛苦苦地孵的幾窠小鷄，往往被牠們抓得一隻不剩，雖然兇惡的老母鷄也會飛上屋簷或是麥堆上去追逐敵人，但是母鷄的智慧沒有牠們高，牠們常施用調虎離山的詭計，聲東擊西，往往這隻烏鴉把老母鷄引開，另一隻烏鴉却迅速地把小鷄啣走，站在屋角或是麥堆上，將小鷄生吞活剝，使你恨得牙癢癢的。所以烏鴉成爲婦女們咀咒的對象。

每當隆冬季節的傍晚，屋上飄着炊烟，牠們漫天飛來飛去，黑色的背上披着夕陽的餘暉，嘴裡不停地聒噪，牠們根本不配作音樂家，也沒有誰愛聽牠們的歌唱，可是牠們像一個沒有人指揮的大管絃樂隊，嘈嘈雜雜，不堪入耳，然而牠們却叫得非常起勁。這樣鬧得天快昏黑的時候，牠們才落在枯禿的大楊樹上，像一個個黑色的音符，擠滿了一樹。

遇到風雪連天的日子，牠們就够受了！遍地都是皚皚的白雪，樹枝上掛滿了如銀的冰凌，牠們不會做窠，只好縮着頸子站在枯枝上挨凍受餓。尤其是年老的烏鴉，那種縮着頸子慘叫的可憐相，可以冲淡你心頭的積恨。而在這種時候，你也會發現牠們的「烏德」。年輕的烏鴉，會將自己千辛萬苦找來的食物，餵牠們年老的父母，尤其是那種頸上有一圈白箍的烏鴉，常常會這樣作。

麻鷹也是婦女痛恨的對象，但牠們抓小鷄的方法完全是豪奪，不是巧取。牠們成天在天空磨來磨去，一看中目標，便兩翼向後一掠，疾衝而下，兩脚抓住小鷄又迅速地騰身而起，母鷄自己都嚇得亂竄，根本不敢抵抗。但犧牲於鷂鷹的小鷄遠不如犧牲於烏鴉的小鷄那麼多，因爲當牠們在天空盤旋的時候，老母鷄事先就有警覺，帶着小鷄伏在麥堆邊上或是其他可以隱蔽的地方躲了起來，只有疏忽才會發生意外。而鷂鷹又不會合作，牠抓着小鷄之後也是飛到遠遠的大樹上去「分屍」，不是在人的眼面前啄食。

另外有一種比鷂鷹和烏鴉都小的灰褐色的小鷹，多半在黃昏之前突然出現，行動快速得驚人，牠不像鷂鷹在天空盤旋，也不像烏鴉站在屋角和麥堆上，牠是一個掠掠者，一隻輕騎兵，牠突然平飛而來，從人羣中攫取小鷄，等到你發現時牠已電閃而過。而且牠專抓半斤左右的小鷄，牠的爪子和翅膀特別强勁有力，這可以從牠偶一「失手」的時候看出來的。當牠急衝而過的時候，半斤以上的小鷄也會被牠打出一丈多遠，不是當場打死，也一定重傷，傷處多在小鷄的胸腹部位，像刀割的一樣，有時腸子都會流出來。

烏鴉，鷂鷹，小鷹，都是鳥類中的肉食者，烏鴉和鷂鷹還會吃江上漂來的人畜浮屍，小鷹却不然，牠幾乎是來無影，去無蹤的，很少看到牠在什麼地方停留。

春夏之交是黃鶯，快割鳥，雲雀，燕子的世界，而牠們又都是第一流的歌手。

當麥子抽穗的三三月，正是春眠不覺曉的時候，清晨突然聽到清脆響亮悅耳的「快割——快割——」的聲音時，我會從床上一躍而起，跑出去歡迎牠。看着牠從如眉的柳葉和嫩綠的桑葉之間緩緩飛過，從這個樹林飛向那個樹林。牠和鵪鶉差不多大小，羽毛也帶着褐色，不但歌聲好聽，樣子也比鵪鶉漂亮多了。牠叫得最殷切的時候是五更左右，它是不是 meadow lark？這要請敎動物學家，但家鄉父老都叫牠「快割鳥」，尤其是當大家都在割麥時，如果有人偷懶，一聽見牠「快割——快割」地叫，便自然地快割起來。抗戰時爲了懷念牠我曾經爲牠寫過一首新詩。

黃鶯是最會歌唱也是最漂亮的鳥，牠的歌聲婉轉清脆，油菜花般黃的羽毛，在翠綠的林間飛來飛去，眞像一位高貴的公主。我從「兩個黃鸝鳴翠柳，一行白鷺上青天」，「打起黃鶯兒，莫敎枝上啼，啼時驚妾夢，不得到遼西。」這些詩中加深了對牠的印象，牠和快割鳥是道地的「椅派青衣」，貨眞價實，沒有一點假嗓子，聽來酣暢淋漓，繞樑三日。

雲雀也是很會歌唱的鳥。每當牠從麥地裏一衝而起，直上雲霄，展翅高歌的時候，我便會悠然神往。牠兩翅張開，身體停在空中不動，急促而輕快的歌聲，如山溪流水從牠嘴裏滑出來，我仰着頭獃獃地望着牠，彷彿看見牠的小嘴邊有一串串音符跳動。雪萊曾經爲牠寫過一首名詩。（抗戰時我在江西南城敎書的那年，一天在河東躲警報，正仰着頭看雲雀停在高空歌唱，突然一隻鷂鷹飛了過來，於是展開一場生與死的追逐，最後當然弱肉强食，我曾經憤而寫下一首「鷂鷹與雲雀」的詩，當然沒有雪萊純粹寫雲雀的那一首好，那只是表示我對雲雀的情感和對鷂鷹的憎恨。）

據說八哥是一種會說話的鳥，頭上有一撮毛，像個黑絨球，牠常常落在豬背上，牛背上，牠的窠做在最高的樹上，很難捉到。因爲那些樹我們都爬不上去，只好望着那高高的樹杪嘆氣。我曾經看見不少大人養牠，關在精緻的竹籠裡，餵以牛肉，豆腐，清水，在我們幼小的眼光裏，牠是一種貴族鳥，小孩子養不起，但我沒有看見一隻八哥講話。也許那不是五月初五午時剪舌頭的吧？畫眉倒很少人養，那時我們不懂愛情，大概那些大人也不懂愛情吧？所以讓牠在蔴中做窠，自由自在地飛來飛去。牠們總是成雙成對。

啄木鳥在我們看來是個醜八怪，黑中泛綠的羽毛，小小的身子，短短的尾巴，却帶着一個幾乎比身子還長的「鶴嘴鋤」，落在樹幹上就啄得樹木剝剝響，我常常用石子把牠趕開，我怕牠的尖嘴啄痛了樹，還以爲牠是一隻害鳥哩！

鴿子多半是野的，但也很容易養「家」，只要屋簷下吊兩個籠子，牠們就會飛來，慢慢地就升堂入屋，甚至在床底下生蛋，孵出小鴿子，和雞鴨爭食。公鴿子很愛鬥，尤其是爭寵奪愛的時候。看牠們打架很有意思，先是雙方嘴裏咕咕叫，鼓起頸毛，在地上兜圈子，往往兜上半天，才正式交手，但爭持不久，便見勝負，不像公雞那樣打得頭破血流，還要東奔西逐，一兩個鐘頭都不容易分出勝負。

另外一種不知名的小黑鳥，非常勇敢善戰，常常追逐烏鴉和麻鷹，而且總是兩隻在一起採用車輪戰術，牠們身子小，行動敏捷，一看見烏鴉便立刻追上去，俯衝攻擊，一來一往，配合得很好，烏鴉往往被追得心慌意亂，趕快找個地方落脚，坐好樁，負隅抵抗。但我只看見烏鴉逃跑，從來沒有看見烏鴉追這種鳥。牠不但打比牠大一倍以上的烏鴉，也打比牠們大好幾倍的麻鷹，如果麻鷹低飛的話。這種鳥不知道是 warbler 還是 blackbird? 我連俗名也寫不出來。

和烏鴉相反，喜鵲是最受歡迎的鳥。牠沒有烏鴉大，體形瘦長，尾巴也長，常常翹起，牠很會做窠，一個喜鵲窠折下來往往有上担乾枯的樹枝，牠是鳥類中的建築師，不幸的是牠的窠總是被別的鳥佔去。牠不好鬥，但我却看見過一隻喜鵲向玻璃窗撲啄，起先我莫明其妙，等牠飛走以後我走過去一看，看出了我自己的面貌，我才恍然大悟，原來牠是和自己的影子戰鬥。這比唐吉訶德和風車戰鬥不更可笑？然而人人歡喜牠們。如果清晨起來聽見牠在屋脊上叫，便會笑着說：「今天有喜了！」

燕子和雁都是著名的候鳥。

什麼是春天？在臺灣沒有明確的徵候。在家鄉太容易分別，枯草轉綠，柳樹桑樹幾乎是在一夜之間便抽出嫩芽，此外便是天亮之前鳥聲喧鬧，於是形成了「江南草長，羣鶯亂飛」的景象。而燕子的悄悄飛到舊時堂前，樑上呢喃，尾剪春波，這更是春天的一大特色。

燕子的可愛，不僅在牠們那一身黑色的燕尾服，和在柳下，花間，水上翩翩而過的美妙舞姿，而在於牠能穿簾入戶，和我們相處得非常親切。牠們雖然不是男高音，但牠們的呢喃輭語，比人類的吳儂軟語還要好聽。當牠們雙雙對對地站在窠邊，面對面地呢喃時，比人類的切切私語似乎有意思得多，牠們實在是最會講情話的動物。仰着頭看着聽着也能分享牠們那份柔情蜜意，而且牠們又大方得很，一點也不怕我們偷聽。

燕子一走，雁就接着來了。牠們彷彿約好了似的，各佔半年時光。

燕子來的時候是草長鶯飛，桃紅李綠，楊花撲面，柳葉如眉；雁來的時候正是白居易在琵琶行裏所寫的「楓葉荻花秋瑟瑟」的景況。這時長江水淺，荻花翻白，陌上烏桕紅似火，門前楊柳不垂絲，突然聽見幾聲嘹亮的「咯啊——咯啊——」，抬頭一望，雁陣橫空而過，又是一種感覺！

冬天的早晨，睡在熱被窩裏聽雁叫，也是一種享受。但我幾乎和雁起得一樣早，天亮以前，牠們就成羣地從屋頂上飛過，天亮時我已經站在外面，睜大眼睛看牠們從頭上列隊而過，有的是一字形，有的是人字形，每一隊最少有幾十個，多的在一百以上，是那麼整齊有序，我總想數清牠們究竟有多少隻？但是從來沒有數清過。牠們實在太多，一隊過完了又是一隊，一直要過到吃早飯的時候。

冬天是一個寒冷而多霧的季節，遇上漫天大霧的早晨，只能聽見雁羣在空中嘈雜的叫聲，牠們好像也被大霧困擾，我能清楚地聽見牠們的翅膀鼓動空氣的沙沙聲，卻看不見牠們的蹤影。我很想騰身一躍，伸手抓住幾隻，但我跳不了那麼高，牠們飛得最低也超過屋脊。我也希望牠們互相亂撞，撞下地來，讓我抓住幾隻，但我沒有這樣的幸運，牠們從來沒有「失事」。

每當我看見成千成萬的雁從我頭上飛過，或是看見沙灘上密密麻麻的「大片肥雁時，自然會想有一管土銃或是一桿雙筒獵槍，但是我們這個地方的人都是良民，除了菜刀之外，簡直不作與有任何「兇器」，我怎麼能擁有那種東西？因此我只能望着雁羣興嘆。

有幾次我遇到一大羣雁把頭藏在頸子裏，提起一隻脚在沙灘上休息，我曾經悄悄地走向牠們，想捉住幾隻。沙灘很柔軟，我的脚步無聲，可是當我快接近時，一隻雁「咯啊——」一聲，其餘的雁統統振翅而起，騰空飛去，飛了不遠又在前面的沙灘落了下來，我只能望着地上的雁毛出神，沒有一點辦法。

現在又是長江水淺，荻花翻白，陌上烏桕紅似火，門前楊柳不垂絲，鴻雁南飛的時候，但不知何時才能重溫舊夢？而近年來又偏偏惡夢連連。如果能讓我作一次快割鳥的夢，黃鶯的夢，雲雀的夢，雁陣橫空的夢，我也會含淚微笑了。

家鄉的魚

「有水的地方就有魚。」在家鄉的確如此。

黃河鯉魚是很名貴的，但在揚子江裏，名貴的魚還輪不到鯉魚，而是鰣魚、鱖魚；其實編魚、白魚、鯖魚、鰱魚、鮎魚，甚至鯽魚也都是很好的魚，決不會比鯉魚差。而黃鴨頭、烏魚、楊花魚，這些雜魚，也各有風味，獨擅勝場。

在三月楊花撲面的日子，長江裏盛產一種楊花魚。這種魚和候鳥一樣，是一種季節魚，只有楊花飛舞的這一段日子才有，平時難得一見芳蹤。這種魚形似帶魚，但顏色比帶魚白，身體比帶魚小，彷彿經過挑選似的，大都是筷子一般長，嘴巴也不像帶魚那般尖硬，眼睛是紅色的，像兩粒透明的紅珍珠。這種魚有一種特別的吃法，就是晒得半濕乾，用油煎着吃，味道特別好。從來沒有人煮着吃，因爲細刺多，煎着吃甚至連刺也可以吃下去。還有一種毛花魚，和楊花魚形狀一樣，只是小得多，普通多爲三四寸長，這種魚鄱陽湖裏特別多，晒得像刨花一樣，往麻袋裏一裝，吃的時候和晒乾了的紅辣椒同炒，特別下飯。

鰣魚也是季節魚。牠比楊花魚來遲一步，是四月的魚。這種魚數量不多，而且是曇花一現，出水即死，所以特別珍貴，普通人家吃不起，酒樓菜館也當作珍饈，味鮮刺亦多。據說這種魚原是海魚，四月間從東海溯江而上，到長江中游產子，鰣魚的子尤其名貴，比臺灣的烏魚子不知道鮮嫩多少倍。

除了以上兩種魚是季節魚之外，其他的魚眞是一年四季都有，但以冬天的最大最多，因爲冬天長江水淺，鈎船紛紛下水作業，而所鈎起來的又都是大魚。

每年大雪之後，那些油得像黃蠟片的鈎船都下水了，這些船上都掛着磨得雪亮的鋼鈎，那些漁人知道什麼地方魚多，他們便把魚鈎放下水去，但不用餌。不用餌的鈎子怎麼鈎魚？可是偏有這回事，而且鈎起來的都是大魚。據鈎船上的人說，魚愛在鈎上「擦癢」，一擦就掛住了，而且愈掙扎身上的鈎子就掛得愈多，而所鈎起來的最多的是鯉魚，其次是鯖魚、鳡魚、白魚，小則兩三斤一條，大的則有扁擔一般長，而普通的多在一公尺左右。

鳡魚很少是鈎起來的，多半是用罾攀起來的、數量也不如鯉魚那樣多，這大概也是牠的身價較高的原因。

鱖魚肉多而厚，刺少，好吃而難看，背脊上的鰭很堅硬，皮是青黑色而有斑點，酒樓常以鱖魚肉下麵，尤其是九月團臍十月尖的時候，和蟹黃一道下麵，的確鮮美可口，比鱔魚麵更好。

白魚家鄉叫「翹嘴白」，因為在魚類當中牠的嘴巴特別向上翹起，彷彿和誰生氣似的，但是全身銀白，鱗又最細，肉也鮮嫩，尤其是肚腹部份更為滑嫩。牠的體形比鯉魚瘦長些，但沒有鯉魚那般大。

鰍魚是長江裏最勇敢和速度最快的魚，嘴巴如梭，身體瘦長，有點像鯊魚的形狀，但全身白色，腹內只有一根直腸，家鄉形容心腸正直的人就說他是「鰍魚腸」。牠的肉不及白魚嫩。

鯿魚身體比較扁平，兩頭小，中間大，肉多，腹部的肉比白魚的還要滑嫩，其實這才是最好吃的魚。這種魚和鱖魚一樣，很少有十斤以上的，也很少是鉤起來的。

在冬天，沙鍋魚頭是一種名菜，而夠資格作沙鍋魚頭的魚頭，只有一種魚，那就是鰱魚。這種魚頭的重量幾乎和身子相等，全身的精華也在頭部，因為腦髓多，又肥又嫩，至於身上的肉則視同糟粕，因為刺多。在好魚如林的時候，牠全以頭貴，一個兩三斤重的魚頭燉一個沙鍋，無論是加蘿蔔、豆腐，都會令人饞涎欲滴。

鯖魚和鯉魚都是做臘魚的好魚。一到臘月，幾乎家家的牆壁上的竹棍上都掛了這兩種魚，自然鯉魚更受人歡迎。

鯉魚一身金紅，尤其是肚皮和尾鰭部份，特別好看，這是最漂亮的魚，所以過年時用三牲祭品當中總有牠，牠和雄鷄、猪頭，並排擺在桌子當中，身上還要貼張紅紙，魚類當中只有牠才有這種殊榮。

鯽魚是普通的魚，長不大，最大的也不過一兩斤，正式酒席裏面雖然很少用牠，可是味道却很鮮美，尤其是一斤以上的鯽魚，燉湯的確是一樣好菜，也是家常便菜。

黃鴨頭在背脊上和頭後兩旁有銳利如針的刺，牠會主動地錐入，碰上牠就皮破血流。全身黃色，皮滑，很難捉住。這種魚雖然不登大雅，但黃丫頭燉豆腐確實鮮美無比。

家鄉的烏魚不是臺灣的烏魚，這種魚一身烏黑，肉多刺少，一般人認爲和鱔魚、團魚、烏龜一樣帶補，肉雖不太嫩，却有一種香味，尤其是用荷葉包着放在灰爐裏煨來吃。

至於蝦子那就不値一提了，不僅長江裏多的是，牛睡覺的一團死水裏也多的是蝦子和鯽魚，多天把水一放乾，就可以弄個十斤八斤。

抗戰八年，遠離長江，生活在山窩裏，吃不到好魚，引爲憾事。來臺灣之後，四面環海，魚產豐富，但海水魚根本不是那麼一回事。在酒席中不論是什麼魚我都懶得動筷子。平時雖偶爾吃吃差强人意的吳郭魚，牠多少還有一點點鯽魚味道，但眞一比較那就差遠了。只有一次去金門訪悶，夜晚和兩個朋友在一家菜舘裏，弄了一條活黃魚，佐以道地的金門高粱，吃起來還有一點意思。

如果眞要吃魚，還是回到長江去。海裏的魚不是那回事。

廬山之虎

臺灣的中央山脈不能說不高，但山上沒有虎豹。「山上無老虎，猴子稱霸王」，這正好是中央山脈的寫照。

廬山不但以風景聞名於世，虎豹亦多。在西人未開闢廬林作爲避暑盛地以前，廬林的老虎亦多，所謂「吼虎嶺」，顧名思義，即知爲老虎出沒之所。廬林成爲避暑盛地之後，老虎也只好讓洋人一步，遷地爲良了。

廬山的老虎似乎也以山南爲多，牠們棲息的地方不在山頂，也不在山麓，而是在山腰的僻靜之處，有蓊草的地方。

在我未親身經歷過老虎的事實之前，就聽過不少談老虎的事，基於兒童的好奇心理，我也特別喜歡聽這類的事，比聽天方夜譚有趣得多。

我曾聽過一個同學說過，他家裏養了一條大而兇猛的狗，當這條狗正值壯年的時候，有一年多天，一隻老虎下山獵食，以他的狗作爲吃的對象，這條狗不知道是吃了豹子膽還是老虎心？居然一點不怕，竟和老虎惡鬬起來，打得難解難分，後來經人一吆喝，老虎便跑上山去。狗是受了傷，但不久也就好了。第二年多天，這條狗和老虎又有一次同樣的惡鬬，老虎也在同樣的情形之下跑上山去。第三年多天，狗由於前兩次惡鬬受了重創，加之體力漸衰，終被老虎拖去吃了。

另外我聽到一個住在深山的老百姓說，有天晚上，他到廁所「出恭」，（山上的廁所都很簡陋，用茅草樹葉作頂，周圍也是用茅草樹枝隨便圍圍，另外留了一個敞口門，以便出進。）廁所就在路邊，他正蹲在兩塊舊的棺材板上，一隻老虎却慢慢地走過來，憑那對緩慢地移動的小燈籠，他斷定那是一頭大老虎。這時他既不能逃，除了跳下糞坑之外也無處可躲。近山識虎性，山裏人也有山裏人的鎭定，他索性蹲在棺材板上屏息不動，靜靜地等待命運的裁判，那隻老虎居然目不邪視，像紳士般地一步步走了過去。他也檢回一條命。

有一次我們二十幾個同學，住在秀峯寺上面的一個廟裏，這個廟不大，却有一座五六尺高的圍牆，只有一個和尚。這個和尚大約四十多歲，不會唸經，是一個粗人，沒有事他就和我們談老虎。他說附近的老虎很多，這點我們相信，因爲路上有很多老虎糞，老虎糞不同於麋鹿之類的糞，比狗糞大，但不成堆，糞裏有很多麂麞之類的獸毛，自然晚上也會聽見虎吼。

有一天他從星子縣城回來遲了，在山下人家借了一盞馬燈上山，行至半途，突然發現前面有兩隻手電般的眼睛瞪着他，他知道遇着了「山貓」，一邊是山坡，一邊是山谷，路又窄，眞是進退兩難。他雖然是個粗人，但情急也會智生，他把馬燈放在地上，人却悄悄地爬上山坡。

老虎兩眼注視着馬燈，沒有注意他的行動，他潛行到老虎攔路的上方，搬起一塊大石頭，朝着老虎腰部砸下去，老虎大吼一聲，負痛逃走。他再提着馬燈匆匆地跑回廟裏。

「嘿嘿！銅頭，鐵背，蔴布腰！老虎被我砸痛了！」他得意地笑着，口沫飛濺。

我們帶了一條四眼大黑狗，這條狗很兇，很會打架，被一位惡作劇的大同學取名「日本」，因爲抗戰前夕，我們非常痛恨日本人。但是我們很愛這條狗。我們無論去什麼地方，都把牠帶在身邊，而牠所過之處，別的狗都望風披靡，他一衝過去，別的狗就只有在地上打滾的份兒，要不是牠的前腿有點跛，那會更厲害，

那天晚上我們睡在這個廟的樓上，把牠放在園牆裏面。也許是牠晚上的叫聲招來了老虎，第二天清早我起來時，發現牠死在韮菜地上，韮菜狼藉不堪，地上盡是盌口粗的老虎脚印和牠的斑斑點點的脚印，牠嘴裏有老虎毛，事先顯然經過一番惡鬪。據那個和尚判斷，這隻老虎最少有三百多斤，因爲牠跳過五六尺高的圍牆，咬死「日本」，再跳出去，都不是簡單的事，如果不是有

人聲驚動，牠可能把狗拖出去。

這條狗死了我們都很傷心，同時也認識了廬山老虎的厲害，甚至那個粗俗的和尚講的打虎的故事我們也深信不疑了。

是篇追記七十多年前作者在廬山求學時的故事，山南的寺廟多，如棲賢寺、萬杉寺、歸宗寺、秀峰寺，南朝四百八十寺，多少樓台煙雨中的古寺。我知道回憶撰稿時山上喜歡寺，山南那麼古寺，已被燒燬無存，然棲賢橋是麗若古蹟，大書香登山請遊，地圖為看過棲賢表觀小縣出白鹿青山出，使獨自去廬山樓閣畫壁回校後，打電話告訴我，我才知道某棲賢橋……不是我描述，是文革時已大破壞，古寺描述無存，僅剩白鹿洞……僅存而未毀，老釋牡丹，唯表三春勝景也。但廬山已無虎豹，仙人洞不有虎無狗。

二〇〇七、一、十二日重校

阿在馬・夢露與凱萊

三年前，為了養鷄，防止小偷，向一位班長買了一條褐色的[illegible]狗。這條狗非常雄壯兇猛，我一看就很滿意，價錢也很便宜，只要三百元臺幣，那位班長對我說，這[illegible]條日本狗，小時候從東京帶來的，所以他有一個日本名字「阿在馬」。我問他這名字是什麼意思？他說他也不知道；我問他為什麼願意賣？他說牠喜歡咬人。我聽說牠咬人，更加高興。狗不咬人那成什麼狗？而我不久之前又被小偷光顧過，偷了幾隻從左營帶來的肥鷄和一部腳踏車，假如當時有一隻這樣的兇狗，那就不會有那樣慘痛的損失，所以我一下就敲定了。

這隻狗的確很兇，除了那位班長之外，任何人不能近牠，經常戴着口罩。可是牠好像和我有點緣份，居然讓我走近牠，牽牠。那位班長很高興，我也高興。

自從我養了這條狗之後，左鄰右舍都不大敢到我家裏來，就是想來，也必須先在籬笆外面伸過頭來輕輕地問：

「阿在馬鎖好了沒有？」

即或進來，講話也不敢大聲，因爲牠一聽見生人講話就會往房子裏撲，那樣子兇得駭人。鄰家晒衣服的竹棍，搭在我的籬笆上，牠也會跳起來，跳得和籬笆差不多高，那種狂跳的樣子，駭得隔壁的阿巴桑戰戰兢兢，不敢走近籬笆，因爲牠的兩隻前脚搭在籬笆上和她一般高，又張着大嘴對她嗚嗚叫，聲音沉重得像悶雷。

假如我是一個朱門素封之家，這隻狗眞買對了！如果我有閒情帶牠打獵，牠也是一隻好獵狗。可是我是買牠「看鷄」，但牠却歡喜「咬鷄」，一不小心，牠就把鷄咬死了，這使我非常生氣，怎樣敎牠，警告牠，也改變不了牠的狼性，因此牠吃了不少苦頭。

當牠每次挨打之後，那種伏在地上的屈辱樣子看來實在值得同情，事後我心裏也很懊悔。可是牠就有這麼一個好處，只要我對他親熱一點，牠就更加親熱地跳到我身上來，牠人立起來時兩隻前脚幾乎可以搭到我的肩上。每天深夜我下班回來，老遠就聽見牠雄渾的叫聲，我在前面叫門，牠就在後面呼應，表示熱烈歡迎，我一走近牠牠就跳起來把前脚搭在我的身上，弄得我衣服上一個個大脚印，彷彿開滿了朵朵梅花。

因爲怕牠咬人，所以經常用粗鐵鍊把牠鎖着，用口罩戴着，可是不到一年功夫，口罩換了三個，鐵鍊換了兩根，最後那根粗鐵鍊幾乎寸寸斷，因爲牠一看見生人來了就拚命地撲跳狂叫，因此口罩容易壞，鐵鍊也容易斷。

有一次我叫了一個竹工來請他估價蓋竹棚，那個竹工正在精打細算時，牠掙脫了鐵鍊，撲到那個竹工身上，那個竹工手上的曲尺摔掉了，臉上也駭得色如死灰，幸好口罩未壞，不然牠眞會一口咬斷那工人的喉管。

那年冬天牠病了，我帶牠到中山北路一家獸醫院去看病，那位醫生不敢動手，我把牠抱住，他才膽怯地打了兩針，他搖搖頭說他沒有看見過這麼兇的狗。

因爲路太遠，診一次要幾十塊，醫生又怕牠，我便請醫生開了藥，在家裏自己替牠打針，可是那種藥始終無效，我不懂這一套，只好看着牠一天天瘦下去，結果自然是死。

在牠衰弱得走路都歪歪倒倒時，見了生人還是要撲，甚至臨死時我請一個士兵幫我把牠抬走，牠都咧着嘴狺叫了幾聲才慢慢斷氣。

牠死後好多天，鄰居還不敢到我家裏來，仍然站在竹籬笆外面輕輕地問：

「阿在馬在不在？」

因爲他們並不知道牠已經死了。

眞是死諸葛駭走活司馬懿，虎死不倒威。阿在馬是眞正的英雄！他有那份特有的英雄氣質。可惜我不够資格養牠，大才小用，要牠看鷄，使牠受了許多不必要的委屈。我生平不做虧心事，只有對阿在馬我覺得深深有愧，因爲我不能給牠應得的待遇，又因爲牠咬鷄而常常打牠。但牠對我始終如一，臨死時對生人還狺叫幾聲。因此我常常會想起牠。假如我有深深的庭院，朱紅大門，白天讓牠住在狗屋裏，飼以牛肉飯，晚上把口罩解開，讓牠自由活動，或是帶牠上山打打獵，讓牠滿山遍野奔跑，牠一定不會那麼早死，因爲牠不過三歲。

牠死後兩個月，一位在海軍服務的同鄉，送給我一個漂亮的獅子狗，一身黃白相間的長毛，黃的金黃，白的雪白，尾巴捲起像一大朵浪花。牠的名字叫「夢露」。可是牠不是一隻母狗，是一隻公狗。大概是單身漢渴望異性的關係，所以才取了這個名字。

我討厭這個名字，但是我歡喜這隻狗。論體格，牠還沒有「阿在馬」的三分之一大，樣子也不嚇人。可是牠很聰明，而且是十足的雄性。

牠受過訓練，會伸出前脚和人握手，也會兩隻前脚併攏，站起來向人「拜拜」，尤其是當牠想東西吃時，拜得更快。眞是人見人愛，附近的孩子們總是圍着牠叫：

「夢露拜拜，夢露拜拜！」

可是不給牠吃東西牠就不肯拜。

牛肉販子常用牛肉筋逗引牠拜，牠吃過之後便不肯拜，牛肉販子氣得罵牠：

「我打死你！」

牠便捲着尾巴一跳一蹦地跑開，活像一個頑皮的孩子。

雖然牠不咬人，可是生人來了牠也會叫。

別以爲他個子小，可是再大的狗牠也不怕。牠愛打架，不但別人的狗到我家裏牠會撲上去咬，牠被帶到別人家裏去「作客」，照樣和主人的大狗打架，牠一點也不怯場，彷彿一個跑慣了江湖的水手。

牠和比牠大一兩倍的大狗打架自然會吃虧，可是打倒了會再爬起來，繼續撲上去，直到對方服輸，牠從來沒有夾起尾巴逃跑過。因此附近的狗不論大小，見了牠就退讓。牠的尾巴總是捲得那麼高，頭總是抬起來。有時我看見牠欺侮別的狗心裏都不免有點好笑，可是牠氣宇軒昂的樣子就先聲奪人。

牠不像「阿在馬」那樣，打了牠還是想和我親近。牠不能打，輕輕地打牠都會反抗，罵了牠牠都會不高興，叫牠握手牠不肯握，叫牠拜拜牠甚至調頭走開。牠像個花脚猫，歡喜到處跑，越是叫牠回來，牠跑得越遠，如果不在外面玩夠，牠決不回家，尤其是從後門口經過時，不叫牠牠還停下來向房子裡望望，叫牠牠馬上頭一低，屁股一翹，立刻蹦蹦跳跳地跑開，甚至幾天不回來。但牠不論跑多遠，都不會迷路。初來的那天，牠因爲尋找主人跑掉了，怎樣找也找不到牠，可是第二天清早牠就坐在籬笆門外面等我們開門。

有時覺得牠實在太野，便用小鍊子把牠鎖住，可是牠總不安份，尤其是夜晚，牠不停地嗯嗯叫，使人無法睡覺，只好放開，一放開牠便從籬笆縫裡鑽出去，玩到第二天才回來。

去年陰曆年邊，牠拖着一截鍊子跑了出去，原先還以爲牠會回來，但是一天兩天過去了，牠沒有回來，一個兩個星期過去了，仍然沒有回來，我這才敢確定牠是被別人抓去了。牠的命運可能很壞，十之八九是作了「香肉」，不然牠一定會跑回來，即使不跑回來，也可能碰見牠，而直到現在我連牠的影子也沒有看見。如果把這種狗作「香肉」來賣，眞有「煮鶴焚琴」之感。

去年我寫給維也納納富出版社的那篇「動物小說」「小黃」，就是以牠作主角。如果牠的命運不像我想像的那麼壞，而是別人抓去收養，即使不還我，寫封信告訴我也是好的。

「夢露」走失後，我有一段時間沒有狗。後來有一位鄰居喬遷，便把他們的「凱萊」送給我。

「凱萊」這個名字很容易使人想起與「夢露」完全相反的那位女人。當我第一次看時，觀感便為之一新，覺得好萊塢除了賣肉之外，也選了一個真正富有女性美的女人。

但是我們這個「凱萊」和「夢露」一樣，都是公的，不過「凱萊」是個「太監」，被他原來的主人閹過。

「凱萊」比「夢露」還小。「夢露」是一隻漂亮的狗，「凱萊」如果和「夢露」相比，那就是一隻「醜八怪」了。

「凱萊」的毛色和麂子一樣，而且也特別短，前面又生成一對外八字脚，很矮，兩耳却又尖又大，彷彿兎耳。

以前牠很怕「夢露」，我也不喜歡牠，牠一看見我和「夢露」就跑，跑到屋子裡便對「夢露」窮叫。

我們把牠收養過來之後，起初牠對我不敢親近，後來看我對牠很友善，才親近起來，現在對我表現得最親熱。我每次從外面回來，牠總搖着尾巴歡迎，牠那瘦長的尾巴由於搖擺得太厲害，打在椅子上，門上，發出咚咚的響聲，牠不怕痛，還是不停地搖，直到我進門以後很久很久牠才停住，用舌頭在我身上舐。

「凱萊」比一般狗也聰明些，牠最愛叫，看見人叫，看見狗也叫，但牠胆子小，不敢咬人，也許是由於閹過的關係，牠的性情文靜得很，從來不到外面亂跑，成天守在屋子裡，而且多半跳到藤椅上睡覺，和我那隻懶黃貓睡在一塊，有點像兩兄弟。

「阿在馬」死了，「夢露」走掉了，現在只剩着「凱萊」。牠沒有「阿在馬」的英雄氣概，也不如「夢露」那個漂亮樣子。我一看見牠這不男不女的醜八怪，再想起那位賭國王妃，便不禁啞然失笑。

但我還是喜歡牠，尤其是百無聊賴地從外面回來的時候，牠有填補我精神上的眞空的作用。

二〇〇七年八月十二日重校

被虐待的狗

我家成了貓狗的收容所。前兩年，對面鄰居乘喬遷二十公尺之「遠」，藉故摔下了三隻貓、一隻狗。名義上是贈送，實際上是減少麻煩，減輕負擔。我們是「蝨多不癢，債多不愁」，這份好意我們領了。

另外隔壁還有一隻狗，不是餵大的，是餓大的。主人從小就敲敲打打，只見牠嘴裏汪汪叫，胯下直流尿，怪可憐的，常常鑽過籬笆到我們這裏來避難。可是牠還是非常戀主，丟了又跑回來。丟既丟不掉，主人又不願養牠，因此更常常挨打。一隻年輕的狗，餓得瘦骨嶙峋，毛色沒有一點光彩，經常可憐巴巴的來吃我們那隻「小太監」的剩餘，這點剩餘可能就是牠的延命之物。

大熱天，牠天天躲在我們竹棚邊的一個看不見的角落裏睡覺，不敢回家，看那懨懨不振的樣子，我以爲牠在生病，便正式拿點東西給牠吃，牠就更不想走了，我也索性把牠收留下來。

餵了幾天以後，精神好多了，我這才發覺牠是一隻好狗。

以往牠在主人的棍棒之下，見了我也是畏畏縮縮，想親近又有點怕，只在離我兩三尺遠的地方打滾，或是搖頭擺尾兜圈子，盡力向我討好，而胯下還不時流尿。

牠並不是一隻漂亮的狗，黃不黃，白不白的短毛，身體瘦得像根竹筒子，四條腿像四根細竹棍，尾巴更是個細長條，牠給我的整個印象是「細長」。但是我也有個看法，假如牠從小得到適當的營養，長得一定很高大，因爲牠身體長、腿子高。雖然看來像個土狗，但多少有點洋血統。

吃了幾天飽飯之後，牠的優點果然發揮出來，除了親主人這一特性之外，牠實在非常聰明，我教牠「握手」，一教就會，比教小孩子動作還容易。

由於聰明，所以機警靈活，門口稍有響動，牠便衝過去，跑得很快，而且勇敢。人在外面，牠便人立起來，雙脚搭在竹門上，大聲吼叫，人一進來，牠馬上雙脚搭在人的胸口，嚇唬人，但並不眞咬，這樣一來，那人自然駭得連連倒退。有一個傳教的女人，常常到我家來拉聽衆，這是一個我不歡迎的人物，但她還是照來，不走前門，便走後門，實在使我心煩，但我沒有辦法。想不到這隻狗卻輕而易舉地解決了我的困擾！一天她從後門進來，被牠這麼雙脚一撲，嚇得她只叫「狗呀！媽呀！」，那副窘態，令人忍不住笑，雖然我即時替她解了圍，她也絲毫沒有損傷，但是她再也不來了。從此我耳根清靜，耳不聽，自然肚也不煩。土狗不論咬人或吠叫，一般都不會人立起來，牠無論是和我們玩，或是防衛進攻，都習慣地像人一樣站立起來，這可證明牠是得自訓練有素的洋媽媽或洋爸爸的傳統。對人牠不畏縮，對狗尤其勇敢，比牠大的狗牠照樣敢打鬥，完全不像我們那個「小太監」，只會窮叫，人家一逼近牠就夾着尾巴後退或逃跑。

現在這隻被虐待遺棄的狗漸漸被我們養肥了，毛色也有了光澤，成天在院子裏跳跳蹦蹦，見了我也不再流尿，說聲「握手」，牠就會把前脚抬起來。

有一天牠的原主人在馬路邊看見牠，向牠表示好感，溫和地叫，牠兩眼膽怯而艾怨地望着他，歪着身子往家裏走，不再領他這份盛情了。

狗通人性，並不純粹是畜牲。

二〇〇七年一月十二日重校

貓

法國詩人作家常常把貓來隱射女人。他們的詩，散文，小說裡面常常有貓出現。我們中國人似乎對狗偏愛一些，那是由於狗的忠義。

我有一位朋友却特別喜歡貓。他們兩夫婦都是可人，房間裡一塵不染，熱帶魚，蝴蝶蘭，紙上的紅竹，使房間顯得更加優雅、寧靜，一走進去如入蘭之室，加上他們兩人的書卷氣，我常說他們是神仙眷屬。除了他們兩位之外，能走動的東西就是貓，牠們從紗門的小圓洞裡鑽出鑽進，一灰一黑，頗爲可愛。

我也養了貓，起初是隻麻的，麻貓是隻不好看的貓，但是爲了捕鼠，就不計較牠的毛色。牠長大以後，果然逼鼠。以往半夜裡在甘蔗板的天花板上賽跑的老鼠們，自然銷聲匿跡了，而且牠三天兩天還要逮住一隻老鼠打打牙祭。這是一隻多子多孫的母貓，一胎產三四隻小貓。牠的子孫們也沒有一隻漂亮的，但都很會捕鼠。最後牠是鑽進人家的菜橱裡生產時被卡死了。

當牠正是「荳蔻年華」時，有一隻走來的小黃貓，餓得妙妙叫，可憐兮兮，我們把牠收容下來，養得肥肥壯壯，這是一隻公貓，樣子倒不難看，但是懦而懶得出奇。牠吃飽了就睡，四腳挺得筆直，我常常以為牠死在那裡，走到牠身邊牠也懶得動一下，用腳撥撥牠，牠才伸一下懶腰。此外牠最愛伏在椅子上閉着眼睛打盹，老鼠在牠面前跳來跳去，牠也不睜一下眼睛。那份要死不活的懶相，看了實在氣人。

那隻麻母貓「叫春」時自然會惹來不少公貓。別以為牠長得又肥又壯，却被別的公貓咬得不敢回家，往往在外面流浪一月半月之久，回來時又瘦又髒，一副可憐相。平時也常常被別的公貓像追賊一樣追得東躲西藏，最後終於永遠失踪了。

除了上面這兩隻貓以外；鄰居搬家時又留下了娘娘囝囝四隻麻貓，結果統統跑到我家來。起初還像作客，隨後就大模大樣住留下來，所以全盛時期我家一共養了六隻貓。

我原來那兩隻貓一隻死了，一隻走了。這四隻貓後來又走了三隻，只留下一隻老貓。這隻老貓在葛樂禮颱風發生前兩天又生了三隻小貓，這三隻小貓養得會走會跑時，娘娘囝囝又一道跑掉，起初老貓還三兩天回來吃一頓，終於鴻飛冥冥，芳踪渺渺了。

貓，無論你待牠怎麼好，牠對你怎麼溫柔，一變了心就走，連招呼也不打一聲，決不像狗那樣念舊。

現在我又養了一隻走來的小黃貓，是隻母的，樣子變漂亮，長得很快，活潑可愛，愛在腳邊轉來轉去，妙妙地叫，嬌柔得像春天的愛伸懶腰的女人。但是誰知道牠會在什麼時候跑掉呢？

火鷄

火鷄在臺灣是一種很普通的家禽。一般農家少則養三五隻，多則養上一二十隻，成群結隊，與一般鷄鴨爲伍，不算名貴。

可是在大陸上火鷄卻極其稀罕，江南不算太冷，一般農家縱使鷄鴨鵝成群，但不見一隻火鷄。我第一次見到火鷄，是在九江城裏一家洋行裏，像看「西洋鏡」一般，不但我年幼識淺，不知道牠是什麼東西？大人們也叫不出名字。

大陸上之所以不養火鷄，不知道是由於種鷄種蛋缺乏，還是氣候的關係？火鷄不能耐寒倒是事實。臺灣南部的天氣，即使在冬天也不算冷，我在南部就從來沒有穿過大衣，然而我鄰居一隻棲在架上過夜的大火鷄，卻在一夜之間凍死了，而普通鷄鴨卻安然無恙。

幼火鷄還有一個弱點，就是抵抗蚊虫的能力比普通鷄更差，蚊虫一叮，就滿頭滿臉生痘，甚至瞎眼封喉而死。上了三斤以後，才可以逃過蚊虫這一關。如不小心照顧，成群的小火鷄可能一個也留不下來。有一年我買了十幾隻小火鷄飼養，晚上用蚊帳罩著，服侍得像老祖宗似的，結果還是被蚊虫叮了，隻隻生痘，腫得像花菜。那時鷄藥還不普遍，事先我也不懂得種痘，事後把痘剪掉，用紅藥水塗抹，只救活三隻，其餘的統統死翹翹了。

火鷄不像來亨鷄嬌生慣養，但幼雛時期，也是「嬌客」，飼料也很考究，一般以豆腐、葱葉、米糠、飯，混合拌餵，小火鷄特別喜歡葱葉和豆腐，如供應充足，長得也快。這種飼料應維持一個月以上，愈久愈好。如以養來亨鷄的混合飼料代替米糠和飯，效果自然更好。

火鷄上了三斤以後，不但抵抗力强了，更可以粗飼，青草、菜根、菜葉、米糠、殘飯，都是理想的食物。火鷄對於青飼料特別喜愛，尤其是葱葉，嗜之如命。公火鷄上了五斤以後，如果飼料充足，一天一夜可以長一二兩肉，我曾經作過這種測驗，其生長之速，家禽中無出其右。母火鷄差得太遠，不但生長較慢，普通長到五六斤就不會再長了，公火鷄與母火鷄的體重往往相差一倍。

公火鷄的「架勢」很好看，愛將兩翅和尾羽同時張開，頭上的冠也會垂下兩三寸長，而且會變換顏色，普通呈淡藍色，有時會變成白色和紅色。走起路來很像平劇裡銅錘花面的台步，那副嗓門兒也無多讓，不時發出一連串的咕咕咯咯的叫聲；如果碰上十隻八隻公火鷄湊在一塊，那眞比十個八個女人聚在一塊還熱鬧，聲音自然雄壯多了。因此公火鷄同公鵝一樣，有示警的作用。

雄性的動物都愛打鬪，公火鷄也不例外。如果是素不相識的兩雄相遇，必有一場決鬪。牠們打架的方法和普通雄鷄大同小異，牠們的武器是嘴、爪、和翅膀。普通雄鷄的翅膀只用作飛躍，公火鷄的翅膀大而强勁，所以除了飛躍之外也用來撲打，當然用得最多的是嘴和爪。由於翅大腿長，牠飛躍起來可達三四尺高，幾經飛撲之後，便短兵相接，嘴咬嘴互相推擠，這完全是莽漢角力，體大腿高佔便宜。火鷄的冠在打架時一定垂下來，因此也常常被對方啄住，或是互相啄住，這樣便不再推擠，而儘量把對方的頭部壓低，咬着不放。不過牠們的冠不像普通鷄冠皮薄血多，也不會像普通雄鷄那麼嘴一啄雙脚一蹬，所以少有血流滿面的現象。牠們全部打鬪的過程也可能延長到一小時以上，但變化不多，多以力勝，少以智取。普通的雄鷄相鬪，則非全憑力氣，智慧和鬪志往往是決勝的重要因素，所以有閃、躲、逃避，以及突然反身一擊的「精彩之作」，纏鬪時間也比火鷄長久。公火鷄一打敗就像鴕鳥一般逃走，一方逃走戰鬪隨即結束，不像普通公鷄反覆追逐，逃走也是一種戰術。母火鷄性情純善，不好鬪。

火鷄是一種合群的家禽，群起群棲，很少單獨遊蕩。公火鷄永遠作英雄狀，給母火鷄一種充分的安全感。

臺灣土鷄都不會產卵。母火鷄每次最多也只生十三四個蛋，少則八九個，產後就巢，能孵小火鷄，孵卵時間較普通鷄多一星期。

火鷄肉多，味道很好，尤其是公火鷄餘囊周圍脂肪特多，將外層皮肉紅燒，肥嫩之至，味在紅燒猪肚腸之上。

我們中國人不習慣於吃火鷄，外省人終生未嚐此味的更不在少數。西洋人却把火鷄當作珍品，尤其是聖誕節，不可無此君。猶憶報載艾森豪在總統任內，回農莊過聖誕節，殺了一隻三十二磅重的火鷄，這眞是火鷄中的巨無霸，簡直像一隻小鴕鳥了。臺灣的火鷄沒有這麼大，公火鷄大的也只十三四斤。這樣大品種的美國火鷄倒是値得引進的。

一隻土鷄

我養過三四年洋鷄，包括來亨、洛島紅、蘆花、紐咸西，以及自己以洛島紅蘆花來亨雜交的雜種鷄。另外以長年生蛋紀錄最高的來亨母鷄（一年生三百一二十個蛋，百中選一。）和來亨公鷄交配，培育的蛋鷄。在那三四年中，睡不安枕，飼料自己拌，生病自己打針，甚至自製孵卵器，自孵小鷄。資本雖小，但已盡養鷄的能事。在養洋鷄上所耗的心血，足够寫三四百萬字。任何人如果有我服侍洋鷄的精神服侍父母，那都是個大孝子。但我還是失敗了。比我更小心的一位好友，也失敗了。這原因在什麽地方？正如今天的鳥風。鷄是外國種，飼料也是外國貨，而鷄和蛋不能行銷國際市場，臺灣又大魚吃小魚，自然一鍋爛。而且來亨鷄生蛋率能保持七成的都少，最糟的只有三四成，最好的八九成，但百不得一。再加上飼料的上漲，醫藥的消耗，養來亨簡直無利可圖，白忙一頓。肉鷄不如土鷄受歡迎，價格亦低，但肉鷄照樣吃飼料，花醫藥費，所得亦不過蠅頭微利。如以所花的資本精力相比，連人工都是白貼。所以臺灣的養鷄事業也像一陣風過去了。

年初我在菜場買了幾隻斤把重的鷄，以剩飯剩菜餵養，沒想到其中有一隻母的是黑土鷄，因爲牠很像洛島紅蘆花雜交的母鷄，也長到四斤右右，生蛋以後才知道牠是土鷄，因爲賴窩。臺灣的土鷄不如內地的土鷄會生蛋、一般體格也比較小。內地的大土鷄比洛島紅，紐咸西，蘆花還大。我家曾有一隻黃鷄，站在地上伸頭可以吃三尺多高的桌上的飯菜。普通母鷄一次也要生三四十個蛋才賴窩。

我買的這隻土鷄已經生了四次蛋，每次一連生二十一個。不讓牠賴窩，一星期準醒孵，兩星期準再生蛋，照這樣計算，平均可達六成蛋，而且不用飼料，不論天晴下雨都在地上跑，雨打成落湯鷄也不生病，健康得很，還不換毛。洋鷄當年換毛，白吃兩三個月飼料。如果我們的養鷄家懂得選擇土鷄，培育土鷄，比養洋鷄合算，尤其是以養鷄作副業的農家。

美國洛島紅就是我們的九斤黃輾轉過去培養起來的。正如我們的圍棋傳到日本，現在成爲日本的Go，我們反而要去留學，實在是一件臉紅的事！

近百年來的洋迷信，使我們這兩三代的中國人，視自己的國粹如糞土，甚至數典忘祖。現在的青年十之八九鄙視平劇，但有幾位知道圍棋原是我們的技藝？洛島紅的祖先是我們的九斤黃？照這樣下去，將來我們總有一天要到外國去留學平劇，要向日本人韓國人學做漢詩。李承晚的律詩絕句，我們這一代的新詩人有幾位寫得出來？

從這隻土雞看來，我們似乎應該多做點「就地取材」的工作。如果我們的觀念能夠及時轉變、恢復民族自尊心，發揮自己的優點，無論在那一方面，我們都會有所作爲。如果一味月亮外國的圓，那永遠是三等以下的角色，上不了臺盤。

金魚

每次在北門搭車，總要經過鳥園水族館。那是一家專門賣小鳥熱帶魚的小店，在等車的空檔，我常常進去看看魚鳥。鳥兒在籠裏跳上跳下，不時耍幾句花腔；魚兒在玻璃箱裏游來游去，悠然自得。牠們雖然和我們一樣擠在一個小天地裏，看來好像比萬物之靈的人快樂。

小時爲了想捉一隻剪了舌頭會說話的八哥兒，不知道費了多少心思？每年端午節那天都望着老楊樹出神。因爲八哥兒的窠是做在高大的楊樹頂上，而且在樹的空洞裏。又粗又高的老楊樹，實在不敢冒着性命的危險爬上去，又不能把老楊樹砍倒，「殺鷄取卵」必，眞是褲腰帶兒打了死結，急壞人。所以終我的童年，都沒有捉到一隻八哥兒。另外有一種也會說話，而且非常漂亮，叫起來特別好聽的黃鶯，更是我想要捉的，也一直沒有捉到手。鳥園的鳥都是鶯類，比黃鶯却小好多倍。這類的鳥兒都會叫，牠們的身價也是以叫的聲音來決定的。有一種小不點兒的小黃鳥，其貌不揚，叫起來卻千迴百囀，要七八百塊錢一對，最普通的也要幾十塊錢一對。我很想有那麼一對千迴百囀的小黃鳥，掛在我的窗口，但是那種貴族小姐，和我幾十塊錢一千字的身分太不相配，雖有「藏嬌」之心，卻無「金屋」，只好死了這條心。

熱帶魚都是花花公子，我既外行，興趣也不高，連價錢也懶得打聽。

本來我案頭有兩小盆塑膠花，一株紅玫瑰，一株白梅花，我覺得已經「雅」了不少。有位老友卻說塑膠花缺少生機，恐怕影響我的心理，要我弄點有生氣的東西。我因為面對青山，房屋周圍不乏雜花野草，又有豆棚瓜架，生氣勃勃，所以並不在意。直到最近才化了十五塊錢賣了一隻金魚缸，四塊錢買了兩條金紅色一寸多長的金魚，三塊錢買了一包味寶，一共僅二十二元。每月大概有十元八元的飼料費足夠，相當「低級」。

我生在水鄉，自然歡喜淡水魚，尤其是漂亮矯捷的鯉魚。金魚和鯉魚又有點兒相似，既可欣賞，又可慰鄉思，眞是一擧兩得。

金魚是最賤的欣賞魚類，不必調節溫度，沒有什麼麻煩。自從把牠們擺上我的案頭，每天晚上我換一次自來水，餵三兩次味寶，牠們就長得很好，我在缸裏放一株薔花，水面放幾根青草，牠們似乎生活在大自然裏。喋唼有聲，悠游自得，金鱗閃閃，小小的身軀，往往幻成很大，彷彿一個魔術師，在我面前耍把戲。

以往對金魚只是浮光掠影，沒有深入觀察。養了幾天以後，就有「新發現」。牠除了一對突出的大眼睛之外，尾巴最特別，鯉魚尾巴是上下兩片，金魚的尾巴等於兩條鯉魚的尾巴複合在一塊，不過下面兩片向下向外張開，上面兩片不仔細注意會以為是一片，其實是完全分離的。此外金魚還是個大肚羅漢，身子又沒有鯉魚那麼長。金魚的糞像一條腸子一樣，拖得比身體還長，起初我以為是腸子拖出來了，冤枉擔了一陣心，後來才發現這個「怪事」。

金魚最漂亮的是鱗，金紅的鱗在清水裏閃閃發亮，引人深思遐想，所以我不喜歡黑色的金魚。

金魚不像鯉魚那樣矯若游龍，牠頭大，尾大，身短，游起來總是那麼緩慢從容，多半是嘴巴浮在水面喋唼，尾鰭微微擺動——像四片金紅的輕綢在春風中微微飄動。

星期天清茶一杯，把收音機音量開小一點兒，聽聽青衣的「祭江」，「生死恨」，「鎖麟囊」……看看金魚的喋唼，寫一兩千字的短文，是最好的消遣休息。此種境界，頗有「天人合一」之趣，雖簡而至不易也。

楊柳、桑葚

桑樹楊柳在長江一帶是最普通的植物，尤其是水鄉，這是兩樣最主要的植物。垂柳較小，楊樹却是落葉喬木，高可數丈，幹粗一人難以合圍。在臺灣垂柳偶爾可見，但瘦得可憐，孤苦伶仃，不像大陸上長堤垂柳，嫩綠婆娑。楊樹在臺灣尙未見過。在故鄉，此時正是楊花拂面，春意最濃。「吹面不寒楊柳風」，「點點楊花入硯池」，確是寫實之作。

楊柳最賤，生命力極强，隨便砍下一枝，揷在土裏，即可繁榮滋長，三五年間，楊樹即高過屋脊，垂柳亦搖曳生姿。春天在那裏？春天就在柳梢頭。

桑樹也是落葉喬木，但沒有楊樹生長得快。桑樹質堅，犂耙桌椅之類的器具都取之於桑樹，木材價値甚高。桑葉是蠶的飼料。我國向以絲茶馳名世界，桑葉的價値可想而知。除了木材和葉子之外，桑樹還有一種副產品，那就是桑葚。桑葚大小如棗，因此故鄉稱爲「桑棗」。

「桑棗」味甜汁多，是一種非常可口的水果。可是家鄉不把它當作水果，任其自生自落，小孩子和孕婦嗜之如命，男人却不屑一顧。因爲桑棗汁濃，染在手上嘴上如紫墨水，不容易洗掉。一棵桑樹所結的桑棗眞是成千累萬，比任何果樹所結的果實都多，可是家鄉不知利用，任其搖落。一棵大樹的桑葚如果製成果醬，足够一家人一年吃用，在故鄉每一家最少有三五棵大桑樹，旣不養蠶，又不製醬，中國人眞是捧着金飯盌討飯！土地的浪費更不必談。

桑葚從開始結果到成熟有三個過程，最初是綠色，如初生的葡萄；成形以後逐漸變紅；最後變成紫黑色，落口消，甜而無籽。

桑葚紅的時候，也可以觀賞，綠葉紅果，萬綠叢中萬點紅，誰說不好看？

報載南投有個農民陳水木，八年前向一個朋友要了桑苗，這種桑苗是他的朋友從雲南帶來的，現在他蓄了桑苗二萬多株，四五年即可結果六十幾公斤。我們家鄉是長江沖積層，最肥沃的沙土，任何植物一栽下去都比別的黏土地長得快，桑樹也得十年八年才能長到三四丈高，四五年能否結果六十公斤沒有統計過，十年以後那就決不止此數。桑樹的確是一種値得推廣的植物，可惜臺灣土地太少。大陸土地多，而我們那些學農的人却拼命往官場擠，一個農業職業學校的學生畢業出來就與農村脫離，也要削尖頭皮謀個科員書記。「萬般皆下品，惟有做官高」，中國怎麼不窮？大陸怎麼不丟？

楊柳的用途不如桑樹大，楊樹還可以作柴燒，柳樹只能觀賞。桑樹有益民生，孟子也提倡「五畝之宅，樹之以桑」，所以今天在臺灣推廣桑樹不算標新立異。要發展觀光事業，柳樹也是值得考慮的一種植物，這兩種植物在大陸普遍得很，在臺灣却甚稀罕。物以稀爲貴，我們從大陸來的人也可以慰情聊勝於無了。

瓜果雜談

中副有兩篇談碭山梨的文章，雖然對梨的大小說法不一，但對碭山梨的美味卻一致稱讚。

三十五年秋，堂兄萬釗在魯南作戰負傷，一晝夜後始被擔架兵發現，救離戰場，送到徐州軍醫院治療。當時我在南京軍聞社總社工作，獲訊後連夜趕到徐州探視，下車後觸目的盡是碭山梨。當時因為心中有事，加之梨子並不中看，小販送到手中也調頭而去。看過堂兄之後，知道他是脛骨受傷，雖有跛足之虞，但無生命危險，寬心不少。因此才有心情嘗試碭山梨。

碭山梨一個可能不到一斤，但大的半斤是足有的，而且是老秤，最普通的也在一拳以上。表皮黃不黃、青不青，帶點斑點，樣子也不太整齊，像徐州賣梨賣大餅的小販，十分土氣。可是一吃進嘴裏眞是落口消，水份多，糖份也夠，還有點清香，眞是人不可以貌相，碭山梨也不可以只看外表。在徐州兩天，我是吃梨比吃飯多，回南京時還帶了一大簍。到現在爲止，碭山梨還是我見過的最大的梨。

碭山梨是北地的水果，在南方也有好梨。一是徽州梨，一是上饒梨。而且這兩種梨，無論形狀、大小、顏色、味道，都極相似，幾難區別。

二十九年秋天，我從胡適先生的家鄉績溪，調到本省的景德鎮去工作，路過徽州，在川軍唐式遵將軍總部幾個朋友處勾留了一天，沿途我看見不少梨樹上用白紙袋套着的梨子，朋友也以徽州梨饗我。這種梨子表皮是月白色，微黃，像白娘子臉上生了幾點細嫩的雀斑，益增其俏，人見人愛，形狀大小都差不多，蒂部較小頂端較大，近似鐘形，每斤大概三四個，皮薄，彈指可破，也是落口消，味道決不在碭山梨之下，甚且過之，眞如江南女兒，秀外慧中。

來臺灣以後，不知梨味，偶於酒席甜菜中嚐過一次，完全不是味兒，且有渣滓。近年街頭雖有梨賣，但看那種厚皮粗糙，好像大陸的土梨，擠不出多少水份，別說比不上徽州上饒梨那份長相，連碭山梨也趕不上，因爲碭山梨雖無「賣相」，但看上去也是水汪汪的。臺灣街頭的梨都有點木頭木腦，引不起興趣。據說舶來品也趕不上大陸的梨。

臺灣的西瓜算是很不錯了，但屏東瓜趕不上敝省的撫州瓜。王荊公的家鄉不但以產米著稱，西瓜也是水果中的上品，二三十斤重一個，黃色沙瓤，水份多，極甜，土生土長，種瓜的人根本不懂得打糖精，貨真、價實、道地。

離臨川不遠的南豐，曾翬的家鄉，更有一種天下無雙的特產——南豐橘。這種橘子沒有員林橘子那麼好看，甚至也沒有陽明山的橘子大，最大的也不過乒乓球大小；皮薄，無籽，水份多而又甜如蜜，一口一個，一口氣吃上一兩斤，還捨不得放手。別說陽明山和員林的橘子不能相比，道地花旗橘子也差得太遠，如和南豐橘子相較，那簡直淡而無味。南豐橘子從前是貢品，一般人吃不到，加上南豐地點偏僻，種橘子的人更不懂得做廣告，所以知道的人並不多。抗戰時南豐也成爲東南公路的交通孔道，外省人才得一飽口福。這種橘子太好，也太稀罕，南豐一縣也只有縣城西南附廓方圓幾里地才出產，樹高不過五六尺，和陽明山的橘樹差不多高矮。但是這種橘子如在臺灣，一百塊錢一斤也會有人搶購。

臨川鄰縣金谿的金橘也是上好的。

臺灣的水果出產雖然豐富，但是種類太少。麻豆文旦是很有名的，但贛南南康的柚子也不在麻豆文旦之下。

大陸的水果好的實在太多，簡直不勝枚舉。我隨便舉出江西上饒的梨子，臨川的西瓜，南豐的橘子，金谿的金橘，南康的柚子，就無一不是雋品。

木瓜成熟時

北部的氣候和南部不同。北部雖無眞正的秋天多天，但有那麼一點兒意思；南部却長年似夏，寒流來時雖然要加一兩件衣服，却毋須大衣，年三十夜的菜會餿也不是稀罕事兒。這種氣候，最適於亞熱帶的果樹蕃殖。香蕉木瓜之類，四季不缺。屏東河床的西瓜，更是過年時節的產品。西瓜還有季節性，需要沙地；木瓜、香蕉(包括芭蕉)，則不分季節，土壤也不必嚴格選擇，香蕉一栽下去，就會生長結實，木瓜子隨便撒在那裏，都能生長，幾個月後就結實纍纍，層層而上，木瓜樹幾乎不勝負荷。院子裏種三五棵木瓜樹，就長年不愁沒有木瓜吃。

來臺北以後，我看別人栽的木瓜樹瘦小伶仃的樣子，幹子上空空如也，即使有三兩個木瓜吊着，也比鷄蛋大不了多少，因此對於栽種木瓜也就沒有多大的興趣。遷延了兩三年，直到前年才在院子周圍埋了十幾處好木瓜種子，長到一人多高，都被颱風吹倒，我索性連根拔掉，只有一棵沒有動搖根本的倖免於難。去年它又渡過難關，而且開始結木瓜，結得很多。可是長到比橄欖大不了多少，就紛紛萎謝。謝了又結，結了又謝，總數至少有五六十個。雖然我對它的期望不高，却也不免有點兒失望。最後總算它一個蒂上並排留下兩個，吊吊我的胃口。但是一整個冬天，絲毫不長，始終只有鷄蛋般大小。春暖以後，才慢慢長大，長了整個夏天，也只有拳頭般大小。我讓它們完全黃透，才摘下來。眞是瓜熟蒂落，伸手一托就落在掌心，毫不費力。天下最好吃的東西莫過於園裏剛拔起的青菜，江裏剛拉上的活魚，樹上剛摘下的瓜果。這棵木瓜的種子本來就是上選，果然第二代的味道極佳。

今年初夏又開始結了一批新的木瓜，仍然是結了又謝，謝了又結，第一批總算留下大約十分之一，剛好十個。隨後又結了很多，直到現在留下的不過五六個，不到一拳大。現在仍然繁花滿樹，小瓜密得像蜂窩，但一到橄欖大就發黃，一個個掉下，不管它能結幾百，大概一個也留不下來。

第一批十個木瓜發育得不壞，最大的兩個像兩個小葫蘆，我估計每個總有三斤上下。因爲這種木瓜形狀好，肉特別厚，不像那種紡錘形狀的木瓜。現在這兩個大木瓜已經開始發黃，第一個黄到了頸蒂，在陽光下閃閃發亮，我在窗口頭一歪，就可以看見。我準備讓兩個熟透了才同時摘下。我不怕鄰居的孩子偷，因爲它們高高在上，離地有六七尺，我伸手都摸不到。孩子們要想偷，必須搬凳子，拿棍子，乒乒乓乓。而且小孩子作「賊」也要結伴，兩三個人唧唧喳喳，東西沒有「偷」到手，老早被大人發現了。何況我整天坐在窗口，很少離開。記得今夏有個晚上，幾個孩子來偷葡萄，他們在葡萄架下說這個大，那個小，唧唧喳喳，我不出去抓他們，在窗子裏面故意咳嗽一聲，幾個小鬼便像烏龜搬家，連滾帶爬，跌跌撞撞地跑到院子外面去了。

前天又有一個八九歲的女孩子拿着竹棍潛進院子想打木瓜，不巧被我碰見，這小鬼倒很機靈，她連忙對我說：

「張伯伯，我不是來偷你的木瓜！」

話一說完，丟下竹棍就跑，我看了忍不住笑。

小孩子就是這麼天眞，專做「此地無銀三百兩」的事情。比大人「掛羊頭賣狗肉」可愛得多。

這兩個木瓜再過一個禮拜我會摘下來，不能像南部朋友那樣吃不了讓它們在樹上爛。我望了三年，才有這麼一點「成果」。但願它結了不掉，那孩子們就可以分享了。現在樹高已過屋脊，要是結一個算一個，一年最少能結三四百個，何況我又種了幾棵新木瓜樹，明年準結。但願颱風小姐慈悲爲懷，我再遇着那「棄甲曳兵而逃」的女孩子時一定先對她說：

「來，張伯伯送你一個木瓜。」

鄉居情趣

出生於農村的人，大多對鄉土有特殊的親切感；我亦不能例外。雖然我生活在都市的時間幾倍於農村，但至今仍然不喜愛燈紅酒綠的生活，樂於鄉村的寧靜，恬淡，青山，綠水，一草一木的欣欣向榮，以及家畜家禽的天眞活潑。

我住在臺北鬧市郊外，這裡原來是十足的鄉村，公家的營舍也是建在山邊田上。現在雖然日漸煩囂，四十二路公共汽車也以此爲終點，但是我住在山邊，面對靑山，附近還有些農田，我自己也有一個不太小的院子，仍然有幾分鄉居情趣。

我的生活方式也和城裡人不同，我不要別人伺候我，我也不伺候別人，我完全獨立工作，像農夫耕田一樣，一分耕耘，一分收穫，雖然「汗滴禾下土，粒粒皆辛苦」，所幸的是不必靠天吃飯，天晴下雨都沒影響。我也像農人一樣，寡慾無爭，從容悠閒；有永遠作不完的工作，停三天五天也不會要命，決沒有做股票生意和趕飛機火車擠公共汽車的那份緊張。無事決不進城，即使進城也不多留。向未進過歌臺舞榭，一年也難得有一兩張影片值得我花上三兩個鐘點。

和我作伴的是稿紙、鋼筆、書報、青山、綠樹，我自己種植的木瓜、蕃石榴、葡萄、橘樹、桂花、雞冠花、美人蕉、白蘭花、薑花、聖誕紅、夾竹桃、桃樹、梔子花和養的金魚、雞、貓和狗，以及剛買回的水仙花和菖蒲的球根，兩個月以後它們會放在我的案頭。

這些東西我所花的代價極少，如薑花只買了兩棵，現在卻蕃殖了大小三十多棵，經常有白色的香花開放，起先我剪下插在瓶裡，只有三五天的生命，現在讓它自開自謝，每株開花期間卻總維持個把月。木瓜、桃樹、橘樹都是用種子培植的，今年沒有颱風，一棵最大的木瓜樹已經結了不少大木瓜。橘子不是名種，我也不期望吃它的橘子，那常青的葉子和春天開的小白花，也可以賞心悅目。桃樹更不指望它結桃子，即使結了也是毛桃，但一兩年後繁花滿樹可以預期，臺灣很少桃花，不像大陸那麼普遍，慰情聊勝於無。

貓和狗都是從小跑來的，我都收容了。一隻黃貓已經長大，從來沒有捉過老鼠，老鼠丟到牠的面前牠也不屑一顧。牠是一隻懦弱膽小的母貓。黑花貓也是母的，快到荳蔻年華，有幾分潑辣，很會搶食，常從黃貓嘴裡把魚頭搶走，和黃貓打打結結。可是牠弓起背脊在腳上擦的時候又十分溫柔，尤其有趣的是牠一直吃黃貓的奶，現在和黃貓差不多大小還是如此，黃貓成了牠「未出嫁的媽媽」。

小黃狗是上月跑來的，來時很小，一斤左右，個把月時光，瘦得只剩一個大頭。牠一來就大模大樣地睡在廚房裡木架的下層，彷彿這就是牠的家，木架就是牠的窩，一點也不怕人。起先看牠那一副醜相眞不想收留牠，牠身子那麼一點大，還有三四塊地方沒有毛，而且有一塊面積很大，可能都是開水燙掉的，我就心不會長毛。可是現在不到一個月，長大了一倍多，身上的毛也全部長齊，洗洗澡樣子也很不錯。牠相當聰明活潑，蹦蹦跳跳，故意欺侮兩隻貓。但是一隻半大的雜種蘆花公雞却是牠的剋星。貓吃食牠會去搶，公雞吃食牠只能在公雞周圍蹦蹦跳跳，嘴裡汪汪叫，牠想趕走公雞，公雞却不理牠，有時反而趕得牠連連倒退，啄得牠汪汪叫；但牠並不罷休，過了一會又照樣頑皮搗蛋。

牠歡喜咬東西，咬花，不讓貓吃食，只好把牠鍊起來，早晚放放，讓牠到處跑跑。

「地僻客來稀，」除了偶爾有一兩位愛好文藝的青年人光臨之外，我整日和青山綠樹貓狗花草爲伍，思想情感彷彿過濾了一樣，一片純淨。現在正是秋天，天空蔚藍，清風陣陣，涼爽而無寒意。花兒常開，生意盎然；雞鳴吠吠，一片天籟。我更覺得鄉居有清趣，人還是與自然接近好。

清秋

在故鄉，現在是蟬曳殘聲過別枝的時候了。三伏天是牠們的好時光，大楊樹是牠們的好天地，春天最會唱歌的黃鶯和快割鳥，也把樹林讓給牠們。牠們有兩類好歌手，一類是高音，知—了—知—了—，高吭嘹喨；一類是中音，以一種沉悶而微帶嘶啞的聲音，拖聲曳氣地叫着。這兩種聲音，合唱了整個夏天，掩蓋了一切的虫聲鳥聲。中元節一過，牠們就顯得有氣無力，漸漸銷聲匿跡了。

接替蟬兒歌唱的是紡織娘和蟋蟀。紡織娘愛在南瓜園裏輕吟，牠們主要的糧食是南瓜花。牠們蝗虫不像蝗虫，螳螂不像螳螂，紡織娘比這兩種霸道虫文弱優雅得多，眞像個小娘兒。有專門捕捉的人會把牠們關在小篾籠裏挑進城裏來賣，便宜得很，兒時只値三兩個大銅板，後來也不過一兩個分洋，小姑小嫂們最喜歡買，吊在窗口下，聽牠秋夜淸吟。早晨摘一朵帶露的黃南瓜花，放進小篋籠裏，就够牠一天一夜的生活。

蟋蟀雖小，叫的聲音却嘹喨雄壯。牠們多半棲息在古老的靑磚牆脚下，和比較陰濕的廢墟中，甚至古墓裏。玩蟋蟀是男孩子的專利。一根捋了穗的狗尾草，一個小瓦罐兒（裏面盛了一些潮濕的浮土，有的隔成幾小間），攜着這麼簡單的工具，蹲在牆脚下，廢墟中，坟堆裏，搔搔扒扒，有時找了一下午，也難找到一隻好鬥口，最多的是肥肥大大的三尾子，沒有一點用，誰也不要。

最會鬥的蟋蟀也是叫得最嘹喨好聽的蟋蟀。身長，鬚大，腿健，皂中帶棕，草尖一撥，馬上咧嘴振翅，躍躍欲試，嚁嚁而鳴；戰勝時叫得更響。不會鬥的蟋蟀草尖兒一撥，牠就兜着瓦鉢瓷盆打圈兒，垂頭喪氣，沒有一點兒趾高氣揚的樣子。看牠那副窩囊相就會生氣。

蟋蟀除了好鬥可供娛樂外，最妙的還是嚁—嚁—嚁—嚁—的叫聲。一到夜晚，叫得更勤。兒時讀到「秋夜有蟋蟀，鳴於牆下」的句子，用不着先生開講，心裏自然明白。比「雲從龍，風從虎」，要有興趣得多。嘓嘓蛙鳴，予人以強烈的生的啓示，嚁嚁的蟋蟀聲，予人以淸秋情趣。即使不懂平仄的人，也想寫一兩句歪詩。

在這種暑氣漸消，金風送爽的日子，除了聽覺的享受之外，口福仍然不壞。菱角、蓮蓬、藕，會送到嘴邊來。

菱角有兩種，一種是嫩的紅菱，味道清甜，生吃最好。老的煮熟了也好吃，澱粉很多。生熟同時應市。另外一種是鐵菱角，殼硬，很少人生吃，煮熟了還要用刀砍，所以沒有紅菱吃香。

蓮蓬和菱角出產得同樣多而且便宜。這兩樣東西，小販是用敞口大籮筐挑着沿街叫賣，十五六歲的小姑娘則提着淺口圓竹籃，沿家送到。最好的時刻是晚飯後，洗過澡、端出紫檀木般的老竹床，在街沿或院子裏一躺，小姑娘送上一籃菱角，或是一籃上面滾着水珠的大蓮蓬，再吝的人也得破點兒鈔。盤脚坐在老竹床上剝菱角、吃蓮蓬，那味道比伸長頸子看電視雋永得多。電視裏敞胸露腿的女人，那有拖着一條烏黑的大辮子，白竹布短褂，黑長褲，不搽胭脂臉也紅的羞人答答的十五六歲小姑娘有趣？

藕多半是早晨菜販送上門來賣的，嫩而且白，除了用糖醋炒了作菜之外，晚上乘涼切幾段生吃，也清爽無比。老藕燉豬脚、臘肉火腿，更是無上妙品。

故鄉雖不出產大板栗，但街上到處飄着炒板栗的香味。而板栗燜鷄，又是一道名菜，這時節吃的最多。

毛栗却是故鄉土產，和菱角蓮蓬藕一樣普遍，廬山的毛栗更好，又粉又甜。小姑娘提着一籃籃的熟毛栗，送上門來，大大小小的竹筒，隨你挑，五分錢可以買一大竹筒，有半升的量，鄉下人老斗老秤，够吃個痛快。

此外「天津」梨兒，烟台蘋果，廣東芝麻香蕉，水果店裏多的是，不過沒有小姑娘送上門來。

紡織娘和蟋蟀是清秋的抒情詩人；菱角、蓮蓬、藕……是清秋的妙品。已涼天氣未寒時，這是一個最好的季節。臺灣就缺乏此種情趣。連街上的冒充板栗，和移植改良的梨兒，也完全不是那個味兒，更不會有菱角、蓮蓬、藕送上門來。此地的藕還不如家鄉的藕梢兒，那種三五尺長，有大人腿肚粗的老藕，更未曾見，所謂藕粉更使我懷疑，蓮子都當貴重藥材進口，不言可喩。

橘逾淮而爲枳，不但吃的東西變了味兒，連一份無需錢買的淸秋情趣也不可得。這就算是哀樂中年的外一章吧，在臺灣生長的這一代人是體會不到的。

秋山紅葉

臺灣的秋天和春夏沒有什麼不同，在大陸分別却很明顯，秋天是個很好的季節，天空特別高而蔚藍，氣候十分涼爽，而秋山紅葉，最富詩情畫意，啓人深思而不陶醉。如以詩相比，草長鶯飛屬於抒情詩，秋山紅葉，却屬於哲理詩；以人相比，春天像個天眞的少女，秋天却像個成熟的怨婦。

紅葉是秋天的一大特色，時間多在晚秋。發紅的樹葉有兩種，一是烏桕，一是楓樹。烏桕葉形狀略似心臟，比楓葉小，樹亦較楓樹低矮，樹葉的顏色却比楓葉更紅更豔，加上烏桕子白如雪，實在是深秋的最好點綴。烏桕以外，楓葉就最出色當行了。

三十五六年間，我在南京工作時，聽過不少人稱道棲霞紅葉，很想去看，但因爲自己幹的是無間寒暑、不分年節的工作，而我又是頭戴石臼玩獅子，半天時間也抽不出來，終於錯過大好機會，正如來往京滬不知多少次，而沒有下車到蘇州一遊同樣的遺憾。

三十七八年間，我轉到湖北工作，每月却有半個月的時間住在長沙，工作又十分輕閒。那時局勢雖然十分不安，我還是單人匹馬遊了一次嶽麓山，看了一次滿山紅葉。

嶽麓山在長沙西面，中隔湘江，從長沙去嶽麓山，要經過水陸洲，水陸洲也很有詩情畫意。過水陸洲就有一條大路直通嶽麓山。

嶽麓山不高不險，周圍也不大，却很清幽俊秀。湖南的最高學府湖南大學就在山麓，宮殿式的建築，寧靜肅穆，傍依名山，面臨勝水，是最理想的讀書地方。

我是循着湖大旁邊的一條石板路上山的。山路寬坦，遠不如上廬山那麼險峻。我爲了欣賞山上的風景，在半山茶亭休息了一會，山上松樹甚多，松濤低吟輕嘯，秋風瑟瑟，微帶寒意。此處紅葉不多，到清風峽楓林密茂，才可以看到紅葉滿山的勝景。看紅葉最好的地方自然是「愛晚亭」，因爲「愛晚亭」在楓林中間。

楓葉的顏色比烏桕深，如血一般莊嚴，不似火燄一般鮮豔。清風峽自以楓樹最多，但間有烏桕，如不細察，不易區別。

此時遊山的人自然是爲了欣賞紅葉。但山下農家少女，却揹着竹簍，帶着竹扒，上山扒集落葉，揹回家去當柴燒。湖南少女，健康、活潑、熱情、大方，她們的臉像秋天的蘋果，更爲紅葉秋山生色不少。當時我寫了三首七言絕句，現在只記得其中有一句是「滿山紅葉女兒樵」。完全是即景即事。

嶽麓宮是山上的古寺，(氣象自然比不上廬山的棲賢、萬杉、秀峯、歸宗諸寺。)遊客可以在這裏索餐。離嶽麓宮不遠有禹王碑，宮右有飛來石。

山上有張輝瓚、黃克強、蔡松坡諸氏墳墓，供人憑弔。

嶽麓山離長沙比陽明山離臺北近，如將嶽麓山搬來臺北，當涼秋九月，紅葉滿山之時，臺北站又要大排長龍了。但這是一種島國情調，必然破壞了嶽麓山淸幽絕俗的氣氛。

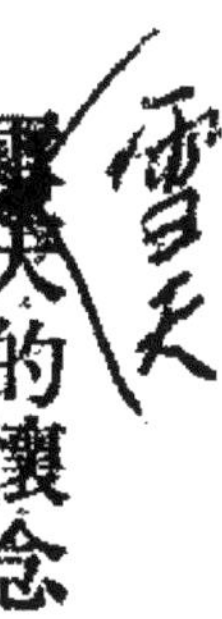

雪天的懷念

入冬以來，迄未大冷。只有兩三天氣溫在十度左右，彤雲密佈，寒風淒淒，頗有下雪的樣子，但是沒有下雪，臺北大概永遠不會下雪。但這種天氣如在大陸，必然下雪。「近水知魚性，近山識鳥音」，我們這些來自大陸的人，對於雪天的徵兆，自有預感。大陸的老農，從來沒有聽過氣象預告，但他們本身的經驗，比氣象所的預報還準。

臺灣雖然也有下雪的地方，但在高山之上，平地人終生也難見雪。五六年前冬天，曾經去過大雪山一次，看見石頭上一團殘雪，大家如見親人樣的圍着拍照。可是那團雪實在不够意思，不過慰情聊勝於無而已。

雪天之所以令人懷念，是有它全部過程和情趣的。先是北風呼呼，彤雲密佈。光禿禿的老樹，樓着點點寒鴉，縮頭縮頸，不敢哼聲。大北風颳過一兩天之後，就會平息，風停的時候可能是在黃昏，也可能是在夜晚，風停後雪才會下，初雪時多半是粗鹽般的雪子，打在瓦上叮叮噹噹，清脆悅耳；雪子下了一會之後，漸漸變成六角，落地較輕，最後變成鵝毛般的雪片，或是小棉花條一般，彼此糾纏，瀟瀟洒洒，落地無聲。往往一覺醒來，屋上地上已經積雪數寸，一片雪白，變成一個粉粧玉琢的世界。其實「粉粧玉琢」尚不足以形容其潔白，世界上沒有一樣東西足以與它相比。

雪深數寸乃至一兩尺以後，那是一種怎樣的景象？如柳宗元的五絕所寫：「千山鳥飛絕，萬徑人蹤滅；孤舟簑笠翁，獨釣寒江雪。」前兩句適於有山的地方，後兩句適於有水的地方，而對於長江兩岸則是一種絕妙的雪天寫照。

長江兩岸，洞庭、鄱陽湖濱，是魚米之鄉。「孤舟簑笠翁，獨釣江寒江雪」的情景在故鄉雖不多見（故鄉魚太多，沒有人釣），但雪天却是魚出產最多的日子。寒冬臘月，長江水位最低，有漁船的人家，有專門鈎魚的排鈎，這種兩寸多長的大鈎不是鈎而是掛。不管雪怎麼大，天怎麼冷，他們多半在傍晚時下鈎，天亮前取，三四尺長的鯉魚、鏈魚、青鯶、鯿魚、白魚，一條條地拉上來，往往一夜之間就可以發個小財。沒有鈎船的人家，都坐在家裏圍爐烤火享福，很少出門。

一場大雪，往往一個禮拜也化不了。下雪的時候並不十分冷，化雪時纔格外冷。多天的花花太陽，熱力有限，每天所化的雪水，在屋簷上結成一尺多長胡蘿蔔一般粗的冰溜，一排排地掛着，亮如水晶。舊雪未消，可能又加上一場新雪，這樣一來，積雪就更深了。

「瑞雪兆豐年」。雪下的越大，農人心裏更加喜歡。吃的、喝的、燒的，早已準備充足，正好坐着享福。新炒的花生、蠶豆、紅薯片，又香又脆又甜，雪裏拔起來的白菜，蘿蔔，加上凍豆腐、鏈魚頭砂罐火鍋，再煨上半斤四兩高粱，吃飽喝足之後，不分大小，踢踢毽子，摸摸紙牌，或是坐在爐邊，捧着水烟袋，欣賞窗外的雪景，眞的連皇帝也不想做。

在臺灣生長的人不但看不到柳宗元所寫的「千山鳥飛絕，萬徑人蹤滅；孤舟簑笠翁，獨釣寒江雪。」的雪景，也欣賞不到白居易的「綠蟻新醅酒，紅泥小火爐；晚來天欲雪，能飲一杯無？」的情調。怎樣的自然環境習俗，產生怎樣的文學作品，這是十分自然的事。

在臺灣能從電影中看到一兩個雪景鏡頭，也是一大安慰，電影本身好壞不管，一兩場雪景也就値回票價了。

[illegible]大陸錦綉河山，[illegible]，也是創作[illegible]的最好素材。年輕的一代，已無法認識中國的眞面目，以大陸作背景的題材如何下筆？大陸的綿綉河山，是文學創作的沃土。自然環境的變化，也是創作衝動的原因之一，一年四季一個色調到底，連作品也缺少變化。

霧

霧是看得見摸不着的東西，特別富有一種朦朧美。說來就來，說去就去，不是踏着小貓的脚步，簡直是天上仙子舞動飄飄的衣袂。

我印象最深的是長江的大霧。冬天水淺，每逢大晴天，日出之前多有大霧。茫茫一片，三尺以外不見人影。航行在江上的大輪船，拉着悠長而沉濁的汽笛，不見船影，只聞笛聲，聽見那笛聲，就可以想見它是寸步難行，比拉了的木船可能還慢。有的大輪船甚至在霧中擱淺，停好幾天才能走動。

霧中的笛聲有一種沉悶的情調，霧中的雁聲，却嘹亮好聽。長江兩岸很多湖沼沙灘，江中又有不少沙洲，雁羣最多。天亮之前，雁就起飛，遇着大霧，飛得更低更慢，幾乎一竹竿都可以打到。但是看不清牠們的隊形身影，只聽見頭上雁翅鼓動空氣的沙沙聲。成千成萬的雁鼓動翅膀的沙沙聲，比雨打芭蕉和屋脊更好聽，而又有一種朦朧美。

重慶的霧也很有名，但我沒有聽見大輪船沉濁的汽笛聲和沙沙的雁翅聲，以及那聲聞於天的唳聲。

廬山的霧自然更是一大特色，但是多天大霧不多，夏天却時時刻刻有霧。夏天的霧又不是那種漫天大霧，而是倏忽而起，倏忽而滅，這個山峯起霧，那個山峯却是一片翠綠，來得快，去得也快，穿簾入戶，從這個窗口飄進，又從那個窗口飄出，想擋它也擋不住，抓它也抓不着，眞的行蹤飄忽。出門時你看着是滿天陽光，轉眼之間你脚下就起了霧，它又會帶給你一陣毛毛細雨，因而遍體生涼。

在臺北住了七八年，很少看見霧，因爲起得晏，沒有這個眼福。近來每天早起，才知道臺北也是個多霧的地方，而且有大霧。十天之內我就遇見過三次大霧。幾尺之外，不見人影。汽車開燈，慢慢行走，彷彿海底的熱帶魚。

人在圓山頂上，彷彿身在天上。汽車的燈光，穿過濃霧。一片昏黃，只看見山下燈光緩緩移動，伴着喇叭聲和車子的嚨嚨聲，但是看不見車身。一切都在虛無縹緲間。

吸着清晨新鮮的空氣，呼出一肚子的濁氣，霧在身邊飄移，眞有羽化登仙的感覺。

那只是個無時空障礙的虛虛實實的精神世界

宇宙間並無天國，在大霧中作個地行仙倒可以辦到。霧裏看花更美，真正登上月球一定會很掃興。身在霧中，倒能領略一些塵世以外的樂趣。

二〇〇七年一月廿四日 重校

稀客

市遠無兼味　地僻客來稀

臺北是個鬧市，我雖忝爲臺北市民，住的地方却很偏僻。坐公共汽車來往臺北，以中山堂爲準，少則三十分鐘，多則四十分鐘，而我從家裏走到公共汽車站，正常的速度是二十分鐘，

現代人最怕走路，尤其是文人學士，視走路爲畏途。但我對這二十分鐘的路程，却不在乎。五十年前，我曾經和數千位與我一樣的青年人，從湖南的桃源，走到四川的綦江，翻過崇山峻嶺，穿越苗區。後來我在報館工作，由武人轉業爲所謂「文化人」，在贛南那樣的山區，我曾經一天走過一百二十里路，而且是在日短夜長的隆冬季節，歲暮時候。所以直到現在我還保持着走

路的習慣，除非爲了爭取時間，決不坐三輪車和計程車。

可是有些搖筆桿的朋友，不知道是爲了表示身份地位，還是走起路來兩肩一高一低，不大雅觀，動輒「三輪」、「計程」，甚至坐咖啡館一坐三兩小時，仍然留着三輪在外面候駕。雖然目前的稿費不足抵付這樣的開支，但其「坐」如故。即使我偶爾興起，約他們到寒舍玩玩，大多是翻翻白眼望着我一笑：

「你那裏太遠了！」

由於這種緣故，蓬蓽無法生輝、甚至鬼都不上我的門。雖然我住在天主教公墓下面，與鬼爲隣。可是事情也有出人意表者。

這一個月來，我「深居簡出」，幾乎和所有的朋友「斷絕往來」，想不到居然有人「拜訪」，而且一來就是兩位。

一天上午，我正伏案工作，「太監」凱萊忽然汪汪地叫了起來，而且趕到籬笆門外叫，我走到門口，想把凱萊叫回來，沒想到牠看見我胆氣更壯，居然逼了過去，我再走到籬笆門口一看，發現兩個陌生人正畏縮地站在鄰居的籬笆門邊，我叫凱萊進來，牠却更起勁地向那兩個人狂叫，他們胆怯地問我：「咬不咬人」？我說不咬。

正當我準備退回來時，其中一個却突然對我說：

「張先生，我們來看你。」

這眞使我有點「受寵若驚」，因爲我完全不認識他們。但是我客氣地請他們進來，凱來看見我招待他們也就不叫了。

我請他們坐下，又替他們倒茶，然後在他們對面坐下，我笑着對他們說：

「我們以前好像沒有見過？」

「因爲你是同鄉，所以我們特別來看你。」其中一個黑而較矮的靑年說。

我問他們的籍貫，他們都說了出來，原來都是「老表」。

「你們怎麼知道我住在這裏？」我奇怪地問。因爲我不是要人，住的地點又偏僻，這兩位素昧平生的客人居然能找來，而且一下子就找上門，實在不容易。從前有位朋友在附近轉了半個鐘頭還沒有找到呢。

「我們早就去過長安東路看你，因爲你已經離開了，沒有看到。」仍然是那位發言人說。

是的，我離開那個單位已經兩年，想不到他們兩年以前就找過我了。

「那你們又怎麼知道我住在這裏？」

「我從一個工友那裏看到發給你的開會通知，所以才找到。」發言人說。

他這一說使我不能不佩服他們的神通廣大，因爲那份通知只發九個人，而發通知的那位老鄉又是在一個小巷子的第五層高樓上，很不好找。

他看我望着他，便望望我的桌上，把話題一轉：

「你這幾年出了些什麼書？可不可以送點給我們？」

「這幾年我很少出書，」我說：「以前的幾本書也是別人出的，我自己都要向書店買。」

「你可不可以寫張名片給我去看看別的同鄉？」發言人把眼光從桌上又移到我的臉上。

「我本人都不値錢，名片有什麼用？」我不禁笑了出來。

「最近不是要開同鄉會嗎？」發言人又問我。

「我格於規它，沒有參加過同鄉會，那只是一個晚會。」我說。

「你和××不是很熟嗎？」他提到那位發通知的鄉長的名字。

「昨天才第一次見面。」我坦白告訴他。

「張先生，我坦白告訴你，我們兩人都沒有工作，請你幫幫忙，介紹個把工作好不好？」發言人說。

「我那有那麼大的力量？」我幾乎失笑，因爲我根本沒有寫八行書的地位。我比他們也好不了多少。

最後他說出了他們的身份，我同情他們；我也說出了我的身份，他們也只好一笑，因爲他們知道我沒有說謊。

他們坐了一會便起身告辭，我又客氣地把他們送到竹籬門外，那位發言人突然停住對我說：

「一位同鄉送了我一點書，沒有賣掉，你有沒有法子？」

「我的書也都是人家送的，很少買。」我說。

「那你能不能幫我們一點忙？我們走了這麼遠的路。」發言人說：「我們是從臺中來的，連回去的路費都沒有？」

我聽了他的話就知道這是一篇短篇小說的結尾，他畫龍點睛地一點，點出了主題，也出現了高潮。我摸摸褲子口袋，沒有錢，他看我略一遲疑，便抖抖自己的褲子說：

「你看，我的褲子都破了？」

我只好轉身回家，從抽屜裏摸出菜錢，交給他說：

「對不起，這是明天的菜錢，我也只有這麼大的力量。」我笑着說，和他們兩人握握手，他們也含笑而退。

把他們送走之後，我覺得這眞是兩位不怕地僻路遠的稀客。他們姓甚名誰？我沒有請問，究竟是不是同鄉？我更不願推敲了。反正人生就是這麼一回事，何況他們作得很漂亮，只是犧牲了我一點時間。

食尾小集

感恩節

我是一個不信任何宗教的人，既不期望上天堂，也不怕入地獄。平生不做虧心事，毋須求神的原宥；今世沒有積德，自然也不夢想來生投個好胎，大富大貴。因此我對什麼城隍、土地、觀音……諸神的節日，一概不理。一個連自己的生日也不記的人，怎麼提得起對自己毫無干係的節日的興趣？一年三個大節，端午、中秋、新年，也是大家過，我才不得不過，但完全沒有那份過年過節的心情。聖誕節自然也是一個大節，尤其是近年來西風壓倒東風，頗有駕凌春節的趨勢，那種狂歡達旦的情形，已非兒時大年夜放通天炮可比。但無論別人怎麼狂歡，我仍無動於裏。前年平安夜，我周圍的幾個大教室，擠着幾百人，戴着高紙帽子，大跳扭扭、恰恰，高聲怪叫，我却獨自在一個小鐵皮屋內靜坐，心如止水。

本月二號那天下午，我們這個山村突然熱鬧起來。紅色的計程車，一部接着一部向天主教公墓脚下開，黃色的公共汽車也塞得滿滿的，還有成群結隊的人步行而來，其中有不少高鼻子。來這裏的人手裏多半握了一束鮮花。這種情形使我想起大陸清明時節大家握着清明標子，提着紙錢上坟、踏青的往事。但是教會中人不作興這一套，而且又不是時候。望望十字架如林的公墓，擠滿了紅男綠女，而且飄起了兩面旗幟，看起來像大喜事，郤偶爾傳來幾句哭聲，我實在弄不清楚是怎麼回事？進城以後遇見王平陵先生，我知道他是信主的，我請教他：

「平老，今天是什麼日子？」

「感恩節。」他毫不思索地回答。

我這才恍然大悟，難怪看來有點像清明節。

「橘逾淮而爲枳。」但願西洋的感恩節在我們高等社會裏也有點愼終追遠的意思。只是我自己太慚愧，兒時掃墓不過爲了好玩，現在眞想掃墓，郤不知先人廬墓如何？浪跡江湖二十多年，親恩一天未報，想起大鬧我們家鄉的黑旋風李逵「這個也去取爺，那個也去望娘，偏俺鐵牛是土掘坑裏鑽出來的？」這幾句話，心裏更像長了一個疙瘩，無法消散。以子職來講，我們這一代的人多半像土掘坑裏鑽出來的。

薑花

臺灣的花好看的不少。最普通的如夾竹桃、杜鵑、櫻花、玫瑰，都以色勝，然而不香；甚至花店裏擺的那種大如盌口的菊花，漂亮是的確漂亮，不知道是不是我的嗅覺不够靈敏？我總聞不出什麼香味。內地的菊花雖然瘦小，氣味卻强多了。臺灣的蝴蝶蘭，更是名花，一本蘭花的價錢，足够普通人三五個月的薪水，可是我也聞不出香味。內地深山裏的幽蘭，生在溪澗邊樹林裏或是石隙中，幾乎難以發現，然而那股幽香十幾步以外就可以聞到，往往是先聞到它的香味而後被人發現。桂花、梅花的清香，自然飄得更遠，一株梅、桂，當它盛開時，附近一里路以內的空氣，都會清香撲鼻，尤其是桂花，樹大花多，香味更濃。其他如茉莉、梔子，也都很香。臺灣好看的花實在很多，有這種香味的卻少。倒是有一種最賤的薑花，一塊錢可買三四枝，插在瓶裏可以開幾天，有一股香味，雖非王者之香味，擺在案頭倒也撲鼻，河裏無魚蝦也貴，有總勝無。

薑花白色，一簇有十來朶，先後次第開，剪下一株可以維持四五天，而且其賤無比，最容易栽培。我買了一株連根的，隨便栽在土裏就活，把開過的花枝剪掉，又會重新發出新枝，向旁蔓延，生生不息，可以分株分植。它的枝葉和根都像薑，這也許是它命名的由來。

杜鵑、茶花、玫瑰，我都栽培過，但是沒有成功。薑花毫不經心地栽下去，它卻長得很好，已經分植三處，還可以繼續分植。

在臺灣養蘭、種菊，是雅人貴族的玩意，其間雖也有重利可圖，但本錢亦復不小，兩者我都不養，也都辦不到。養了三四年鷄，規模雖小，到現在元氣仍然未復，自然更不敢作養蘭種菊之想。薑花賤，常開，也不必懂得園藝，是最平民化的享受，案頭插上三枝五枝，香氣不惡，人也似乎「雅」了起來。

獨龍橘・冬葡萄

四五年前，空心菜園裏生了一棵橘苗，我把它保留起來，到去年已經和我一般高了。我把它移植到籬邊，今年春天居然開了幾簇小白花，結了十來個小橘子，但長到黃豆大時，先後萎謝了，僅僅留下一個。當時有人告訴我，橘樹要接枝，否則不結橘子。我對於此道是外行，樹又長得那麼大，再接枝也是八十歲的老娘生孩子，算了。幸好，那唯一的橘子日長夜大，增長我不接枝也能結橘子的信心。它長到鷄蛋一般大小時，看得出來它的祖先是陽明山的，不是那種大紅袍。但不管它個兒大小，味道好壞，我很希望嘗嘗新，想從它身上得到一個不接枝也能結橘子的證明。想不到妖婆葛樂禮却把這顆「獨龍王」颳下來了，橘子雖然只有一個，幾個月的希望却落了空，只好等待明年春暖花開再看了。

與這棵野橘子同時成長的還有兩棵葡萄，這是我向一位同事要來栽培的。由於前幾年集中心力養鷄，其他事情都擱在一邊，這兩棵葡萄自然也受了冷落，其中一棵在第二年就「香消玉殞」了。剩下的一棵，與草萊爲伍，因爲沒有搭架，草長得比它還高。也許眞的是適者生存，這棵靦同草萊的葡萄，有根藤蔓爬上了籬笆，去年居然結了幾串葡萄，但不到黃豆大，就被鄰家的孩子摘去了。去年下半年結束養鷄之後，才有心思照顧它，給它搭了一個克難架子，幾根竹棍一撐，倒也像那麼回事，只是它過去委屈了幾年，發育不良，藤子太少太短，那麼多鷄糞，我也沒有給它一點作肥料實在虧待了它。直到今年春天，才埋點鷄糞在它的根下，它便長得枝是枝，葉是葉，不像從前縮在草裏的那副可憐相，而且結了十幾串葡萄，小孩子沒有它高，摘不到手，總算讓它長大了。不過靑皮厚臉的，味酸子大，沒有內地葡萄那麼好吃，是名副其實的「酸葡萄」。有人說初結時多半如此，過兩年會變甜的，不知是眞是假？

也許由於最近兩三個月來我連續埋了幾次鷄糞的結果，它到現在還沒有落葉，而且新葉新枝不斷發出來，最奇怪的是，它竟「老來嬌」，又開了花結了四串小葡萄，這四串小葡萄，可能要到年底才能成熟，那就是多葡萄了。

葡萄一年結兩次，我是第一次見過，正如當初看見來亨鷄一天生兩個蛋，同樣新奇。如果不是葡萄反常，那就是我少見多怪了。

二〇〇七年[illegible]月十四日重校

九姑

九姑，這位我淡忘了二三十年的女人，突然撞開了我記憶的窄門，披頭散髮地跑出來了。

九姑不是我的親姑母，她和我們是五服以外的本家，而且隔了一條長江。我們在這邊是大族大姓，她家在江北却很孤單。我從來沒有去過她的家，不知道她家裡的情形。據說家境不壞，算得上中上等人家。但是他們倆兄妹時常到我們這邊來，並不是有求於我們，只是走動走動，親熱親熱。

她哥哥的年齡和她相差二十上下，絡腮鬍鬚大塊頭，不愛講話，拳脚上很有幾套功夫，常常替我們推拿跌打損傷，三兩次準好，他對九姑很嚴，眞有「長兄如父」的味兒。他到我們這邊來多半當天回去，頂多一宿兩餐。九姑一來却要住很久，彷彿女兒回娘家一樣。到我唸書時她就一直住下來，沒有回去過。

起初她住在隔壁一位堂兄家裡，後來和我家過往最密。父親好客，剃頭的，打鐵的，遊學的，過往客商，九流三教，他都願意招待人家一宿兩餐。九姑沾親帶故，更不必說。九姑對父親母親也特別親熱，直呼哥哥嫂嫂，沒有加上任何一個多餘的字。

九姑不是一個漂亮的女人，牙齒生得尤其不好，犬牙交錯，人家都說她滿口獠牙，命中帶煞，但是她的脾氣不壞，愛說愛笑，一點不討人厭，身體更好，兩頰嫣紅，脚也沒有裹斷，不但做粗事快捷了當，女紅也很精巧。綉花枕頭綉花鞋，以及裁裁剪剪，樣樣在行；她打的鞋底針線又密又緊，像螞蟻排隊，比別人做的要多穿一兩個月。她作客期間也很少空閒，農忙時幫忙打打晒晒，清閒時期手裡也不離針線。我家裡沒有多少事做，別人拜託她，她也概不推辭。我們那個社會作事不講報酬，尤其是女紅之類，正如教書先生替人寫對聯，完全義務，頂多吃一頓飯。

九姑一兩年住下來，完全變成我們本地人了，連說話的口音也改變過來，這時她大約有二十七、八歲，我既沒有聽說她有丈夫，也沒有人向她提親。這樣大的姑娘不出嫁，那眞是天下奇聞。不過她好像並不緊張，一任春去秋來，若無其事。我年紀太小，並不覺得男人需要女人，女人需要男人，她這樣住下去我倒非常歡迎。

後來聽說塡房的大伯母和前夫生的大兒子王文經對九姑很有意思，九姑也很歡喜他。

王文經一向在大伯父家和我家來往。人很聰明風趣。他只唸過百家姓千字文這類啓蒙的書，可是後來他無師自通，看三國、水滸、紅樓、西廂、西遊記、七俠五義這些書，雨天和大家說書，讀梁山伯祝英台唱本。此外他還會畫符唸咒。可是他太窮，只有三間破瓦屋，眞是家徒四壁，無田無地。農忙時他也做做短工，秋收以後他就替地方上打更，午夜夢回我常常聽見他敲着竹梆，在每一家門口敲三次，唱幾句，一方面趕賊，一方面驅邪。此外他就在菴裡廟裡做做雜事，或是幫人家辦辦紅白喜事。雖然窮，他還是笑口常開。可是他身體不好，一到冬天就氣喘，還會吐一兩口血。

因爲窮，三十來歲還沒有娶親，這也是少有的事。一般人早已兒女成群了。

他和九姑都是打春的蘿蔔立秋的瓜，過時候兒了。也許是同病相憐？也許是情投意合？終於一個想娶，一個願嫁。王文經要父親撮合，父親自然願意，他審愼地私自探問九姑：

「九姑，王文經托我做個媒，妳的意思怎樣？」

「哥哥，我不能老住在娘家，這件事情隨你。」九姑說。

「王文經的情形妳清楚？」

她點點頭。

「這是終身大事，他的身體也不大好。」

「我知道。既然他有意，不管是福是禍，我只好認了。」

雖然九姑自己願意，父親也不便作主，只好通知她胞兄。

她哥哥不同意這件事，而且要她回去。她不肯，她哥哥抓住她的頭髮就拖。他的力氣很大，一下把她拉倒。下雨天，他抓住她兩三尺長的頭髮，一口氣倒拖了二三十丈遠，地上拖成了槽，她咬着牙一聲不響。

我不知道她哥哥爲什麼反對這件婚事？他自己沒有講出理由；我也不知道九姑爲什麼不肯回家？她自己也沒有說明。我父母也許知道，但是他們不講。

要想這樣拖着九姑上船，不是一件容易的事。我家離江邊有兩三里路，九姑不是香扇墜兒，她哥哥力氣再大也辦不到，她又死都不肯起來，率性賴在地上，她哥哥用腳踢她，她也不哼一聲。

我父親和大家圍攏勸她哥哥，他無可奈何，臉青臉紫地朝九姑臉上唾了一口：

「好！賤人！叫春的貓！我們兄妹從此一刀兩斷！妳再回家我就打斷妳的腿！」

九姑一躍而起，她已經變成一個泥人，頭髮和泥漿纏在一塊，她大聲地回答她哥哥：

「好，哥哥，我從此斷了娘家的路，好歹我認命。」

她哥哥鐵青着臉冒雨回去。她披頭散髮，帶着一身泥回到我家。

兩個月以後，她和王文經結婚了。空空蕩蕩的堂屋點了一對紅蠟燭，沒有賀客，沒有酒席，冷冷淸淸，完全不像一般的婚禮，倒很像從後門進屋的寡婦再蘸。新房的一角磚牆頂上倒了兩三尺，王文經用蘆席遮住，冷風細雨絲絲地飄進來。九姑和王文經兩人都很高興，一點不以爲苦。王文經笑着把我們幾個孩子趕出新房：

「烏龜兎子們快點滾出去，不准躱在床底下偸聽，小心我們的床板垮下來，把你們壓成柿餅！」

我們出來以後，他還故意低頭向床底下搜索。九姑笑着對我們說：

「乖，你們回去，改天我請你們吃紅蛋。」

她悄悄地塞了幾顆紅棗在我手裡，輕輕地把房門關上。

一年後，九姑生了一個白白胖胖的兒子，但是不到一個月驚風死了，她哭得很傷心。

兩年後，王文經吐血死了，她哭得更傷心。母親悄悄地嘆口氣：

「唉！九姑眞是黃蓮命，想不到又成了寡婦。」

■第二輯

松市碧瑤

菲律賓的名勝古蹟不多，碧瑤(BAGUIO)是最有名的避暑勝地，碧瑤又名松市(Pines City)，因爲松樹特多。

沒有到菲律賓以前，就很嚮往碧瑤，我以爲那和故鄉廬山總有相似之處，二十年未上廬山，能去碧瑤看看或能聊慰鄉思。

在暑氣逼人的馬尼拉住了一個月，覺得一無是處，心裏有兩個念頭：一是早點回臺灣，一是早天去碧瑤以了夙願。

六月二十七日文教研習會課程全部結束，一身輕鬆。十一點多鐘，研習會的林先生、洪女士陪同我們七人和盧月化教授、孫沛德女士到汽車站，莊長泰夫人和田公使夫人葉曼女士等則坐私人車子直接前往。

去碧瑤除了汽車之外還有火車（不能直達），但火車會拋錨，而且比汽車更糟。公路汽車不但比不上我們的金馬號，比臺北市公共汽車也差的很遠，開車又不準時，過了十來分鐘車輪才滾動。

離開亂糟糟的馬尼拉市區，進入鄉間以後，空氣自然比較新鮮，但這邊的鄉間和內湖省那邊的鄉間一樣，田裏的野草長可齊腰，滿目荒涼。椰子樹、芒果樹下零落的茅屋，下面又濕又髒，可是門窗外面，梯口，却擺了各色各樣的花，男人赤着上身坐在梯口抽烟聊天，女人坐在木板上奶孩子，悠閒得很。周圍田地的荒草，房屋下面的骯髒，彷彿不關他們的事，高高的椰子樹和綠葉婆娑的芒果樹是天然財富，只等他們伸手去摘，張口去吃（據說五株椰子樹就可以養活一個人），他們只是生孩子。他們之不餓死凍死，實在是得天獨厚。

克拉克美軍基地，就在馬尼拉與碧瑤之間，基地附近的馬路邊有專爲美軍開設的酒吧商店。

馬尼拉至碧瑤兩百五十公里，有五個小時是走的呂宋平原。菲律賓有七千一百零九個島嶼，其中四三二七個沒有名稱，呂宋島最大，平原亦較臺灣廣闊，土地肥沃，可惜荒草萋萋，那像臺灣田地乾乾淨淨整整齊齊？走了一個多小時的山路才到碧瑤，這時已經暮色蒼茫了。

馬尼拉給我的第一印象是滿地鑽石般的燈光。碧瑤給我的第一印象是遍山松樹，高大挺直，不像廬山的松樹那樣盤根錯節，蒼勁古樸。

碧瑤高一千五百多公尺，和廬山的高度相若。在馬尼拉穿香港衫都汗流浹背，上了碧瑤穿夏季西服剛好。

我們住進碧瑤位置最高、房屋最大最漂亮的松林旅社。樓下的客廳很大，地上鋪了地毯，左右壁上繪了表現菲律賓山地人的民情風俗油畫。附設有餐廳、書報攤、土產店，中堂有個大壁爐，充滿西方情調的古色古香。現在是旺季的尾聲（十一月一日起至六月底是旺季，七月一日起至十月底是淡季），三樓雙人房間連小賬是四十三個比索（合四百三十元臺幣），比起臺北的觀光飯店並不算貴。但是服務太差，連飲水也不供應。在馬尼拉富都旅社雖然喝的是自來水，服務生還會每天送一次，在松林旅社就沒有看見過服務生。這是個半官方的旅社，據說這是他們的派頭。

晚飯是在碧瑤街上一家華僑餐館吃的。這家餐館的口味比馬尼拉富都旅社高明萬倍。我們吃了一個月不中不西淡而無味的飯菜，眞的受够了罪。這家餐館倒還能保持七八成中國口味，再加上莊女士弄了一瓶豆瓣辣椒醬，大家吃的非常開心。

碧瑤的治安比馬尼拉好，所以飯後大家悠哉游哉地逛街。碧瑤的街道也比馬尼拉清靜整潔，店鋪裏的東西也應有盡有，尤其是木刻土產店特別多。從一塊多錢的小牛頭到幾十塊錢的人像，種類繁多。菲律賓的木料非常堅硬，有的像鐵一樣重，這大概都是高山植物，如果他們的雕刻藝術再進一步，是可以賺不少外匯的。

在碧瑤街上走了一趟，覺得心曠神怡。回旅館睡覺不開冷氣也很舒服，但我還是蓋不住毯子。廬山夏天晚上還要蓋被子，我這才體會出碧瑤涼的程度不如廬山。據說碧瑤冬天不下雪，那和廬山的情形就差遠了。

清早起來倒很涼爽，六點鐘走出旅館，有點像大陸初秋的感覺。早晨的松樹青翠可愛，教堂的紅色尖頂，紅色屋瓦，特別醒目。菲律賓是個天主教國家，教堂很多，但碧瑤的這座教堂看來特別美麗，無怪他們把它印在風景畫片上。

八點多開始遊歷，首先到美軍營地，這是碧瑤最漂亮的地區，松樹林立，綠草如茵，俱樂部前面的山谷，有點像廬山仙人洞下面的山谷，但沒有那種從谷中洶湧而起或從山頭直撲而下的雲霧，也沒有轉眼雨過天青，如二八年華少女的那種婉約嫵媚。

早餐是在美軍俱樂部吃的，這裏清靜整潔，吃早餐的十之七八是美國人，只有一對菲律賓年輕的夫婦和我們幾個中國人。那位菲律賓女人算是我們所見到的最富有東方神韻的女人了，從膚色上判斷，可能有中國人的血統。

餐後去俱樂部上面的公園遊玩，這個公園小巧別緻，形狀如盤，盤底有個亭子，周圍是石級、花木、松樹，還有一種開花的觀音柳（檉柳）。

碧瑤是菲律賓的夏都，萬松宮是政府首要集會之所。宮前十分開闊，草坪很大，周圍松樹成林，下面還有一個長方形的水池，站在萬松宮門口望下去很美，萬松宮會議廳兩邊壁上掛着歷任總統相片，中間有個大U字形會議桌，上首是主席台和總統座位。萬松宮旁邊還有個招待所，大概是政府首要和外賓的下榻之處。

碧瑤除了是避暑勝地之外，附近山谷還有金礦。我們到山谷上面的亭子上俯視金礦區，那裏有一所農業學校。隨後又去碧瑤郊外參觀菜園、玫瑰園。

馬尼拉的青菜很貴，一棵兩三斤重的包心菜要賣三四塊比索。馬尼拉郊外有那麼多荒地，菲律賓人不種，也不准華僑種，因為華僑不能租地買地，他們只好吃貴菜。碧瑤附近這塊小盆地都種了青菜，所以碧瑤的青菜反而比馬尼拉充裕。玫瑰園不大，有紅玫瑰、黃玫瑰和白玫瑰，沒有看到臺灣那種黑玫瑰。

這天天氣很好，只在中午下了幾點雨。下午在公園裏玩了一會，公園裏有個人工湖，在照片上看來很美，實地一看却不是那麼回事。湖的面積比一般池塘大不了多少，水也很淺，不過形式很整齊（長方形像游泳池），上面有幾隻作樣子的小帆船而已。

塔爾湖山

去年我們的孔子誕辰，菲律賓前總統馬加柏臯的生日，馬尼拉南面幾十浬地的塔爾火山爆發了。烟火上升到一萬多尺高，住在湖中火山脚下的人，死傷兩三千。

菲律賓的火山有五十二座，最著名的是馬容火山，路太遠，沒有時間去看。塔爾火山在塔爾湖中，稱爲小碧瑤，離馬尼拉又近，我們就抓住這個機會。因爲再來菲律賓不知何年何月？

那天上午八點左右開車，十點左右到達。山上氣候比馬尼拉涼爽得多。塔爾湖是在羣山中間，我們站在山頭往下看。如果下山去划船到火山，在湖面來去要三四個鐘頭。

塔爾湖的形勢和日月潭差不多，面積却比日月潭大，湖中火山像一個島嶼，有光華島幾十倍大。上次爆發不是從原來的那個火山口噴射烟火，而是從火山口後面的山腰爆發的，噴出的泥漿和地殼的變動又形成一個鴨嘴般的新島嶼，從原來的島嶼上伸出去。據說爆發時湖水都是熱的，死了不少魚。

現在火山是冷靜了，只是積在島嶼上的泥漿寸草不生。湖水平靜無波，澄清碧綠，和日月潭的顏色差不多。眞是湖山如畫，世外桃源。

研習會的教務主任潘肇英先生告訴我，這座環繞火山的湖，若干年前也是個火山口，湖中的火山是後來突起的，老火山口就變成了一個大湖，像一頂大草帽的闊邊。高山包圍着大湖，大湖又包圍着小火山，如果大地不怒吼，從此平靜下去，再加以人工美化建設，那會更有可觀。

現在沿湖沒有公路，距湖面幾百公尺的山上有兩個大涼亭，供遊客觀賞湖山。菲律賓人牽着小馬，供遊客坐騎拍照。這地方如能好好地整理建設，是可以招攬遊客的。

在另一個山頭上，有一家飯店，這家飯店據說是馬尼拉旅館的分支機構，設備倒還不錯，但東西很貴，一個草提包就賣十五塊比索，合我們一百五十元新臺幣。吃的東西也比馬尼拉貴的多。到這裏吃飯、休息、看塔爾湖的多是美國遊客。臺灣來的遊客大概只有每年暑期在文教研習會授課的先生們。

施穎洲先生告訴我，臺灣去的某詩人看見塔爾湖山，驚爲仙境，說臺灣沒有這麼好的風景。某小說家問他去過日月潭沒有？他說沒有去過。

塔爾湖山遠看是很美的。但她是個童眞未鑿、野性未馴的美人，不知道她那一天再勃然大怒，塗炭生靈。要想她變得和日月潭一樣嫻靜、柔美、婉約、溫文，能使人常親芳澤，可能是很久以後的事。

夏都廬山

我本楚狂人，狂歌笑孔丘；手持綠玉杖，朝別黃鶴樓；五嶽尋仙不辭遠，一生好入名山遊。
廬山秀出南斗傍，屏風九疊雲錦張，影落明湖青黛光；金闕前開二峯長。銀池倒掛三石梁，香爐
瀑布遙相望，迴崖沓嶂凌蒼蒼；翠影紅霞映朝日，鳥飛不到吳天長。登高壯觀天地間，大江茫茫
去不還；黃雲萬里動風色，白波九道流雪山，好為廬山謠，興因廬山發。閒窺石鏡清我心，謝公
行處蒼苔沒。早服還丹無世情，琴心三疊道初成；遙見仙人彩雲裏，手把芙蓉朝玉京；先期汗漫
九垓上，願接盧敖遊太清。

——李白廬山謠

南濱宮庭，北對九江，左挾彭蠡，右旁通川；引三江之流而據其會。其山大嶺凡有七重，圓

基周迴垂五百里。高巖仄字，峭壁萬尋；幽岫窮崖，人獸兩絕。

——慧遠廬山記

域中之山，自五嶽外，匡廬最著名。其山絕高大，數百里皆見之，臨江傍湖，驛路出其下。言其高，則層峯揷天，雲雨在下；然而山巔多有平土，流泉隨地湧出，可耕可鑿。言其深：則重崗複嶺，迷經惑溪，灌木長林，不見日月；然在在皆有僧舍，笠屨所至，隨意眠餐，無途窮之苦。言其奇：則孤峯拔地，絕壁造天，瀑落雲中，泉懸空際；然而意象古雅，標格清疏，即之可親，服之無斁。

——潘來遊記

廬山屬本府本縣，我有幸在山上住過三年，從小一開大門就見廬山，因此它對我的印象也就特別深了。我無李白之才，獨佔地利，所以才敢冒昧寫廬山。

廬山形勢之勝，地理位置之佳，可自李白等人大作中窺見一斑，在歷代詩人當中，李白在廬山的足跡尤爲普遍，吟詠亦多。廬山之享盛名，遠在一兩千年以前，非自今日始。不過發展爲避暑盛地，則爲近數十年間事。其實廬山之妙，非僅在避暑，從以上三人大作中亦難窺全豹。本文當分別記敍，以補不足。

一、避暑勝地

華中地區，一到夏天太陽像火燒，池塘的水晒得燙人，而且絲風不動，空氣像凝結了似的，人悶得暈暈沉沉，知了在大楊樹上有氣無力地叫着，入夜熱得簡直無法入睡。家鄉人談話主題往往是：

「熱死了，那裏去？」

「上廬山歇伏去！」

上廬山歇伏，眞是人人嚮往的一件事，夏天的廬山，的確是人間的天堂，但首先進入天堂的是有錢的洋人，和我們的闊佬，（他們在山上有窗明几淨的別墅）此外是政府機關首長。（我們本縣人能山上避暑的並不太多）廬山的夏天眞是冠蓋雲集，此時首都不是南京，而是牯嶺了。馬歇爾八上廬山，就是因爲政府的重心在那裡。

廬山之所以成爲夏都，除了山明水秀，名勝古蹟之外，氣候自然是一個重要的條件。儘管山下氣溫經常在一百度左右，廬山的平均氣溫常在八十度左右，早晚尤其涼爽，可穿夾衣，入夜必須蓋被，這種氣候自然是最適宜於避暑了。但是最先把廬山作避暑勝地的不是我們中國人，而是英國傳教士李頓兒（E. S. Little）。（一八八五——一八八六年間）。

英國人侵入廬山之後，其他各國傳教士聯袂而至，於是長衝、星洲、草地坡、下衝、猴子嶺（吼虎嶺）、大林寺衝、醫生凸、醫生窪等地，都被洋人「租借」去了，總名為牯嶺租借地。牯嶺之發展成為避暑盛地，李頭兒是始作俑者。這位英國傳教士，勾結縣舉人萬賡和，盜賣牯嶺，長衝、女兒城、大小校場，講經堂公地，滿清政府不敢得罪英國人，終以年納十二千文的低微代價租了長衝九十九年，而後一再劃地分租與其他各國人士。他仗着大英帝國的炮艦，確實刮了我們不少地皮。但牯嶺後來之發展成為「夏都」，他和其他各國傳教士，也不無「微勞」，否則不會那麼早引起我國政府的注意。「夏都」的中心，也就是上述的租借地，這些租借地的管理權，到民國二十五年元旦才正式收回。

牯嶺的房屋都是用山上的巨石砌成的，一塊石頭通常一尺多厚，兩三尺長，一兩百斤重，非常堅固，牯嶺街上的店舖如此，私人住宅亦復如是，屋頂則多用鐵皮。住宅有五百多棟，其中以英美人最多，他們都住在鄱陽路，蓮谷路。房屋寬敞，窗明几淨，庭院甚大，綠草如茵，喬木如傘，令人欣羨。挪威人、瑞典人、日本人多住在河南路、寧波路、武昌路。在山上沒有別墅的遊客，不是住在親友家裏，就是住在胡金芳飯店、仙巖飯店，尤其是上山採訪新聞的記者，大都住在這兩家最大的飯店裏面。

牯嶺因為是外國傳教士開闢的，加之外國人多，自然少不了教堂。最大的一個是協和教堂，可容千人，有演講廳、圖書館、除供會議用外，兼演電影，所以俗稱影戲院。

西谷有教士集會場所兩個，一是靈修會，一是安息會。蘆林另有一法國天主教會會友集會場所。

醫院方面，中谷東岸有外人療養院，牯嶺山上有普仁女醫院，剪刀峽有普仁男醫院，橄欖山並有該院分設之肺病療養所。

運動場所有網球場十八個，游泳池四個——其一為兒童游泳池，其一為蘆林游泳池，此池較大，游泳者亦多。另外還有一個兒童游戲場。

學校方面原有英國學校美國學校各一所。

以上教堂，醫院、學校、住宅，多是洋人興建的。這一避暑勝地成為夏都以後，我們自己也有幾所富麗堂皇的建築，如廬山圖書館、廬山傳習學舍、廬山大禮堂，都是在抗戰前三四年間先後完成的，有後來居上之勢，地點在河東路火蓮院，合稱廬山大厦。大林路的廬山小學也是一個新的建築。牯嶺街上的商店則完全是九江商人建築經營的，山上最大的一家旅館，是與外國人經營的仙巖飯店頡頏的胡金芳飯店也是九江人開的。

八十度的氣溫，幽靜的環境，漂亮堅固的建築，形成了全國首屈一指的避暑勝地。長衝淺潺潺地流，水清見底；黃沙路像水洗過一般，看不見一個菓皮，一片紙屑，清潔無比；濃蔭蔽日，鳥語蟬鳴，拄着手杖，穿着長衫，在這種林陰道上散步，眞有飄飄欲仙之感。外國人雖然喜歡穿紅着綠，袒胸露背，但也很少大笑大叫，靜靜地散步，輕輕地談話，表現出西洋文明。

「道不拾遺，夜不閉戶」，那是孔老夫子治魯的政績。聖人而後，似乎未曾有也。可是我却親身經歷過這種事。一是我自己的出生地，上千戶人家，沒有一個警察，也沒有一個小偷，一到夏天，家家戶戶敞開大門，露天睡覺，從來沒有丟過東西。全鄉有史以來只出了一個敗類——偷牛賊。但兎兒不吃窩邊草，他是在外鄉外土偷，但他却得到了可怕的懲罰。這位姓潘的偷牛賊，臘月裏回家過年，却被他的族長、哥哥、侄子，在風雪之夜，丟進長江中流，以洗刷潘家的奇恥大辱。另一個例子就是牯嶺這個避暑勝地，雖然華洋雜處，但是從來沒有人丟過東西。即使掉了東西被人檢到了也會送到管理局去，甚至洋人下山也會把鑰匙交給管理局。前者是宗法社會的力量，道德成份居多；後者則是現代政治與現代教育的結晶。廬山管理局的警察也很少，而且態度非常客氣友善，從不上門打擾，上山的人除了在蓮花洞辦理入山登記之外，沒有任何麻煩，上山以後也一切由你，可是由於上山的都是紳士淑女，和正當商人，有根有底的轎夫，誰也不會做鷄鳴狗盜的事，甚至流浪的白俄，也沒有做過壞事。所以牯嶺不但是全國的避暑勝地，也是全國的首善之區。

廬山並不是一座很高的山，比起臺灣的新高山來要矮一倍以上。廬山的最高峯大漢陽峯才一五四三公尺，牯嶺才一二四九・一公尺，夏天的氣候之所以涼爽宜人，除了濃陰蔽日之外，就要歸功於霧了。

夏天廬山的霧眞是變幻莫測，說來就來，說散就散。「老廬山」一定出門帶傘，明明是麗日當空，轉眼間就雲自山頭起，霧向脚邊生，帶來一陣淅淅瀝瀝的小雨，使你遍體生涼。霧來時你是只在此山中，雲深不知處，你看不見別人，別人也看不見你。霧去時，又是清明世界，朗朗乾坤。樹木經過雨水一洗，更是靑翠欲滴，山色如畫，遠眺近觀，各有妙趣。

看雲以含鄱口最佳，下面是碧波浩瀚的鄱陽湖，上面是靑天白日，中間懸一層白絮，人在雲層之上，而又能一覽無餘。看霧却以仙人洞最妙！仙人洞上依絕壁，下臨深谷，霧自谷中升起，如波濤洶湧，排山倒海而來，瞬息之間，群山皆不見，萬木無踪影，對面不見人，只聞笑語聲。而霧一爬上絕壁，又消失得無影無踪，一切都恢復本來面目，而且格外淸晰。有時霧從絕壁之上劈頭蓋腦地飄下來，帶來一陣急雨，墜入深谷又化作一縷輕烟，轉眼不見。

廬山的霧眞是變化無窮，來去無踪，它調節了廬山夏天的氣溫，使你不覺得乾燥，而涼生肘腋。

因爲夏天上廬山的人多，所以一般人只知道廬山是個避暑勝地。其他三季知道的人便不太多。如單以氣候和四時景色來講，春秋更佳，冬天的雪景尤別具一格，玉樹銀花，雪深數尺，使人有玉潔冰清之感。

一般人多半是過端午節之後，開始上山避暑，（九江交通方便，水陸空都可到達，九江至蓮花洞僅十三公里，乘汽車二三十分鐘即到。）中秋節前就紛紛下山。因爲到中秋，山上就秋風颼颼，黃葉飄飄了。山上的落葉喬木不少，常綠喬木更多，如松杉柏是四季長青，竹子也多，所以雖然入秋，却不像平地那麼單調，間或有幾樹紅葉，便把秋山裝飾得更美。此時秋高氣爽，精神振奮，無論遊山玩水，或閉門讀書都好。

廬山多半是陰曆十月開始下雪，有時九月下旬五老漢陽諸峯也白雪滿頭。一入冬令就大雪封山，眞是「千山鳥飛絕，萬徑人踪滅」了。而雪深數尺，玉樹銀花，嘆觀止矣！廬山的冬天較長，通常要到二三月間才能完全解凍，但一到三月，就雜花生樹，群鶯亂飛了。

廬山的杜鵑花很多，最普通的是紅黃二色，還有一種五色的雲錦杜鵑。錦繡谷有一種紅蘭花，別處很難得見。

雨後春筍也應列爲廬山的春景之一，廬山的竹子又大又粗，黃龍寺的竹子更多，一到春天，一個個從土裏蹦出來，數也數不清，甚至攔路而生，用脚一踢，應聲而倒，一個筍子往往好幾斤。

廬山春天的氣候很好，不冷，雨水也不太多，而到處生氣勃勃，一片新綠，非常可愛。

要領略廬山的眞趣，僅僅住一個夏天是不够的，如能住上三年五載，才不辜負這座名山。爲了懷念這座名山，我曾以它作背景寫了一個長篇〈白雲青山〉。

二、明山秀水

橫看成嶺側成峯，遠近高低各不同。
不識廬山眞面目，只因身在此山中。

——蘇東坡廬山詩

誰將深翠染峯頭，瑤草金芝麗九秋。
天柱忽從雲外竦，銀河疑自日邊流。
蒼茫吳楚烟中細，浩蕩江湖象外幽。
更指雲松尋五老，何須鸞鶴問丹邱。
廬山東南五老峯，靑天削出金芙蓉。
九江秀色可攬結，將此吾地巢雲松。

——米漢雯登廬山絕頂詩

——李白五老詩峯

翠黛雲裳絕世容，聯肩秀立兩芙蓉；
二喬都得英雄壻，不信名山老住儂。
雲裏七賢偏冷峭，天邊五老太龍鍾；
彭郎可嫁無媒說，待字年年姊妹峯。

——曹龍樹姊妹峯詩

靈源直與上天通，借路來從五老東。
試倚欄杆敲柱杖，爲君喚起玉潭龍。

——張孝祥玉淵詩

度峽捫青玉，臨深坐綠苔。水從雙劍下；山挾兩龍來。
春暖花驚雪；林空石迸雷。塵纓聊此濯，却去首重回。

——米芾龍潭詩

日照香爐生紫烟，遙看瀑布挂前川；
飛流直下三千尺，疑是銀河落九天。
西登香爐峯，南見瀑布水，挂流三百丈，噴壑數十里。欻如飛電來，隱若白虹起；

初驚河漢落，半灑雲天裏。仰觀勢轉雄，壯哉造化功！海風吹不斷，江月照還空。
空中亂潨射，左右洗靑壁，飛珠散輕霞，流沫沸穹石。而我樂名山，對之心益閑。
無論漱瓊液，且得洗塵顏，但諧夙所好，永願辭人間。

——李白瀑布水詩

飛流直下總雷同，別瑕奇觀五老東。似有哀猿啼峽雨；惜無高閣聽松風。
神仙自戲靑冥上；珠玉如生曲折中。俯視更須臨絕頂，芙蓉天半路蠶叢。

——閔麟嗣三疊泉詩

山水，山水，好山必有好水。廬山不高，却富丘壑之勝，不但山峯淸奇峻秀，水更淸澈凛冽，變化多姿。一個山水畫家，在臺灣除了橫貫公路太魯閣一段可資臨摹之外，其他可以入畫的地方實在太少。而古今名家畫中的山水，在我看來彷彿似曾相識，因爲那一丘一壑，一峯一巒，一瀑一潭，在廬山不但處處可以入詩，也處處可以入畫。

廬山爲幕阜山餘脈，幕阜自湘鄂贛邊區東來，至九江株嶺山，來勢欲盡，平迤十餘里，忽拔地而起，巍峨聳立，直逵鄱陽湖入長江口處，戛然而止，是爲廬山。

廬山的主峯應推大漢陽峯，大漢陽峯高一五四三公尺，爲全山最高者，去牯嶺二十四里。重九登臨，天高氣爽，極目西望，武漢三鎭，隱約可辨。峯頂有漢王台，十八年靑芝老人林森建，合東有一方形石柱，刻「大漢陽峯」及「廬山第一主峯」諸字。

大漢陽峯東爲七賢峯，五乳峯。七賢峯七峯併列，纖峭如筍，高聳入雲，又名七尖峯。曹龍樹詩「雲裏七賢偏冷峭」確爲寫實之作。五乳峯五峯如乳，因形象而得名。

大漢陽峯東北爲太乙峯，含鄱嶺，五老峯。太乙峯與大漢陽峯並肩而立，極爲峻峭，俗稱大犁頭尖，其西南有小犁頭尖，雙峯入雲，看來似比五老峯還高。含鄱嶺爲山南山北的分水嶺，含鄱口爲通星子縣的孔道，比從牯嶺至蓮花洞寬坦，石板路，三千五百餘級。五老峯高一四三六公尺，以高度而言僅居第七位。但五峯綿延數里，氣勢雄偉，臨海會寺一面，峭壁千尋，青石如畫，五峯互爭雄奇，第三峯最險，頂有「日近雲低」、「星聚層巒」、「去天尺五」、「俯視大千」等石刻。上山避暑者遊五老多，遊漢陽少。歷代人士多認五老爲廬山主峯，但以位置和高度而言，自屬大漢陽峯。五老峯前尚有五小峯，即獅子、金印、石船、凌雲、旛竿，雖屬小巫，亦稱大觀。

在七賢、五乳、太乙、含鄱、五老諸峯嶺之間，有金井、玉淵、九疊屏、九疊谷、三疊泉之勝，及棲賢、五乳諸寺。

三疊泉由五老峯崖口懸注大盤石上，三起三落，共長一千二百尺。「初級如雲如絮，噴薄吞吐，流注大盤石上，水石衝擊，乃始瀠洄作勢，珠迸玉碎，復注二級石上，滙爲巨流，懸崖直下龍潭，飄者如雪，斷者如霧，綴者如旒，掛者如簾，直入山足，森然四垂，湧若沸湯，奔若跳驚，其聲則蘊隆之候，風掀電馳，霆震四擊，轟豗不絕。又如昆陽之戰，萬人鳴鼓，瓦缶相應，眞天下第一偉觀也。」王世懋的遊記寫三疊泉最生動切實。夏日雨後遊三疊泉，那種萬鼓雷鳴的聲音眞的震耳欲聾，離它數十百丈，猶有寒意。三疊泉下注深壑即爲九疊谷。九疊屏在鷹嘴峯下，距三疊泉極近，青石如屏，鐵壁九疊，又稱屏風疊，綿延數里，蔚爲奇觀。（此種青石台灣少見，太魯閣一帶之石壁萬難相比。）李白曾隱居於此。他的詩有「屏風九疊雲錦張，」及「大盜割鴻溝，如風掃秋葉，吾非濟代人，且隱屏風疊」句。他詠五老峯詩也有「吾將此地巢雲松」，屏風疊與五老峯甚近，風景絕佳，李白有道家思想，廬山古時非避暑勝地，乃修仙修道之所，他自然要選擇這種地方了。

大漢陽峯東南爲鶴鳴、龜背、雙劍諸峯，有青玉峽、馬尾泉、瀑布水、秀峯寺諸名勝。青玉峽在秀峯寺西，青石峭壁，石刻甚多，有米芾的「第一山」及「青玉峽」，周堯的「風泉雲壑」，張寶的「濯纓洗耳」，彭玉麐的「漱雪流雲」大字。馬尾泉瀑布水合流出峽，下注龍池。馬尾泉和瀑布水古稱開先二瀑，馬尾泉在東北，瀑布水在西南，相距甚近。馬尾泉崖口狹窄，水勢噴射飄洒下墜，數十百縷，望之如馬尾。瀑布水奔騰而下，如飛練懸空。李白的「飛流直下三千尺，疑是銀河落九天」，幼讀此詩，不知其妙，後來看過了瀑布水才知道是最好的寫照。廬山多瀑，瀑布水和三疊泉又為諸瀑之冠，瀑布水雖沒有李白形容的「掛流三百丈」，「飛流直下三千尺」那麼長，但三百尺是有的。而最古的紀載晉周景式廬山紀且謂「瀑布水……掛流三四百丈，飛湍林表，望若懸素」。則李白的詩還不算吹牛。由於瀑布水的壯麗流長，所以遠在星子縣城亦可望見。臺灣烏來瀑布和大屯瀑布還有人津津樂道，但如果看過廬山的三疊泉和瀑布水，那種小巫實在不值一顧。廬山叫不出名稱的瀑布也比它們壯麗得多。「五嶽歸來不看山」就是這個意思。

大漢陽峯南為香爐，紫霄、般若、金輪諸峯。姊妹石（峯），玉簾泉，歸宗寺諸名勝都在這一帶。廬山名勝多在東南，此處更擧不勝擧。而必須在此一提者即姊妹峯。姊妹峯又名姊妹石，在南香爐峯西南，二石比肩並立暮色蒼茫中，如二仙女聯袂同行，步履翩翩，在歸宗道上東行遙望，不過人高，看來更加神似。曹龍樹的詩寫景而兼抒情，瀟洒儒雅，極富才情，是我最喜歡的兩首詠物詩。如果作者不曾親眼目擊二石，而又瞭解廬山形勢，絕對寫不出來，如我不曾浸潤其間，也僅止於文字本身的喜愛，而缺乏實際的感受了。

除了以上所提的山水之外，其他的山水更多，不能一一寫到，如鈴岡嶺就是僅次於大漢陽峯的高山，石門澗瀑布，黃龍潭、烏龍潭，都是好水，就是五乳寺後面一個無名的瀑布，也比大屯瀑布不知雄偉多少倍？不過廬山溫泉較少，據我所知僅陶淵明故里栗里鄉，歸宗寺西南數里有一個硫黃泉，我曾入浴。並曾去陶淵明「醉石」一遊。醉石上僅「歸去來館」四字可辨。袁枚曾寫過一首醉石詩。

先生容易醉，偶爾石上眠。誰知一拳石，艷稱千百年。金牀玉几世恆有，眠者已過人知否？不如此石占柴桑，勝立穹碑萬丈長。

的確，史太林的銅像都被他的徒子徒孫拉倒了 「飢來驅我去」的窮詩人陶淵明卻與名山不朽。

三、勝蹟古剎

廬山的名勝古蹟太多，要想遊遍所有的名勝古蹟，決非三五天所能辦到。一般避暑的中外人士，多半是走馬看花地遊遊牯嶺蘆林附近的神仙洞，黃龍寺，頂多去去五老峯就算了，很少人有雅興遠去山南遊歷一番，而廬山的名勝山南更勝於山北，五大名剎，盡在山南，我就先從五大名剎談起。

海會寺由於戰前政府在海會寺舉辦廬山訓練團的關係，海會寺的名氣很大，可是比起其他四大叢林來，它還是小老弟。海會寺建於明朝，原名華嚴寺，康熙時改稱海會寺。寺在五老峯下，登五老峯可以鳥瞰海會寺，到海會寺更可以仰視五老峯綿延數里的青石峭壁。寺為松杉環繞，寺外數十步有「飛來石」，直徑三丈餘，橢圓形，石下有洞，供石刻佛像。寺西南另有「華蓋石」，上大下小，上圍亦三四丈，有一樹如張蓋，及周頤「聖壽無疆頌」石刻。

海會寺山門有「蓮邦淨域」四個大寺，門前有半月形的荷花池，大殿左面有藏經閣。海會寺背五老峯而面鄱陽湖，登藏經閣湖光山色盡收眼底。鄱陽湖雖不及八百里洞庭浩瀚，但洞庭湖缺少廬山這樣的名山陪襯。廬山北帶長江，南襟彭蠡，山水之勝，無以復加。

海會寺於光緒間重修，精潔為各寺之冠，寺僧普超血書華嚴經八十卷，極為珍貴。棲賢寺在海會寺西，海拔二〇五公尺，自含鄱口南下棲賢谷，老遠即可望見古木參天中的古廟紅牆。南朝四百八十寺，棲賢寺即建於南齊。原名七賢寺，後以李渤曾讀書於此，改名棲賢寺。廟宇雄偉，氣勢磅礡，莊嚴肅穆，非如台灣廟宇之小兒科。寺內有舍利石塔，五百羅漢圖二百軸，幅寬五尺，長一丈四，康熙時畫師許從龍繪，高者三四尺，小的尺許，姿態不一，纖毫畢具，極為名貴。玉淵即在棲賢寺附近，潭水碧綠深沉，如千年陳酒，潭邊有巨石橫阻，三峽澗水與巨石相激，聲如雷霆，驚濤飛雪，石滑苔青，寒氣逼人，不敢行近。抗戰前有一美國人好奇，跳下去游泳，可是一跳進去就不再起來了。宋王十朋有棲賢寺詩，甚佳。

瀑水聲中夜不眠，星河影動半秋天。
誰云蠡顙瞿塘險，只在揚瀾左蠡邊。

獅子吼成方外法，石人參得定中禪。

住山五老知今古，借問曾棲幾個賢？

萬杉寺在棲賢寺之西約十華里，位於慶雲峯下，也是南朝古寺（建於梁）。宋朝大超和尚手植杉樹萬本，後改稱萬杉寺。唯余生也晚，不及親見萬本青杉，僅見寺前五爪樟一棵，一本五幹，相傳爲宋朝遺物。廬山本多松杉，萬杉寺所餘少數杉樹，反而不如五爪樟吸引人了。

萬杉寺與棲賢寺格局，大小，氣勢極爲相似。寺後有三巨石，刻丈大「龍虎崖」三字，右石一慶字更大，眞不知道是怎樣寫的？

萬杉寺的萬杉，今人或以爲假，但蘇轍爲當時人物，從他的詩中就知道不假。試想一萬棵高聳入雲的青杉之中，隱藏着一座紅牆古廟，那是一種多麼雄偉莊嚴的氣象？再加上廟裏的丈二金剛，不管你信不信佛，也會肅然起敬了。

萬本青杉一寺栽，滿堂金氣自天來。

涓涓石溜供廚汲；矗矗山屏繞寺開。

半榻陰秋松殿冷；一杯茶飯午鐘催。

安眠飽食平生事，不待山僧喚始回。

這是蘇轍詠萬杉寺詩。蘇氏父子，也是遍遊廬山的大家，他們是四川人，在廬山的吟詠甚多，我們江西的三大家曾鞏、歐陽修、王安石，反而少有吟詠，是他們忙着做宰相和經世之學？錯過了好湖山！或是才情不及蘇氏父子？

秀峯寺與萬杉寺距離最近，秀峯寺在萬杉寺西約三華里，因爲兩寺前面無山，位置又幾乎是平行的，所以一看見萬杉寺就同時看見秀峯寺了。

秀峯寺內外古木參天，鶴鳴雙劍諸峯羅列左右，前有名湖，後有馬尾泉瀑布水，形勢比萬杉寺尤勝，寺額「第一山」，係摹米芾在青玉峽的石刻。寺外有招隱橋、招隱泉、觀音閣、閣內有一丈六尺高的觀音大士石像。秀峯寺原爲南唐中主李璟即位前讀書處，故有讀書台遺址，中主即位後建爲開先寺，康熙改爲「秀峯寺」。讀書台側有黃庭堅書寫的「七佛碑」，及王陽明平宸濠紀功碑。

秀峯寺在山南五大叢林中莊嚴之外還特別富有一種秀氣，令人有出塵脫俗之感。明朝羅洪先的開先寺詩，清新而帶點感傷意味，比蘇轍詠萬杉寺詩更值得低迴吟詠。

南朝古寺幾銷沉，猶有爐烽送夕陰。
瀑濺雲霞常掩映；山藏風雨易蕭森。
讀書台左螢仍照；洗墨池荒草自深。
世味年來枯淡久，不逢陳跡亦灰心。

歸宗寺爲山南叢林中位置最西者，東去海會寺約三十餘里，去秀峯寺約十里，氣勢雄偉沉鬱，規模極大，甲於以上諸寺，相傳最盛時曾住過八百個和尚，佛像多是丈二金剛，看來十分怕人。歸宗寺原名瞻雲寺，建於晉咸康六年，在金輪峯下，西有舍利鐵塔，宗教氣氛最濃。寺額「江右第一名山」，門聯「六朝烟霧金輪寺，萬古冰霜赤眼禪」。寺內有王羲之洗墨池，明刻宗鑑堂書法，藏經爲廬山諸寺之冠。

山南除了以上五大叢林之外，還有三四個規模較小的寺廟，其中兩個都在山腰，一般人少去。其一爲黃巖寺，唐朝時物。在秀峯寺西北約十里山中，有小徑可通，此處茂林修竹，多虎，老虎曾經跳進寺院咬死一條大狗。寺如民房，三開間，有樓，旁有居民一戶，以採石耳爲業。其二爲五乳寺，在黃巖寺以東約十里，位置與黃巖寺平行，明憨山大師所建，寺如平房，甚小，寺外有憨山大師衣鉢塔，塔亦甚小。東有山路通棲賢寺，南有小徑下詹家巖。寺後有一大瀑布，無名。山中多杉樹，萬木森森，寺東北約二里有臥龍岡，朱熹曾築臥龍庵於此。其三爲慈航寺，在棲賢寺南，觀音橋邊，故又名觀音閣，奉觀音大士。旁有關帝廟，規模亦小。

山上寺廟，香火鼎盛，遊客最多，名氣最大者當推黃龍寺。黃龍寺離牯嶺蘆林甚近，風景絕佳，四周古木參天，修篁蔽日，寺前百餘公尺有兩棵大寶樹，四季常青，爲廬山所曾見的最高最大的樹，樹齡在數百年以上，旁邊另有一大白果樹，幾與寶樹爭高，亦係數百年物。黃龍寺門口尚有兩棵較小的寶樹，青翠欲滴。黃龍潭，烏龍潭亦為黃龍寺兩大名勝，黃龍寺即以黃龍潭而得名。該寺為明朝僧人了堂所建，寺的格局不同於山南棲賢諸寺，沒有那麼雄偉，却較玲瓏。廬山寺廟大多燬於咸豐兵燹，再經修建，黃龍寺亦然，且規模多不如前。黃龍寺大殿內有龍眼石，叩之作金聲，寺後有賜經亭。寺僧常以特產雲霧茶饗客，此茶產於崖石間，常為雲霧繚繞，霜雪所侵，所以格外清香。前國府主席林森最愛黃龍寺風景，於民國二十一二年間在寺東山上建鹿野山房避暑。晚近大詩人宜黃陳散原常與寺僧唱和。但清朝閔麟嗣的黃龍寺詩卻最貼切瀟洒。

萬木亂參天，孤峯對鐵船。客因看畫至；寺以伏龍傳。
寶笈悲前代；蒲團坐小年。松花吹不定，半落講堂邊。

此外山上古剎勝蹟還多，不能一一詳述，題名以供參考，凡前面寫到者不再重複。茲仍從山南開始：

女兒城、大校場、屋脊嶺、大月山、相辭澗、太白書堂、木瓜洞、白鶴觀、白石寺，白鹿洞（此洞距海會寺甚近，周圍古木參天，景極幽美，為李渤兄弟讀書及朱熹講學處），歡喜亭、白水漕、棲賢橋、第六泉、西澗、文殊塔、石鏡峯、古簡寂觀、豆葉坪、曬穀石、匡頂寺、康王谷、谷簾泉、陶淵明墓。以上屬於山南，以下屬於山北：獅子山、滴水崖、宋園、剪刀峽、烈靈台、小天池、諸那塔院、蓮谷、碧龍潭、劉家砦山、眞隱道院、馬祖山、大孤山（此山俗名鞋山，高數十丈，屹立鄱陽湖出口水道中，已與廬山脫節，位於姑塘，水淺時幾可涉渡，山上有廟，樹木葱蘢，較之長江中馬當附近之小孤山更美。（前遊野柳，人多艷稱「仙履」，此種「仙履」與「鞋山」相去何啻天壤？正如「女王頭」之不足以與「姊妹石」相提並論也。）濂溪墓、三石梁、廬山林場、交蘆橋、擲筆峯、圓通寺、太平宮、白樂天草堂、北香爐峯、西林寺、東林寺、碧雲庵、雲中寺、仰天坪、上霄峯、蓮花禪院、金竹坪、靜觀亭、牧馬廠、鐵船峯、文殊寺、石門澗、神龍潭、神龍宮、清涼台、獅子崖、文殊崖、龍首崖（俗名捨身崖，崖石凌空突出丈餘，寬不過三尺，下臨深谷，極險，我曾試登，終不敢舉步前進。）文殊塔、天池寺、天池塔、天池山、五佛圓殿、廬山高石坊、錦綉谷、訪仙亭、竹林寺（此寺有名無實，在虛無縹渺中，無人得見），仙人洞、佛手崖、御碑亭、人頭石、花徑、天橋、大林寺、大林峯等等。其實廬山可遊之處尚不止此，深山大壑中，妙趣無窮，人跡罕至之處往往別有天地。不過廬山虎豹不少，尤以山南爲甚，山路中不時可發現老虎屎，尋幽探勝，不能不有所顧忌。蘆林的「猴子嶺」實爲「吼虎嶺」，蘆林未開闢前，蘆葦如林，老虎最愛藏身此種地方。揆諸常理，亦以吼虎嶺爲當。一般人轉音訛傳，乃將錯就錯。我在廬山三年，從未見過猴子，夜半却常聞虎吼，白天常見虎屎。山下人家豬狗，冬夜亦有被虎撲食情事。不過牯嶺附近已是人的世界，老虎亦退避三舍了。

四、贅語

臺灣名勝我已走遍，大元山、大雪山、橫貫公路也跑過了，多年前還曾夜探知本溫泉，除日月潭疑似人間仙境外，餘無當意者。臺灣的山不能說不高，然嫌鬆脆，缺少丘壑之勝，沒有好水，大雨一來，便造成八七水災，自然更無古跡。此不僅不足與廬山相比，亦難與大陸一般山水相比。將來大陸河山光復，~~當遍遊名山，然後約一二知己~~（但願有生之年，能）息影廬山，於願足矣。

[illegible]之難：佳[illegible]的要[illegible]好[illegible]山大川，此篇這[illegible]作為篇小說為白雲青山遊錄
曾專程往[illegible]廬山，回台[illegible]者新作（我）[illegible]以[illegible]，但[illegible]
廬山已分排着此山上的黃龍寺、山南的古剎歸宗寺、秀峯寺、棲賢寺
已蕩然無存，那都是我少年時的舊遊之地，現在還有的[illegible]山，正好為工業
用地，四代[illegible]遺難，不知如何處理是好。我是對廬山早成夢幻矣！

二〇〇七年十月十四日重校

日月潭之旅

三十九年、四十年，海軍官校招生，我是臺中地區的口試委員。有兩件事記憶猶新，一是籃球名將陳祖烈，就是那時考取海軍官校的。第二件事是和一位醫官抽空遊日月潭。

那次遊過日月潭之後，這十多年來又到過臺灣其他名勝地區，如鵝鑾鼻、大貝湖、四重溪、關子嶺、野柳、梨山、太魯閣、知本溫泉……但臺灣所有名勝，還是日月潭最好。

在臺灣住得越久，越覺得無處可遊。古蹟不談，名勝也只有那麼多，而且不耐重遊，唯一想重遊的地方也是日月潭。

這幾年來，我無禮拜天，也不知道什麼節日，因爲臨時決定去臺中接洽「合家歡」再版事，臺中的對號快車票買不到，只好買到新竹，補票站到臺中。

下午去霧峯遊了林家花園，在臺中住了一夜。第二天和朱夜搭八點三十分的金馬號去日月潭。金馬號迅速舒暢，兩個小時就到。

日月潭的建築，比三十九年多了很多。那時的旅舘只有一家涵碧樓。現在有明潭旅社、環湖旅社、教師會舘等好多家。和餐舘、土產店、咖啡舘……形成了一條街道。

旅舘單人房間從最低的三十元起，到最高的三百五十元左右。雙人房間從最低的五十元起，至最高的四百五十元上下。所有房間外加百分之十小費。一切設備仍然趕不上臺中臺北。臺中六十五元的套房有浴室電話，日月潭的旅舘最少得加一倍價錢，才有同樣的享受。

一個掮客把我們帶到明潭旅社，住了一個臨湖的房間。休息了一會，再由那位掮客介紹一家以大陸口味相號召的北方飯店去吃午飯。起初我不相信這裏的小飯店能弄出大陸口味，吃過之後，的確很好，尤其是日月潭的鮮鯉魚，十分可口，加上炒肉片，炸菜肉絲湯，最高客飯二十元，和以牛肉馳名的臺中牛稼莊一樣，在臺北也很少能吃這樣的口味。

湖邊的遊艇有幾十條，我第一次來只有涵碧樓下有一條舊遊艇，根本沒有沙發座位，這些新遊艇，座位都很舒適。大艇要等人多才能雇用，人少不合算。小艇二至五人，八十元三個半小時，可遊德化社(蕃社)、玄光寺、光華島、文武廟等地。人划的小艇定價五十元,可坐三兩個人。

始終沒有改變的是湖光山色。廣闊二十四公里的湖面，水還是那麼碧綠澄清，正如洞庭湖、鄱陽湖，不論水位高低，總是那麼碧波盪漾。王勃的「秋水共長天一色」，移到日月潭也很切貼，只是日月潭水不揚波，顏色更碧。如果不是深達十八公尺，那眞可以見底。

遊艇在平靜如鏡的湖面行駛，令人心曠神怡，清風拂面，頗有秋意。雖無二十年前泛舟洞庭、鄱陽之上的秋水長天那麼壯闊，但四周層峯叠翠，又是一番風味。尤其是在紅塵萬丈的臺北住久了，突然來到這個沒有一點煤烟，了無俗氣的青山綠水之間，自然有一種世外桃源，人似神仙的感覺。

船上有個背着照相機的山胞，說「毛王爺」已經發財了。上了岸，到了德化社，德化社已經不是當年的矮屋低簷，成了紅瓦磚牆的小鎮小街。那位山胞把我們和另一對夫婦帶到紅白牡丹那邊拍照，我因爲早年和毛家大公主、二公主、三公主拍過照，現在大公主芳齡已經四十八歲，可以作祖母了。二公主早已香消玉殞，墓木已拱。加上那位山胞對毛王爺的破壞，便以同情弱者的心情，不去毛家，和他去黑白牡丹那裏。當年替我和毛家公主拍照的那位照相師，我還認得，他和黑牡丹鼓其如簧之舌，慫慂我們拍照，我想既來之不妨再留點紀念，人生幾見月當頭？當年如花似玉的二公主，現在只有一堆黃土，且看我能再活多久？當時那位替我拍照的照相師，拍了幾張，只收十二塊，並不貴。公主陪照也不過三塊錢一次，現在照相的還是那個人，陪照的又不是公主，大概也不會貴到那裏去。我尚未點頭，那位能說會道的黑牡丹，就「黃袍加身」，把我們打扮成會長。我生平不想成王，這是第一次當「王爺」。本來只想拍一張表示「到此一遊」，黑白牡丹卻把我們拉得團團轉，和照相師一唱一和，多拍了兩張。那位母親是平地人，父親是山地人的白牡丹，把帳單一塡，三張照片一百八十元，再加上陪照費十八元，總共一百九十八元。我沒有想到會這麼貴。那位做進出口生意的先生笑着說：

「不要敲竹槓了，應該打點折扣。」

黑牡丹牛眼一鼓，勃然變色地頂他：

「這是中華民國的公價，你做生意是專敲竹槓的？」

那位先生啞口無言，只好陪個笑臉。

她旣然反臉不認人，我率性給她兩百塊錢。當年三位公主陪照，不但價錢低，而且不請不陪，更無拉人拍照的事。可見任何事不能以耳代目，吃了一次虧，又學了一次乖，下次決不再拍。

眞想不到名山勝水，也會有掃興的事。那位帶我們來的山胞，卻支吾其詞。後來聽說拍一張照他有多少好處，才恍然大悟。有位菲律賓的華僑，被什麼牡丹拉着一口氣拍了幾十張，花了三千多塊。一對夫婦初遊日月潭，被她們拉着拍了五六百塊，他們帶的錢不多，發生爭執時，陪照的和照相的要打她們，他們只好照給，但是下山的路費都成問題，因此哭笑不得。

青龍山上新建了一個玄光寺，是藏玄奘大師的靈骨聖地。青龍山與光華島對峙，樹木茂密，有山林之勝。玄光寺不大，但很整潔，住了三位尼姑。山後不遠處在修客房，明年落成，可以招待遊客食宿，住在這裏，眞是人間天上，如佛如仙。

文武廟和玄光寺遙遙相對，上次我沒有來參觀，這次決不放過機會。那對夫婦要趕着下山，遊艇先把他們送回來，再送我們到文武廟。

從湖邊爬上文武廟，有三百六十五級的陡峭石級，彷彿天梯，有心臟病的人如果回頭一望，那一下可能摔到山底。我們爬了一大半，發現有一條迂迴的青石板路，可通旁邊的香客招待所，順便拐了過去。

來到文武廟香客招待所，才知道這裏有房間可住，能容納上百人，不收宿費，由客人隨意樂捐香錢，每夜十元八元不少，二十三十不多，目前普通是十多塊錢一夜，同時代辦伙食，分十元十五元、二十元三種，葷素任選。要是長期住，同樣歡迎，食宿自然更便宜，一個月大約有八百元食住都可解決。目前只有一個有床舖的小房間，其餘的都是榻榻米，供給舖蓋，光線充足，居高臨下，日月潭湖光山色，盡收眼底。可惜事先我不知道，沒有準備，不然就不必下山，住上三兩個月時間，完成一個長篇，眞是一件賞心樂事。本來我想等明年玄光寺客房落成，住青龍山。這裏清靜不減玄光寺，地勢亦高，交通更便，每天有四班車到日月潭車站，還有計程車來去，走路亦不過十五分鐘，更合理想。來年夏天，一定卜居文武廟，與玄光寺的尼姑分享七分風水，三分明月。

日月潭的夜還是十分寧靜，旅館裏也不嘈雜，德化社的燈光通宵不熄，我睡在窗口的床位，越過黑暗的潭面，不時望望德化社的燈光，如點點漁火。一夜熟睡，黎明醒來，燈光仍然明亮。可惜這次沒有看見潭上起霧，只見山腰飄着幾片白雲。德化社過來一隻小艇，像載着夢的輕舟，浮在天國的湖上………

現在我身在臺北，仍然心向日月潭。如能在文武廟前那個鴨嘴般的突角上，建座木屋長住，雖不一定成仙，當可洗掉一身俗氣。

二〇〇七年國慶 [illegible]月十四日重校

夏日梨山

今年夏天特別燥熱。六月在馬尼拉過了一個月無雨的熱天，希望回到臺灣涼快一陣，一回來就覺得臺灣的天氣也不對勁，天天埋怨馬尼拉真有點不公道。

天天在三十五六度的氣溫之下，揮汗如雨，怎麼也不敢動筆。過去幾年大開電扇，對着身子吹的教訓太大，不敢再犯，只好逃避炎威。為了恢復自由之身，把[illegible]的聘書一退掉，八月初就和嗣汾兄一道上梨山。

五六年前的冬天，曾經隨訪問團越過橫貫公路，在梨山住了一夜，當時在山下毋須大衣，在梨山却非大衣不可，早起呵氣如雲，頗有大陸冬天的味道。梨山給我留下一個「冷」的印象。這次溽暑上山，首先發覺公路好了，從東勢到達見，黑柏油路面，不像五六年前的焦鹽排骨，車子越往上爬越涼，覺得這次上梨山正是時候。

過達見以後，路面未鋪柏油，仍然是以前的老樣子，車子過去灰塵滾滾，有些地方路基坍陷，車子僅能勉强通過。橫貫公路梨山西段土質鬆脆，保養很費功夫。

十一時半到達梨山，車站在國賓飯店梨山賓館對面，現在的梨山賓館是以前的公路局招待所原址，梨山賓館自然比以前的公路局招待所漂亮，它是臺北圓山飯店的再版。

五六年前的梨山車站附近，全未開闢，現在到處種了包心菜和梨樹蘋果樹，那些梯級的風化石地，一層一層地直開到山頂，面目一新。山胞已經有了電視機、摩車，不是五六年前那種衣不蔽體的樣子。以前沒有人要的山地，現在使他們發了財。他們從原始生活，一下跳到二十世紀，享受現代文明，這是他們做夢也沒有想到的。

我們到達時，雖然日正當中，可是身上沒有一點汗，十分涼爽舒適。

梨山站長舒涵深先生，是位精明能幹而熱忱的人，他和嗣汾兄是老朋友，和我是初識，但是我們的家鄉距離很近，而且都在江邊，雖然地分兩省，相隔不過九十里，長江交通方便，風俗習慣相同，一向來往密切，雖係初識，亦如故交。我們在餐廳吃過午飯後，即下榻公路局招待所，現在的招待所和車站相距八九百公尺，沒有以前方便。

招待所是鐵皮木板房屋，外面髹了紅漆，最爲醒目。裡面設備不錯，地板，一房兩床，乾淨、涼爽，睡午覺時還要蓋毛毯。和臺北晚上熱得睡不着覺的情形相比，眞是人間天上。

下午三點多鐘，舒站長陪我們去福壽山農場參觀。以前我也來過，那時梨樹蘋果樹，種下不久，不到一人高，數量也少，現在遍山都是，上丈高。去年梨樹結果最多，今年很差，樹上的果實破裂萎縮，地上掉的比樹上掛的多。據引導我們參觀的技師說是土質養份不够，很多梨樹的葉子都不健康。

蘋果樹也有不少結了果實，表皮的顏色已經發紅，落果也多。有一棵蘋果樹結的特別好，據估計蘋果在兩百斤以上，值四千多元，我有點不敢相信，這樣的樹有十棵二十棵就够了。可是整個山上這樣的樹也沒有幾棵，三五年後大概會多起來。

農場裡的桃樹也不少，樹不過三五尺高，結的桃子也不多，但桃子比鷄蛋還大，表皮紅了半邊。看起來很有意思。

福壽山比梨山的位置高很多，地勢也比較平坦，果樹下的包心菜青綠可愛，比梨山陡坡上種的好。有一棵在堆肥上特別培育的包心菜，葉子面積已經長到籮筐口面一般大，將來會在十斤以上。

福壽山比梨山更涼，我們站在過風亭裡冷得打顫，連忙跑出來晒太陽。

據農場技師告訴我們，農場裡的退役戰士，每年平均收入在一萬元左右，目前仍以包心菜產量最多，山下的商人會全部包購，毋須零賣。

福壽山農場範圍很大，土地卻不能買賣。梨山山胞的土地雖然是國有的，但他們名下的倒可以自由買賣，而且俏的很，車站附近已經沒有土地可賣了，有錢人也不嫌遠，十里八里以外的山地還是設法買。梨山已經不是人烟稀少的深山，快要變成金銀山了。

梨山的夏天實在涼快，晚上要蓋棉被再加毛毯。頭一天夜晚我沒有加上毛毯，還有點寒意。清早起來要穿厚毛衣，比碧瑤涼快，和廬山彷彿，冬天卻不像廬山那麼冰天雪地。

我每天早晨五點多鐘起來，空氣特別清新，而且有大陸秋天的那點寒意，山下的熱浪衝不上這一千八九百公尺的高山。

清早的次高山和大雪山頭，也特別青綠好看，而且顯得更近。坐在桌前，面對三千多公尺的青山，看乳白色的晨霧，像輕紗般地繞着山頭，不久晨曦又給它戴上一頂金冠，輕紗就變成白領巾了；山峽的大甲溪，像一條竹葉青的小蛇，從石縫間緩緩鑽過；山上一種特有的「唧唧唧，唧——呀」地叫着的小鳥，聲音特別清脆嘹亮，這些高山上的聲色，眞的給來自山下鬧市的人耳目一新。在山下看不到的烏鴉，在山谷中一面飛一面叫，聽來也彷彿他鄉遇故知，格外親切。

本來我想在山上住到秋涼才下來，因爲一個特殊的原因，招待所要全部騰出來，讓大批人住，我們只好打道下山。

在山上六天，十分愉快。只有一件事現在想起來還有餘悸；上山的第二天夜晚，在梨山賓館看電視，我想趕稿，提前回招待所，地形不熟，又未帶手電，走到第二個大彎時，對面山上營房的燈光直射過來，眼睛有點發花，我把那一道白茫茫的燈光，當作分叉的公路，一直往前走，直到一塊小石頭擋住，我才大疑，不敢再走，又沿着山邊繞，一繞過來，順着燈光一望，原來那是一個深谷。第二天去看，才知道那塊石頭正在崖邊，，如果我一掉下去，那條宜蘭公路擋不住，因爲崖石中間是突出的，那一下會滾到大甲溪底，粉身碎骨，沒有人會知道我到那裏去了。

內湖小遊

我生在水鄉，又在廬山住過三年，愛山水自然不是附庸風雅，是出於天性和習慣。對於灯紅酒綠，紙醉金迷的生活反而有點格格不入。來臺北後，在大直鄉間一居五六年，整日面對青山。近兩三年來「賢」人一個，毋須上班，如非有事決不進城，即使進城也不多作停留，一心一意過我的鄉居生活，以硯為田，心情舒暢，寫作時也多一點靈性。大直的風景雖然不算太好。但綠竹漪漪，樹木常春，最難得的是門前山上有三棵松樹，雖不能與廬山的松樹相比，在臺灣倒也少見。加之臺灣的名勝山水我玩了很多，覺得無甚可取，所以遊興不興，認為我居的地方就很不錯了。

今年春假期間，有人去內湖遊過，說風景不壞，寺廟甚多。我將信將疑，後來希錯兄夫婦下鄉來玩，我就犧牲了三四個鐘頭的寫作時間，隨他們同遊內湖。因爲內湖離大直甚近，有十六路公共汽車可達。

那天下午三點多鐘才到內湖。上山入口處，山勢如圍椅，左邊一列山脈雖然不高，但有峯有巒，青翠欲滴，如一隻圍椅扶手，向裡延伸，山勢也漸漸的高上去。這一列小山脈是我在臺灣看到的山中唯一有廬山那點靈秀之氣，自然不能與廬山的七賢峯相比，但求其貌似，具體而微，也就很難得了。

山上廟多，我們由右邊大路上山，最先看到的是太陽廟，廟已破爛，供的菩薩倒不少，大小不盈尺的偶像，依假山而立。中國人是多神主義，雖然這座廟以太陽神爲主，但什麼神都有，可惜香火冷落，廟破破爛爛，菩薩也跟着倒楣。沿着太陽廟繼續上去，途中有個很大的煤礦，開採得十分成功，一卡車一卡車的煤運下山去，灰塵很大，把空氣樹木都弄髒了。

在路邊小茅亭休息一會，吃了一截甘蔗。這個小亭也有點大陸山上茶亭的風味。

繼續前行一段路，發現路邊有過小牌，寫着「金龍禪寺」幾個字。（事先我並不知道山上究竟有多少寺廟？我們的目標是山頂那座望得見的寺廟）姑且抱着試試看的心理，沿着山坡小路走下去，不久發現山窩裡有一座新建的寺廟，規模不小，便一直走下去。從側面進入廟廊，正面一看，這廟的規模顯得更大，而且是新式鋼骨水泥建築，除了正殿之外，兩邊有客房、僧舍、飯廳、會議室，樓上的房間不少，這是我在臺灣看見過的氣魄最大的寺廟，不過佛像仍然不大，無法與廬山歸宗、秀峯、萬杉、棲賢諸大名剎相比，自然更缺少那種盎然古意，在臺灣又那裡去找南北朝的古廟？

我們在金龍寺盤桓甚久，因爲這裡風景很好，寺前雖無黃龍寺那兩棵大寶樹，和茂林修竹，但稀疏的小樹和突起的石頭，可以觀賞休息，夏天黃昏乘涼小坐另有一番情趣，河裡無魚蝦也不貴，對這個金龍寺我已經十分滿意了。如能在這裡租一房間讀書寫作，最爲理想。

寺前有水泥路可通小汽車，澗邊有棠梨樹數十棵。本來我還想上山頂寺廟去看看，因爲時間不早，只好取道這條水泥路回來。沿着這條路下山以後有一條大馬路，一邊是阡陌相連，一邊有三五農家，三面環山，寧靜清幽，住在這種地方毋須求長生藥，清心寡慾，自可延年益壽。

這次遊山半途而返，下次有暇還想再去。

花，馬尼拉

五月二十九日下午七點四十分，我和赴菲華文教研習會授課的崔德禮，邱維城、王秀蘭、殷正言、柯吟芳諸位先生一行六人，搭乘菲航噴射機，直飛馬尼拉。彭歌則由曼谷前往，故未同行。

這天下午下了一陣大雨，天氣涼爽，飛機凌空後，俯視臺北，萬家燈火。彷彿是誰撒了一地的鑽石，閃閃發亮；又好像滿天星斗，跌下凡塵。人在高空，在夜間才能有這種眼福。

飛機平穩地飛行，沒有一點震盪。我坐在靠窗口的座位，不時看到地上海面稀疏如豆的燈光。進入巴士海峽之後，底下卻是一片黑暗的深淵。再見燈光時，已經到達馬尼拉的上空了。

飛機沿着馬尼拉灣飛行，馬尼拉的電燈似乎比臺北更多更亮，市區也更遼濶，從空中俯視馬尼拉，產生了美麗的第一印象。

飛機降落時是九點三十分，臺北馬尼拉之間的航程，只費一點五十分鐘，比從臺北坐柴油快車到臺中還快。由於交通工具的進步，世界是愈來愈小了。

大使館、總支部和文教研習會的許多先生，都到機場迎接，幾位小姐替我們套上菲律賓國花三巴吉峇（Sampaquita），我們叫做茉莉花。馬尼拉一連下了兩個星期的雨，這天才停止未下。溫暖而不炎熱的空氣洋溢着馥郁的茉莉花香和手足般的友愛。

杜威大道沿着馬尼拉灣直到市區，全長十餘公里，寬濶平坦，林蔭夾道，一邊是淡藍的海水，水上停泊着不少萬噸以上的巨輪；一邊是林立的大廈，豪華的舞廳、夜總會、航空公司都在這裏。我們宮殿式的大使館，和規模最大，佔地最多，隱藏在樹林中的美國大使館，以及倫禮沓公園、黎薩紀念碑、閱兵臺，都在路邊。

在這條大路上來去如飛的有最新式的小轎車、雙層的紅色大巴士、改裝的花車一般的吉甫、的士，以及臺灣看不到的馬車。

非律賓人坐着雙層的大巴士在海邊兜風，這種大巴士沒有玻璃窗子，周圍都是空格，搭客的吉甫也是一樣。

馬尼拉的馬車和南京、漢口的馬車不同，車上只能坐兩個客人，馬也特別小，比我們四川的馬還小，甚至比不上北方的驢子。看見這種小馬會覺得有點滑稽可笑，完全沒有南京漢口那種高頭大馬拖着五六個人蹄聲得得的神氣。日本人留下的戰馬，不知道他們怎麼沒有好好的培養繁殖？

馬尼拉市區車輛特別多，非常擁擠，不准停車的牌子下面偏偏停了一條長龍，單行道被停住的車子佔去半邊，通行的車輛又首尾相接，因此只能一步一步地前進。秩序之亂，街道之髒，使我們大爲驚奇，本地人卻安之若素。

當夜我們住進 Salazar 街大火後新建的四層富都大旅社，這家旅社在新落成的自由大廈對面。單人房間，有冷氣、電話、洗澡間。和臺北二流旅社差不多，只是沒有浴缸，而用蓮蓬和大水龍頭淋浴。經理特別囑咐我們出進一定要把房門鎖好，睡覺還要把門裏面的銅門閂上，那種鄭重其事的情形，是臺灣任何旅社都不會有的。

上下課有車接送，回到旅館以後就關緊房門，如坐禁閉。房間裏不開冷氣就不下去，開久了冷氣又怕再患風溼。上街怕搶，在房裏又怕患風溼，眞是內外受敵。

第三天下午我沒有課，施穎洲兄特別陪我逛逛馬尼拉最繁華的黎薩大道和最整齊漂亮的大橋頭。這兩條大街和華僑區的窄狹街道完全不同。人也多半不是自己同胞的面孔。菲律賓是人種大雜燴，菲律賓民族的血液混雜到四十二三種之多，主要的是馬來族，以末薩雅（VIZAYA）和大家樂（TAGALOG）人最多，皮膚比中國人黑；一眼就可以分別出來。印度人和西方人的混血兒也有很大的差別。菲律賓上流社會人物，多是當地人與西班牙人、美國人、中國人混血的後裔。

文藝班的黃天祝、洪天賜、黃書馨三位同學，陪我遊了一次動物園。馬尼拉動物園範圍比圓山動物園略大，非洲的馬羚，上丈長的大鱷魚，美洲的棕熊，喜馬拉雅山的大黑熊，和猩猩等，是我們動物園所沒有的。可惜我想看的菲律賓特產牛猪（水牛與野牡猪雜種）沒有看到。

植物園與動物園相連，滿眼翠綠，空氣新鮮，比在旅館裏舒暢多了。

回來時又在王城旁邊玩高爾夫球場，每一洞都是菲律賓名勝古蹟，如馬容火山等，設計很有意義。

彭歌從曼谷來的那天晚上，兩位華僑朋友帶我們集體去遊倫禮沓公園。公園範圍很大，有建築新穎的閱兵臺，黎薩紀念碑也在這裏，因爲當年黎薩被西班牙人槍斃的地方就是倫禮沓，紀念碑就建在他殉難的地點。一個衞兵機器人似的站在碑前，一個衞兵機械地來回走動，有一種莊嚴肅穆的氣氛。在那種大熱天他們服裝整齊，頭戴鋼盔，眞够受的。

黎薩墓也在紀念碑附近。墓很矮，完全沒有我們的中山陵那種氣氛。但黎薩的絕命詩譯成各國文字刻在周圍，中譯詩是施穎洲先生的手筆，可惜那天晚上不知什麼緣故取下去了？黎薩殉難照片也嵌在壁上，個子矮小神情鎮定。臨刑時他曾請求子彈射在胸部，但監刑的西班牙少尉說：

「不行，不行，只有西班牙的貴族有此權利，你是要在背部受彈的。」

言猶未了，衆彈齊發，黎薩倒地死了。西班牙士兵則高呼「西班牙萬歲」、時爲一八九六年十二月三十日。黎薩固然沒有想到他死後會成爲菲律賓的國父，西班牙人何曾想到他們會喪失菲律賓？世事多變，歷史是最好的證人。

黎薩是個高明的醫生，多才多藝的詩人、小說家、藝術家，他有中國人的血統。他的絕命詩是用西班牙文寫的，連西班牙人也嘆服他的才華。黎薩死後兩星期，同情他的西班牙人色威羅JUAN CERVERO用槍打死了他們的首相加納瓦斯。這也是黎薩所沒有想到的。

馬尼拉灣輕微的海風，吹不散倫禮沓公園的熱氣。那兩位先生帶我們上車，沿着杜威大道急馳，起初我以爲是回旅館，後來停在路邊一個露天廣場，這裏有許多躺椅，彷彿國內的露天茶社，那一排的矮屋，有一點像改建前的中華商場。他們兩人請我們吃烤肉、喝啤酒，坐了很久，當時毫無戒心，盡興而歸。第二天才知道那是個是非之地，經常啤酒瓶亂飛，白刀子進，紅刀子出。當時我們是聾子不怕雷，事後聽說反而捏了一把冷汗。

馬尼拉除了治安不敢恭維之外，郵政也好像天方夜譚。崔德禮先生發了一封本市信，五天才到收信人手裏，而那段路程離我們住的旅館步行也只要五分鐘。當收信人帶我們去他店鋪時，談話聞他正好接到那封信，眞有點令人啼笑皆非。還有可笑的是邱維城先生買了一塊錢的郵票，只給了八角，當時我聽了簡直不敢相信，甚至現在還不相信，但這是事實。據說有位先生在馬尼拉託旅館服務生發了好幾封信給太太，結果沒有接到太太一封信，他回國後埋怨太太爲什麼不回信？太太也埋怨他：

「你沒有寫信我怎麼回？」

後來他才恍然大悟，原來是服務生把他發信的錢留下，信丟到什麼地方就只有天知道了。

三百年前的馬尼拉，是竹籬茅舍，蓆頂板壁的房屋，上層住人，下層養豬，正如今日的菲律賓許多鄉村。但是現在的馬尼拉多是高樓大廈，巴息Pasig河以南的大廈，都是二次世界大戰以後興建的，和斷垣殘壁的西班牙王城，恰好成了强烈的對比。高級住宅區的豪華房屋，和聖公會中學後面中正學院前面臭水溝上的破爛貧戶，更是天堂地獄。馬尼拉的菲律賓人不少億萬富翁，也有很多吃了今天不知道明天的窮人。警察待遇雖低，但往往養三四個太太；華僑區大火，消防隊員勒索巨款未能即時兌現就握着龍頭不放水，因此燒掉整條街。這些故事眞是海外奇談。

朱一雄先生告訴我，馬尼拉的原意是花，是什麼花？他也弄不清楚。我只在馬尼拉住了一個月，自然更不知道他是什麼花？

馬尼拉的人口將近三百萬，市面比臺北大，白天也比臺北熱鬧，夜晚在空中看馬尼拉，更像到了鑽石城，但是最好不要下地，更不要一個人在街上行走。

霧裏看花最好，要進入現實世界，還是住在臺北好，甚至公共汽車後面的黑烟，也有一點兒可愛，它過站不停，自然令人生氣。但在馬尼拉找不到巴士站。坐馬車、坐吉甫、坐的士，都會半路殺出程咬金，在臺北何曾爲這種事提心膽吊？左顧右盼？

仲秋走筆

中秋節一過，窗外涼風習習，天空碧淨如洗，偶而飄過幾片白雲，彷彿小白羊在春天的大草原上散步；詩人乘着蚱蜢輕舟，在夢想的天國漫遊；畫家筆下的嫦娥玉帶，凌虛飄搖。……

我想起廬山的秋天。冠蓋風流雲散後牯嶺街上寂靜的青石板路。蘆林的黃沙幽徑。唱着小夜曲般的清溪。偶而落在肩上的一片黃葉，像知心人輕輕地搭上素手。黃龍寺前兩棵直摩藍天的青葱寶樹，和它們旁邊那棵同樣高大而黃葉飄飄的銀杏。登五老而衣袂飄飄，頓欲凌空御虛而去，下彭蠡或上九霄。空山寂寂，小徑幽幽，踏着柔軟如綿的落葉，聽着自己的心跳。夏天瞬息萬變的霧，無影無踪。青山作伴，披一身溫柔的陽光，吸一口薄荷般的空氣，聽聽古寺悠揚的鐘聲，人即是仙，人能所達到的境界，無過於此。

乘着藍天的那片白雲輕舟，我回又到金陵靈谷寺。穿過參天古木小徑，一身輕盈。登上塔頂，六十里金陵，盡收眼底。千里長江，白帆點點。紅葉萩花，一片秋色。松風鴻雁，盡是秋聲。嶽麓山的紅葉，洞庭，鄱陽的秋水蘆葦，長江的落霞黃柳……處處引人秋思。秋天的明淨，恬淡，光風霽月，是其他的季節所沒有的。

臺灣四季不大分明，最近幾天總算有點秋意。坐在斗室裏迎着秋風，望着藍天白雲，神遊於錦綉河山兩三日，突然想到出去走走。但是可去的地方多已去過，本想重遊日月潭和梨山，去尋找幾分秋色，尋找依稀夢裏湖山，無奈有錢的大老板，倒欠了我的爬格子錢，使我青黃不接，縱有此雅興，亦無此閒錢，只好退而求其次，舍遠求近。

內湖甚近，但已去過三次，不想再去。陽明山是看花看人的地方，不是秋山，難尋秋趣。觀音山去過兩次，越看越不够味。烏來眉毛眼睛擠在一塊，人走進去更覺得胸襟狹窄，那一條裹脚布似的瀑布也沒有什麼好看。島居十六七年，往日豪情壯志，消磨殆盡，還是保留一線大陸根性，留待他日，再作壯遊。想來想去，終於想到一直未去的指南宮。

我一拖十幾年，未去指南宮，一是因爲它近，二則以爲它不過是一個廟宇。臺灣的廟宇，失之纖巧，缺少紅牆綠瓦大山門的氣派，更缺少攝人心魄的丈二金剛，無論香火怎樣鼎盛，總不够莊嚴肅穆的氣氛，有人大菩薩小的感覺。加上穿得花枝招展，塗眉毛畫眼睛的小姐們的抽籤求卦，隨便拱拱手而不磕頭，廟祝站在旁邊等候賞賜香錢，生怕香客開小差的樣子，那一點像個大叢林？

為了不辜負大好秋天，我抱着騎着驢子看唱本的心情，去作半日遊。兼看一位住在木柵的寂寞詩人。

我到木柵時剛好在車站附近碰着這位老朋友。他大概動了凡心，正想到臺北來。承他盛意，陪我上指南宮。

坐遊覽車到指南宮，一路上沒有什麼可看的，十分鐘就到，方便得很。指南宮的確不小，可惜殿堂不寬不深，氣勢不足。前面谷池裏有個噴水的大鯉魚，殿前有廣場，桌上擺滿了貢品，不知道是誰家求神許願？佛殿有位綠衣少女求籤問卦。詩人健談，我隨便朝佛殿上打量了一眼，無心再看，根本不知道供奉的是什麼神？後來他告訴我這裏供奉的是呂洞賓何仙姑。在戀愛中的男女或未婚夫婦多不願上指南宮，據說會影響愛情和婚事，他的女朋友就不肯和地上指南宮。

廣場上有四架望遠鏡，可以望見臺北，看出統一飯店，看一次一塊錢。

右邊幾十步有座佛祖殿，殿不大，也很冷落，但廣場卻十分寬敞，且下臨深壑，頗為險峻，踞高臨下，可以近看木柵，遠望臺北。

到這邊來的只有我們兩人。老朋友很高興，和我談了不少私話。自然談到一位遠在美國的詩人，一位長眠地下的詩人，如果我不深知他們，那會笑痛肚皮。某詩人的膽小如鼠，某詩人的「愚蠢」可笑，，眞的出人意表，他們即使活一百歲還是一個小孩。有三位詩人朋友，可以說是孩子、瘋子、詩人三位一體。長久不和詩人們接觸，這位老朋友的話平添幾許秋趣。

由於他的工作關係，他能看見人性最隱藏的一面。有些事情不是心理學家決不會相信，如果寫成小說，讀者一定會罵作者杜撰，但有很多事情雖然有案可查，作者也不敢寫，非關機密，實在有失人性的尊嚴。我很羨慕他那份工作，對於創作那而言比在書本上啃心理學有益得多。

我想看看山後一個新修的大殿。轉到指南宮後面，新殿正在興工，規模不小，一旦完成，指南宮的香火自然更盛，也會招徠更多的遊客。

轉入一條上山頂的小徑，從後面山上看指南宮，是一連三進，瓴垛像彎彎的牛角，屋脊中間還有一座小小的寶塔，頗費匠心。沒有走上山頂，我突然停步，我想起多年前一位年輕的朋友，不知道什麼事想不開，在山頂上服了大量的安眠藥，滾到山下田邊，三天三夜未死，也許命不該絕，後來被鄉下人救起。當時他寫信告訴我吞吞吐吐，不敢明言，後來才說出這件事。現在他已結婚生子，大部賴稿費維生，寫作更勤，但願他長命百歲。

回來時循前面石級，步行下山。這段石級路不算短，但沒有關子嶺那段石級險陡，也沒有廬山好漢坡那麼長，那麼高，那麼難走。路邊有水泥磨石凳，林蔭夾道，這段路倒有點山林之勝，比指南宮本身有意思，這是一個意外的收穫。

另外值得特別一提的是指南宮到佛祖殿的小路下邊，有棵五六尺高的桂樹。去時我未發覺，轉回時突然聞到一陣清香，我駐足尋找，終於發覺這株我在臺灣所看到的最大桂樹，花雖不多，但已喜出望外了。

沒有紅葉，不成秋山，已經減色不少。沒有桂子飄香，那就更少秋味了。走筆至此，我想起廬山五乳寺前一棵高達兩三丈、粗可盈抱的大桂樹，和江西樂平郊外路邊的兩三棵同樣大的桂樹，秋風陣陣，清香撲鼻，遠近兩三里地都可以聞到。其實大陸桂樹之大之多，豈止此一二處？一般大家庭院，常有一兩丈高的大桂樹，廬山的桂樹和梅樹，幾乎同樣的多，山巔水涯，常常不期而遇。臺灣的桂樹當作盆景，多是一兩尺高，手指頭粗，指南宮這棵五六尺高，小兒臂粗的桂樹已經是少有的了。

下山順便參觀了政大。建築新穎，環境安靜，是讀書的好地方。回首望指南宮，在秋風夕照中也可入畫。希望那位大畫家，在它周圍加上參天古木，讓它若隱若現，再添上一堵紅牆，幾樹紅葉，那就有點像秋山古寺，夢裏眞眞了。

■第三輯

由沙特想起

英國文豪蕭伯納，辭諾貝爾獎金不受，是因爲他窮的時候沒有給他；他成爲百萬富翁之後，他又不在乎那幾萬美金了。還有一點，就是他應該鼓勵的時候沒有得到鼓勵，而那兩三年他沒有作品產生，却給了他諾貝爾獎金，他頗有「你不雪中送炭，我也不要你錦上添花！」之意。一般人只注意別人的成功，忽略了別人的困苦。蕭伯納早年的文學生活，非常的不得意，稿子一本一本地退，沒有人願意發表出版。等他聲名顯赫，鈔票滾滾而來之後，以前的退稿出版商也搶着要。難怪他一肚皮的悶氣，視諾貝爾獎金如糞土了。

無獨有偶，法國存在主義哲學家兼文學家沙特，也辭諾貝爾獎金不受。他不是「放馬後砲」，而是在未公佈之前，得到了消息就寫信去表示不要。他的意思是不要任何獎品，「不論是一袋馬鈴薯或諾貝爾獎金」。如果以他事前的行爲而論，不會是沽名釣譽，或自高身價。

沙特的文學作品似乎還沒有介紹到中國來，究竟如何？我們不敢臆斷。既然能得諾貝爾獎金，諒非泛泛。但是作爲一個存在主義的哲學家，他在歐洲的影響力沒有人敢予忽視。而他把他的哲學帶進文學，這影響必然更大。尤其是我們現代中國人，精神一片空虛，任何哲學的文學的思想，都可以左右我們。只要是新的，西洋的，都搬進來，甚至無法分辨好壞。人家放棄了的，我們還如獲至寶，自相炫耀。一旦沙特闖進我們的文壇，可能又會造成一片紊亂，或是一窩蜂的現象。

勞思光把存在主義稱爲「否定的哲學」，是「旁門」不是正統。歐洲幾位存在主義的哲學家都表現了這個荒謬的時代，但未提供解決荒謬的方法。沙特更表現了這時代的可悲，他的「存在的意志」的觀念在文學上可能產生危險。中法兩個民族在氣質上有不少相似之處，而法國文學的影響又實在不小，沙特的影響也是可以預見的。

但是我們的新文學的內容如何呢？大英百科全書有這樣的評介：

「作家們能自由地借用了歐美的理論與技巧，其中一部份作家曾留學歐美。西方文學的趨勢普遍地反映在中國的，都是幾十年前的東西……。」

如果照我們現在的某些趨勢發展下去，要是將來大英百科全書將我們的現代作家帶上一筆，可能會有這樣的評論：

「……某甲的某書，顯示着喬伊斯的影響；某乙的某書則顯示着沙特的影響……。」

那麼，我們自己的文學呢？在世界文學潮流中淹沒了；我們自己的作家呢？在世界文學潮流中滅頂了。

作爲一個哲學家，沙特的影響力很大；作爲一個文學家，他的著作銷售數量雖然還抵不上臺灣的作家，但是他的影響決不可以輕視。在文學上起領導作用的往往是那些沒有商業價値銷路不佳的著作。而不是「票房價値」極高的通俗小說和暢銷故事。諾貝爾文學獎金之給沙特而不給沙岡，就是因爲沙特對我們這一時代產生深遠的影響。而不是因爲沙特的書銷了多少萬本。在此之前，我們的文藝作家和讀者好像只知道年輕的女作家沙岡，而不知道在思想上起領導作用的沙特。甚至我們早幾年就出現了「中國沙岡」，却少有人提到沙特。

不管將來沙特在中國有沒有沙岡那麼榮幸？他對我們會產生多少影響？是好的影響還是壞的影響？但是沙特拒絕接受諾貝爾獎金這件事，我們應該予以尊敬。我們可以視爲這個存在主義的哲學家對這個「荒謬時代」的「否定」行爲；這個存在主義的文學家敝屣尊榮的高尙氣質。這對我們應該是個好的影響，這倒是很可以「學」的。對他的文學作品，即使有人馬上翻譯過來，我們倒不妨採取保留態度，即使有人學到了家，仍然不値得向自己人炫耀。外國的月亮不一定比中國的圓，外國人的眼光可能比我們尖銳，他們能透過外衣看出原形。這是不可不愼的。

怎樣才能開創我們自己的文學世界？這是一個迫切的課題。新文學運動了幾十年，昨天是左拉、托爾斯泰，今天是喬伊斯，明天是沙特，總不是辦法。我們自以爲「新」，非常「現代」，人家却看得出來是幾十年前的東西。讓別人說出來也只有那麼大的「光彩」。

中法兩個民族都是情感豐富、長於文學藝術的民族，看看人家，不妨想想自己。即使我們自己要想獎勵那位作家，錢雖不多，最好也要有句把公公正正，令人心服的評語。這雖不是作家本身的事，倒也是息息相關的。

創作精神

文藝界的「現代病」，始於現代詩，已經有十年以上的歷史，其結果是烏烟瘴氣，你不懂，我不懂，甚至作者也不懂，彷彿詩壇在發神經病。其所以如此，多半是「時髦」二字害人，誰也想走在「時代的前面」，誰也想表示自己「新」，誰也不願意落伍，尤其是那些害了想作領袖病，想出人頭地的妄人。其實那些歪歪倒倒，大大小小排列的字體的「詩」，早在抗戰時期的桂林，民國三十年左右的大詩刊上出現，作者是鷗外鷗，陽太陽，今天的一些年輕的現代詩人當時還沒有出生，這種詩何新之有？不過當時並沒有人重視，自然沒落，更沒有人標新立異。想不到它居然能在台灣死灰復燃，而且成爲運動，成爲派別，可笑亦復可悲。

小說的「現代病」，沒有新詩那麼嚴重，歷史也短得多，不過是最近三四年的事，只是少數初寫作的人想「標新立異」，「一鳴驚人」，絕大多數的富有創作經驗的作家，都沒有那麼衝動，還得力於小說家比詩人理智。

最近在一個小說班的座談會上，有位青年朋友說他在報上發表了一篇意識流小說，他的同事們都看不懂。我問他自己懂不懂？他也好笑。他的態度十分謙虛，只是一種嘗試，不足爲病。

現代科學現代哲學對於文學的影響是十分自然的事，一個作家的運用現代科學知識哲學知識於文學創作也是順理成章的事。但是有一個大原則不可忽視，即科學是科學，哲學是哲學，文學是文學。文學如汪洋大海，可以無所不容，無所不包，犯罪心理，性心理，變態心理自然都可以寫，但文學是文學，不是心理學實驗報告，作家更不是某一派學說的代理人，文學有更高的藝術價值，是一種獨立存在。愛因斯坦的定律可以被李政道、楊振寧推翻，但是誰能推翻沙士比亞、杜甫、李白、曹雪芹……諸人的作品？科學發明愈新愈好，文學創作却不能以此種態度衡量。

如果以「新」，以「時髦」而言，Joyce 的 Ulysses 出版時我們很多人還沒有出世，不能算「新」。它的出名一部份由於用「意識流」寫作的大膽嘗試，一部份由於英美當局把它當作淫猥的書籍禁止。(見 Robert Graves and Aland Hodge 的 The Reader on Your Shoulder) 說穿了沒有什麼稀奇。而我們中國讀者又有幾位能讀懂這本書？

作爲一個作家，最要緊的是自己創作，走自己的路，而不是成天跟在別人屁股後面跑，冒充洋時髦。更不要相信那些半吊子說的你是現代作家他是舊派作家的鬼話。作品不分新舊，只問好壞。作家必須他是他，你是你。有這種獨立創作精神，才能獨立存在。跟別人跑學不好，跟洋人跑更是誤己誤人。」黃鼠狼變貓，變死不高！這才是眞理。

平心談文藝

行萬里路，讀萬卷書，對於作家是同等重要的事，是兩門必修的功課。但是這兩件事，今天的臺灣作家都無法辦到。不是臺灣作家沒有這種雄心，而是根本沒有這種金錢和時間。不管是以寫作爲副業也好，以寫作爲專業也好，他們都是爲最低限度生活而勞碌，即使絞盡腦汁，挖空心思，所得的代價不過是勉可溫飽，甚至連開門七件事也打發不過去；遇到雪片飛來的紅白帖子或三病兩痛，那就兩眼望天，自怨自嘆。中國那一位作家能像漢明威那樣包架專機去非洲遊歷，尋求「靈感」？那位作家能有私人遊艇，去海灣垂釣？我們一般人只知道海明威的「老人與海」得了諾貝爾獎金，拍成電影，於是月亮是外國的圓的觀念更强，對於自己的作家也就更加鄙薄了。但是海明威如果連馬林魚也沒有見過，他怎能寫「老人與海」？如果他沒有去非洲遊獵，又怎能寫

「雪山盟」？海明威那樣的頭腦，我們中國作家並不缺乏，「老人與海」雖得諾貝爾獎金，可並不是一部空前絕後的作品，比起我們前輩作家曹雪芹的「紅樓夢」簡直差得不可以道里計。今天臺灣作家如果有他那樣的環境，可能寫出比「老人與海」更好的作品，而他那一本薄薄的書僅是電影製片版權費就是三十多萬美金，又有多少人知道？今天有關性的書籍和性的影片似乎非常叫座，非常時髦，但在明朝萬曆年間笑笑生就已經有「金瓶梅」行世，中國作家在性知識方面又何曾落伍？「金瓶梅」的文學價值又豈在「查泰萊夫人的情人」之下？那上百萬字就可以唬住洋人。如果中國作家也能用「宮幃秘方」和現代知識來寫男女關係，未必不能叫座？但是絕大多數作家寧可餓死，也不會這樣作。

我們僞處臺灣已經十幾年，百分之九十五以上的作家沒有出過國門一步，甚至沒有環島走過一次。即使有極少數的幸運者出國去觀光一趟，頂多只能以之寫寫浮光掠影的遊記，絕對不能以之寫出具有深度的創作，因爲文藝作家倒底不是紙人泥馬，必須植根於深深的泥土，才能枝葉繁茂，萬古千秋。

行萬里路既不可能，讀萬卷書也辦不到。不但本國有價值的珍本難以找到，有也買不起。臺版的二十四史又有幾位作家有？外國有價值一點的書籍，定價最少在四五塊美金以上，國內又少完備的圖書目錄，最新出版的東西一般作家根本不知道，更別說買。而一個作家應該讀的書又不僅止於文學一門，這就更難了。

今天臺灣作家的處境不僅是窮，今日的新士大夫和工商業人士，也普遍忽視文學。上酒家一擲千金毫無吝色，化一二十塊錢買一本文藝書籍擺擺樣子都不會幹。今天的臺灣作家既失去了以往附庸風雅的士大夫階級的支持，在這個尚未成型的工商業社會，作家不但未蒙其利，反而先受了種種損害。社會固然有權向作家要求好作品，作家也有權要求生存。提高稿費版稅的責任不能完全推到出版商身上，賺大錢的報紙和製片商爲什麼不可以多分出一點利潤提高稿費和製片版權費？「一分價錢一分貨」，這是生意經，這種生意經也不妨應用到副刊和影片上。如果定下一千塊錢或三五百塊錢一千字的價格，賣主就可以向作者要同等價值的作品，不合格的可以退貨，這才是「公平交易」，這才是重視文藝，這才是提高文藝水準的最有效方法。

我很佩服法國作家沙特辭謝諾貝爾獎金的風骨，但是沙特的情況如果和臺灣作家一般窮，他決不會作這種「沽名釣譽」的事。電影明星是我們一般人最羨慕的職業，但是日本作家的收入卻遠超過男女電影明星。這都是他山之石。任何國家任何社會如果忽視有智慧有頭腦的人，決非國家社會之福。

金錢的奴隸

前些時在報上看到法國作家沙特辭諾貝爾獎金的消息，深爲敬佩。因爲處在今天這種世界重視金錢，沽名釣譽，沙特能無視於金錢和榮譽，這總是一件十分難得的事。

最近看到中華日報那篇「錢財、文藝、作家」的報導文章，又使人如入鮑魚之肆。

美國是個有錢的國家，美國人一生下地好像就是爲了賺錢。因爲念茲在茲，所以一夜之間暴富的人不少。文藝創作的動機本來不是爲了金錢，金錢充其量不過是副產品。但美國人也把文藝變成發財的工具，出版商，製片商利用它成爲大亨，作者也利用它成爲百萬富翁。文藝作家成爲百萬富翁並不是壞事，出版商製片商成爲大亨也是應該的。但問題是雙方都在掛羊頭賣狗肉，反而排斥了眞正的文藝。他們雙方所要的法寶是「性」和秘聞秘事，在這兩項基礎上，頂多加個故事，幾個星期打一本書，連文字都不加考慮，根本談不上小說，談不上文學。但鈔票滾滾而來。米契納的「夏威夷」，賣給好萊塢得款六十萬，不但高出瑪格麗米契爾的「飄」的五萬元的十一倍，也高出漢明威的三十五萬元約一倍；他的「旅行隊」未出版前就拿了五十萬元。據該文報導說美國這樣的作家至少在幾打以上。所謂「文藝性」在美國是一種被嘲笑的東西。小說的出版份量只佔五分之一。而眞正的文藝作家和這些 Money-writer 是不相往來的。

如果爲錢寫作，只爲救一時之窮，以後再好好地寫作還情有可原。但這些人却樂此不疲，成了百萬富翁之後，仍然像個機器人似地工作，在性和秘聞秘事上兜圈子，難怪他們寫不出小說，寫不出眞正的文藝作品。

默察我們的情勢，這種情形也已存在了好幾年，有些作者正在走這條路。但此地的作者，不論男女，一本書很難賣出五萬臺幣。比起美國的 Money-writer 還是差得遠。我們目前的稿費和版稅雖低，但我們還有不少字斟句酌，連一本短篇也不肯賣掉的作家。這就是我們有五千年歷史文化的關係。準此以觀，法國之有沙特，也不算稀奇。

美國是一個不滿兩百年歷史的國家，又是人種的大雜燴，在英語國家中，英國人是始終瞧不起美國人的。如果照美國現在這種情形發展下去，美國將來連漢明威、福克納、斯坦貝克、賽珍

珠、賈克倫敦這些作家都很難產生，更不要說翟桑那種作家了

一個國家表面的衰弱並不足慮，文化精神的空虛，才最可怕。羅馬帝國是足夠強大的，但今天只是一堆敗瓦殘垣而已。中國歷經刼難，且亡國數百年，而仍然屹立不搖，決非偶然。但是今天我們正在放棄優良的傳統，學人家的歪風，這倒是非常可慮的。一般人孜孜為利，情有可原；而與國家歷史文化有密切關係和深遠影響的製片家，出版家，作家，如果不擇手段，不顧原則，沒有一點責任感，那就遺患無窮。一個作家應該活得像人，是天經地義的事，如果甘心作金錢的奴隸，那不知道活着還有什麼意義？

二〇〇九年十月十四日[illegible]

創作第一

文藝作品雖然好壞懸殊，良莠不齊，但今天文藝刊物，文藝副刊的蓬勃現象卻是一個事實，無可否認。而報紙文藝副刊貢獻之大，影響之深遠，尤足稱道。其所以造成今天這種好的形勢，一方面是主持報紙刊物的催生，一方面是作者們的辛勤創作，眞正對文藝有貢獻的是這兩種人。

要想作爲一個作家，必須先是一位脚踏實地的人。因爲任何事情可以買空賣空，玩弄權術，創作必須貨眞價實。投機取巧縱能僥倖於一時，決難垂之久遠。文藝作品往往不是當代人能確定其眞正價值，因爲當代人與作者多少有點牽連，恩恩怨怨，自所難免。只有後代人才是絕對的客觀，作者已死，才有定論。莎士氏亞的作品，現在的英語世界，幾乎把它當作聖經，紅樓夢也是曹雪芹死後許久才發現其眞正價值。作者唯一能作的事，只是創作，不斷地創作，認眞地創作。

其他的可以不必過問。

可是我們也有不少專愛裝修門面，不務實際，而好弄權的人。因此才有「沒有作品的作家」產生。這是「台灣特產」，別的國家沒有，從前大陸上也沒有。這少數人雖然冒充成「家」，但沒有人承認，更沒有人「尊敬」。

文藝創作是一件非常嚴肅的工作，辛苦的工作。如果就「創」的意義來講，有作品的人都不一定能當「作家」二字而無愧，何況根本沒有創作？因此我們對於那些腳踏實地，埋頭創作的人，不問他有名無名，應該特別尊敬。通向作家的路只有一條：創作，創作，創作！

時間空間

時間是人類的眞正敵人。幾十年前的中國人，平均年齡不過三十歲。雖然現在醫藥發達，台灣的中國人長壽的很多，六七十歲的人看來只有四五十歲，有些老前輩曾倡言人生七十才開始，大有活一兩百歲的雄心；根據醫學界估計，人類的自然壽命可以到一百五十歲，但這是若干年以後的事，我們這一代人大概還難達到這種平均年齡。即使能活到一百五十歲，最後還是不免兩脚一伸。

空間也是人的最大阻碍。我們上一兩輩的人，很多老死不出二三十里地的範圍，一輩子沒有進過縣城的人多的是。至於小脚老太太，一生所到的地方不過娘家，婆家，女兒家，這個範圍大多只有方圓幾里地，過府過縣的是少之又少。雖然現在交通發達，中國人走遍全中國的恐怕沒有幾位，本省人走遍台灣的大概也不太多，基隆人到過鵝鑾鼻的可能也很少。

由於人是一種有形的存在，無法征服時間，突破空間。因此特別重視現在，特別重視自己的小天地。富人之貪圖眼前享受，軍閥之割據地盤，都是基於這種心理。

人雖不能以肉體征服時間，突破空間，卻也有其他的方法可行，此即古聖先賢所謂立德、立功、立言。可惜有志於醇酒美人，高官厚爵者多，有志於立德、立功、立言者少。因爲前者好辦，後者難行。甚至有人以爲有錢有勢就可以往自己臉上貼金，所以專求急就章。由於此種觀念，因此不少人患了近視病，而且把眼光縮小於某一小點，甚至不知不覺把文藝也劃了界限。

文藝之可貴，就是它本身無界，它是直接與人類的心靈相通，突破時間，突破空間。我們不能因爲是中國人，不看霍桑的紅字，不看海明威的老人與海，不看福樓貝爾的包法利夫人，不看沙士比亞的羅蜜歐與朱麗葉，……外國人也不能不看中國作品。自然現代人也不能不看死了幾百年幾千年的古人的作品。不但要看，而且「心有靈犀一點通」，不管是死人活人，黃頭髮或綠眼睛。

如果文藝不是有這點可貴，有這點價值可以追求，那文藝作家實在活得沒有一點意義。此地賣一部電影製片權費，不够別人一張梭哈，統一飯店的套房，住不到十天。如果反過來看，英國人寧可犧牲大英帝國的皇冠，也不願失掉沙士比亞。去年沙士比亞四百年誕辰，全世界都熱烈紀念他，這豈是沙士比亞所能預料？豈是現實主義的英國人和一些專往自己臉上貼金的人所能預料？

作品的價值

以前作家出書，別人只問銷路，不計其他，書商更是如此。彷彿銷路好，就是世界名著，銷路壞，便毫無價值。沉不住氣的作家，銷路好，便沾沾自喜；銷路壞，便垂頭喪氣。這是對於自己的作品缺乏「自知之明」。

書的銷路好壞，第一要靠宣傳。宣傳有兩種，一是出版者的大吹大擂，捨得登廣告，廣播，捨得替作家捧場（事實上也是替自己捧場）；二是作者自己的宣傳，書評之外再製造新聞，利用新聞。如此雙管齊下，作品不難暢銷。第二是寫作時就看準對象。今天的讀者有三大羣，一是中學女生，二是士兵，三是家庭主婦和年輕的職業婦女。這三大羣讀者當中只要抓住其中之一的心理和知識水準，不論作品好壞，都可以暢銷。說穿了沒有一點巧，只看作者願不願意投機？願不願意成爲「名」作家？而最難抓住的是中年以上的高級知識份子，如專家大學教授之類。要測量一本作品的價值，這羣讀者是最好的風向針，一個這種讀者，勝過千百位普通讀者。

但是最近居然也有些人不問作品的銷路如何？而談到作品的價值問題，這是一種可喜的進步。不過對於價值的判斷，還缺乏深刻的認識。如有人認爲主題正確健全的就缺少價值，主題歪曲黃色的就有價值，即其一例。

作品的價值的主要關鍵在於思想，在於「表現」，其最後決定在於作者的整個表現能力。正面的作品難寫，反面的作品好寫，這是事實，也是群衆心理問題。能夠寫好正面作品的作家，其表現能力遠在能寫好反面作品的作家之上。這點絕對不可忽視。至於「紅樓夢」的崇高文學價值，決非因爲主題不健全，而是由於曹雪芹已經洞澈人生，以儒、釋、道思想經緯其間，再加上特殊的表現能力，發掘了各階層的人性，塑造了衆生相所致。**曹雪芹這位偉大的作家已經被誤解夠了，我們不能再誤解。勞倫斯豈能望其項背？**

寫作年齡

葡萄牙有一位六十一歲的退休的雇員 Alinio Rosa Moreira，在二十一年中只有每天上午三點到四點躺在床上，但是睡不着，其餘二十三小時，都在工作。如以工作年齡來講，他這二十一年就超過了一般人活一輩子。假使他是一個科學家，藝術家，作家，那眞會有了不起的成就，因爲這些人每天連續工作八小時二十一年如一日的恐怕很少很少？以台灣作家而言，無論專業的還是業餘的，沒有一位每天寫作八小時的，能夠寫作三五小時的，就可以稱爲多產作家了。台灣稿費雖低，如能每天寫作二十三小時，每小時以五百字計算，每天就是一萬多字，一個月三十多萬字，那也可以寫成一個小富翁；若以少數把吹牛當吃飯的「天才」爲例，那一年之內就可以洋房汽車，抖起來了。

現在醫藥發達，我們這一代的人如無意外死亡，可能活到七八十歲。作爲一個作家，三十歲以前不會有多大的成就，如果從三十歲起算，到八十歲爲止，就算專心寫作，也不過五十年的時間，再以四分之一的時間寫作，從不間斷，也不過十二年半的寫作年齡，而事實上還很難有一位中國作家能保持這個紀錄。有官作會去作官，有財發會去發財，只要比寫作好的事都會去幹，只有極少數極少數的傻瓜，才會「從一而終」，但是又不一定能活到八十歲，因此，這寫作年齡更少得可憐了！

由於過去時間浪費太多，最近三年我才決心作無業之民，雖然沒有在街頭遊蕩，招搖過市，或每會必到，還是感覺時間太少，讀書、寫作、生活，無法兼顧。如果也能像那個葡萄牙人一樣，不眠不休，時間才够支配。奉勸愛好文藝的青年朋友，不要太重視指揮棒，隨時拿起書本拿起筆桿。希特勒也指揮不了雷馬克，時間却可以征服任何人。能够與時間同在的，才是眞正的作家。

詩人與小說家

詩人當中不乏早熟早夭的天才。爲我國讀者熟知的英國詩人雪萊（Shelley），生於一七九二，死於一八二二，享年僅三十歲。另一英國詩人濟慈（Keats），生於一七九五，死於一八二一，享年僅二十六歲，壽命更短。我國新詩人楊喚，死於中華路火車輪下，享年僅二十四歲。雪萊、濟慈的成就早有定評，不必贅述。楊喚的作品雖然不多，成集的僅有一册「風景」，但他是一位眞有天才和成就的新詩人，他的詩的噴泉不但早期詩人無人能及，現在的一些自命爲現代詩人，更難望其項背。他是眞有創作天才，無論思想、意境、語言，均能獨樹一幟，而又能組成和諧、優美、與衆不同的絕唱。沒有任何人可以把他拉入現代派。但他的思想、意境、語言，無一不新，他才够資格作一位新詩人。可惜他死得太早，不然新詩會有前途。惟有認眞創作而無標榜，或一窩蜂地跟在別人屁股後面跑的人，具有一分難得的創作定力。

小說家像雪萊、濟慈、楊喚他們那樣年輕而有成就的人，卻不多見。以我個人的淺見，大概詩可以完全憑藉天才，成於主觀，學力關係不大，世故更有害於詩的創作。小說卻不然。小說家和詩人一樣需要天才，但更有賴於學力和廣泛深刻的人生經驗，天才只能曇花一現，再加上學力和人生經驗才可以作更高的發揮，才會有更輝煌的成就。小說成於主觀和客觀的相互結合，不能痴人說夢。托爾斯泰的「戰爭與和平」成於晚年，海明威的「老人與海」也是後期作品，曹雪芹的「紅樓夢」寫到四十多歲死時還沒有完全定稿。準此而論，[illegible]的小說家都還年輕，早一輩的也只接近成熟，新的一代還只剛剛開始。小說家千萬不可以因爲名滿臺灣或得過什麼獎而自滿自大。任何獎與作品本身都很少發生血肉關係。爲了生活，每一位作家都應該得獎，因爲我們的作家實在太窮。爲了作品，大可不必把獎看得太重，有些獎對作家不但無益，反而有害。[illegible]

[illegible]

小說家最要緊的是多活二三十年，隨時培養一分創作的定力。小說家的路比詩人的路更遙遠更難走。

野草精神

小院中有個六七尺長，兩尺來寬的小花圃，種花以前，我作了一次認眞的除草工作，自以爲永絕後患。可是三四個月來，每天淸除每天都有新草出頭，這種不息的奮鬬精神，旺盛的生命意志，不能不令人佩服。

有不少愛好文藝的年輕朋友，他們有創作才華，也有發表慾，我拜讀過他們的作品，也介紹過給編輯先生，可是多半經不起挫折，三兩次退稿，就意志消沉，不敢提筆，甚至有人對我說，如果編輯先生專門捧她，她才寫作。這種話固然有「例」可「援」，但也表示寫作的意志不夠堅强。

寫作需要鼓勵，是不可否認的事實。不管是成名的作家或是初學寫作的人，鼓勵對於創作興趣的提高，有極大的作用。對於初學寫作的人，發表就是一種鼓勵；對於成名的作家，提高稿費也是一種鼓勵。至於現在各報重視文藝副刊，更是一種普遍有效的鼓勵。但是一個作家不能完全靠鼓勵寫作，如果有鼓勵就寫，一遇挫折就停筆不幹，那很難有所成就，歷屆得諾貝爾獎金作家，沒有一個是爲了那筆文學獎金寫作的，如果有人說是爲了那筆獎金才寫作，那會是個大笑話，那一九〇一年以前就不會有一個作家了。事實上有很多大作家生前受盡折磨，沒有得到任何鼓勵，死後若干年才被人發現，捧上九重天。遠的不說，即以臺灣的作家而言，就有幾位受盡挫折，仍然沉得住氣，不忮不求的。

如果專靠編輯先生捧才寫作，或以此而成名的作家，固然幸運，但不足爲訓。「文章千古事」，不是放燄火。

小花圃的野草，我清除了幾個月，仍然天天有新草出生。作一個作家應該先具備野草的這種奮鬭精神和生存意志才行。不然十之八九會半途而廢，創作的阻碍實在太多了，豈止退稿？

文藝片

好的文藝作品是百中求一，好的文藝片更是十年八年難得一見。藝術之神總是神龍見首不見尾，決不招搖過市，即使偶爾露面，也常被人忽視。她可供人千百年嚼咀，但決不會轟動一時。對電影我可以算得上一個熱心的觀衆，過去在上海照例每天兩場電影，一場平劇，連續達七八個月之久。來臺以後，每週亦看兩三場，只是近年較少。但是好的片子決不放過。這十幾年之中，國語片子看了不過五六部，這決不是「媚外」，而是我們的製片人沒有想出辦法掏我們這些人的口袋。

自從看了「吳鳳」、「梁祝」、「七仙女」之後，對國語片漸有信心。但是「梁祝」、「七仙女」是第二手貨，充其量是「拷貝」之「作」，不過不像以前的「青青河邊草」拷貝外國片。

即使如此，我們仍然對製作人寄予厚望。讀者編者對於騙小錢的文抄公往往口誅筆伐，但觀衆對賺大錢的拷貝電影卻予最大的寬容，這倒是一種奇妙心理。

國語製片人現在正漸漸走文藝路線，不管走的成績如何？這總是一個好現象。但所謂文藝，並非全是變態心理和緊張刺激故事，而淨化人類心靈，提高人性的作品和影片，更值得我們努力。如果認眞製作，眼光、手法都高明一點，決不致於「賠本」，而且可賺大錢。在臺北上映的西片「不如歸」就是一個現實的例子。

這部片子故事平淡，但是合情合理，絲絲入扣，文藝氣氛之美，無出其右。國語片製作人和演員値得作「專題研究」。小說家也應該看看。「不如歸」靜靜地上映，觀衆也靜靜地欣賞，純淨的文藝作品和文藝片是有更高的價値的。

文藝作家追求什麼？

東吳大學舉行了一個文藝寫作座談會，邀請了十來位報刊主編和作家參加。我以寫作爲業，不能犧牲太多的時間，同時學校裡有中文教授外文教授，他們都是學者專家，我不想班門弄斧，少我一個人決不會影響這個座談會的進行，因此我再三辭謝。主持其事的王先生似乎有難言之隱，說這是東吳復校以來的第一次文藝寫作座談會，要我去捧場，話已至此，我也只好犧牲一個下午的時間。

座談會先由校長石超庸先生將東吳大學作了一個簡介。我因爲座位不好，被自治會當主席的同學指定首先發言。我想愛好寫作的同學最關心的是創作發表的問題，我和他們一樣是投稿人，情況相同，地位平等，醜媳婦都要見公婆面，因此我推荐了幾位主編先生發言。他們發表了許多寶貴的心得和高見，幾位作家也相繼發言。

因爲講話的人多，我以爲我既是陪着公子起考而來，也可以平安地渡過這一關，輕鬆地陪着公子回去。想不到突然蹦出一個大問題：「文藝作家追求什麼？」因爲不是問我，我也不大關心，問題也不是書面提出的，文字可能有點出入，但大意如此。這是個燙蕃薯，大家推來推去，沒有人願意沾手，最後徐蔚忱兄往我身上一推，以報主編先生們的「一箭之仇」。雖然十分燙手，我也只好接任。

我不知道是那位同學提出這個問題？但這是這個座談當中一個最重要的問題，一個十分中肯的問題，一下擊中了從事寫作的人的要害。以往我也參加過不少的大專學生聯合或個別舉行的文藝座談會，從來沒有人提出這類的問題。

沒有時間讓我考慮，更沒有時間讓我準備，我只能信口說出我個人的淺見。

第一類的作家追求的是金錢和虛榮，談不上文學藝術；只要稿子好賣，書好銷，便沾沾自喜，揚揚自得，這是他們的全部目的，不計其他。

第二類的作家既追求文學藝術，也追求金錢名譽；爲了生活，稿子和書必須有人接受，但他們不過分遷就別人，自己有自己的創作觀點，文學觀點，必要時寧可犧牲金錢虛榮，保全個人令譽。

第三類作家追求文學藝術，無視於金錢和虛榮。稿子不好賣，書沒有人出，不在乎。自己有定見定力，寧可餓死，決不寫流行歌曲，迎合低級趣味。照一般的說法，這類的作家追求的是眞、善、美。但他個人有他個人的獨立世界，有他個人的思想王國。而他這種世界和王國一旦建立，必然突破時間空間，爲藝術之神所承認，而他自己亦永垂不朽。

就世俗的觀點而論，第一類的作家名利雙收。台灣的稿費版稅雖低，但其收入遠較一般公務人員大學教授爲優。而且作這類作家可抄近路，不必化二三十年時間磨鍊。

第二類作家不如第一類作家幸運，但可勉强維持生活。此中少暴發戶，多憑功力。即使爲了生活寫作，作品亦在水平線上，且有不少佳構，令編者讀者暗中喝采。

第三類作家最倒運，在臺灣簡直無法生存。但是每一個國家每一個時代更需要這種作家。然而我們慣於錦上添花，不願雪中送炭。而且也缺乏這種眼力。第一類作家最受歡迎，第三類作家受盡冷落，第二類作家則在夾縫當中討生活。

在這裡我願意提出我膚淺的看法。第三類作家毫無疑問的可以登上文學的高峯，但是在他登上高峯之前極可能半途倒下。因此，第二類作家登上文學高峯的機會較多，但必須天賦特厚，身體，才華和學識三者俱備。第一類作家可以享受眼前的榮華，但永遠無法進入文學王國。

「作家」這個空頭銜，對靑年人可能有點誘惑力。但眞正的文藝創作是件十分艱苦的事，唸四年中文系、外文系，可以拿到文學士的學位，但是寫三四十年文藝作品，不一定能成爲一個大作家。此中更無博士學位可拿。作家不能靠中外前輩作家的作品混飯吃，他必須自己創作，一個字一個字地寫，不夠要求，編輯先生不要，即使編輯先生登了出來，也不表示永垂不朽。世界上沒有任何工作，比這件事更渺茫，更難得到一個圓滿的結果。如果追求的僅僅是個作家頭銜，在以上三種作家當中，事先可以作個選擇，作個心理準備，不要走冤枉路，人生只有幾十年的光陰。

五四微言

歲月不饒人，五四時代的健將，不少已經作古；我們這些五四以後出生的人，且已兩鬢如霜。當時的兩位驕子德先生（Democracy）和賽先生（Science），却仍然幼稚得很。人家的太空船三五年之內就要登陸月球，而我們却以「發明」原子筆、原子鞭炮、原子燙髮，沾沾自喜；一些民主人士，甚至連民權初步也弄不淸楚，却是妓院酒家的最忠實保鑣。我們這些大中國的小百姓，面對德先生和賽先生，不知道該哭還是該笑？

伴隨德先生和賽先生以俱來的是新文藝。在「全盤西化」這一浪潮冲擊之下，只恨自己頭髮不黃，鼻子不高，皮膚不白，自然方塊字也覺得是落伍的文字了。因此我們的新詩要顚顚倒倒，大大小小，以及圖案式的排列，或是夾幾個洋文和阿拉伯字，天上一句，地下一句，使中國人看不懂，這纔算新。我們的小說裡中國人要講：「親愛的，我有替你服務的榮幸嗎？」之類的洋話。凡是洋人的作品都捧上了九重天，中國作品都不值一顧。處處挾洋人以自重，跟在洋人屁股後面的假洋鬼子，文壇買辦，變成了中國作家的導師。惟恐被別人譏爲落伍的作者也一心一意摹倣，仰人鼻息，彷彿不如此就不配稱爲作家。過去如此，而今尤烈。而我們自己的文學呢？腰斬了！分屍了！

中國人講中國話如何？

中國文學中國化如何？

不作應聲虫，叩頭虫、挺起背脊站起來怎樣？

作家收入

日本全國稅務署於五月一日發表一九六四年度高額所得者姓名，超過一億五千萬日元以上者有十七人，這些都是工商界人士，如大正製藥公司社長上原正吉，松下電器公司董事長松下幸之助等。這些工商界巨頭，年賺四五億元本不足奇，因爲日本是個工商業國家，做大生意自然賺大錢。

最不平凡的是文化藝術界人士也賺大錢！超過三千萬日元的有十九人，其中包括十二位作家，兩位影星，兩位歌手，兩位花匠，一位漫畫家，一位作曲家。作家山岡莊八年賺七千萬日元居首，紅影星石源裕次郎，年賺三千六百萬日元，瞠乎其後。比他的作家哥哥石源愼太郎三千四百萬稍多。

如以日幣和臺幣十比一計算，十二位作家當中，收入最少的每年也合三百萬臺幣，收入最多的山岡莊八一年就賺了七百萬臺幣，這個數字眞會駭倒臺灣作家，幾輩子也吃用不完。

現在臺灣作家平均每月收入三四千元的爲數不多（這是七八萬字的代價）一年也不過三四萬元，外加版稅，一年收入五萬元的作家已屬鳳毛麟角。全臺灣作家能達到這一數字的湊不上十二位，收入則不到日本作家的百分之一！

我不贊成作家的拜金主義，但我更反對「文窮而後工」的說法。前者有市儈氣息，作家所不應取；後者有「作家應該窮」的意思，而成爲此時此地某些人諷刺作家的風涼話，更不是現代人所應有的觀念和態度。

社會是不是進步？國家是否有前途？作爲高級知識份子的作家收入應該是個寒暑表。現在最時髦的口頭禪是「工業成長率」，「經濟成長率」，我們但願那些成長率眞的達到起飛的階段。可是我們聽見誰提過文化成長率？稿費和版稅成長率？彷彿一切皆重要，只有文藝不値一提。

不管其他方面的進步如何「大」得「駭人」，如果文化停頓甚至萎縮，那都是「空中樓閣」！頂多是沙灘上砌寶塔，而這個寶塔沒有砌成之前很可能就會轟然一聲倒下。

他山之石，可以攻錯。我們不要只看見人家的工商業，工商業背後還有一套東西！日本影片的進口風波，此中自有消息。人家並沒有喊文藝口號，而是以行動支援。

業餘與專業

在臺灣從事寫作的人，在數量上，遠不如文藝社團的會員那麼多；而從事純文藝創作的人，又不如從事一般寫作的人多。但是即使以最純淨的詩、散文、小說作者而言，其人數之多可以說超過了五四以來任何時期。即以如火如荼的抗戰時期來講，也沒有這麼多人從事純文藝創作。如以臺灣人口比例來講，目前這一數量雖不敢說是絕後，却眞的空前。這些作者現在雖不是個個名家，本本傑作，但十年二十年後，一定會有進步和成就。現在如果再翻翻民國四十年以前的臺灣報紙雜誌，就可以知道當時臺灣究竟有那些作者？那些作品？前後對照，就知道那些老手努力不懈，進步多大；那些是後起之秀，前途無量。就憑這些不多的老手，和大量的新血，才造成今天臺灣文藝界空前蓬勃的現象。

但是這些作者幾乎全是業餘寫作，專業的太少。這原因是我們的稿費標準還沒有達到能養活專業作家的地步，所以很少有人敢於冒餓飯的危險。

不過就創作本身來講，業餘玩票不是好辦法。公餘之暇，匆匆成篇，甚至寫上一兩百字就得停筆，對於小說作者而言，是很大的痛苦，對於作品本身也有很大的損害。在這種情形之下，要產生精鍊的傑作，或然率不大。「精工出細貨」，文藝作品就需要琢磨。惟有專業寫作，才能彌這一缺陷。

文藝作品不是開水龍頭，需要構想，需要沉思。匆匆地上班、下班、開會，再加上應酬、那有時間用於構想、沉思？尤其是寫小說，不比寫方塊文章，千頭萬緒，錯綜複雜，一點顧慮不到，就留下一個大敗筆。時間充裕，心無二用，不僅量可以增加，質也可以提高。這是專業寫作的好處。

虛榮害人

儒林外史裡的匡超人，微時是個孝子，那種雙膝跪下托着病父的兩腿在床上瓦盆裡出恭的情形，恐怕很多人都辦不到？但是他能辦到。不但事親至孝，對不義的哥哥也十分恭順，生性至厚。可是中了秀才補了廩之後，就漸漸轉變了。

第一個有恩於他的人是浙江選家馬純上馬二先生。他流落他鄉時馬二先生鼓勵安慰，並慨贈十兩銀子讓他回家，他並拜馬二先生爲盟兄。

第二個有恩於他的人是同鄉書吏潘自業潘三哥。潘自業不但設法讓他賺錢，而且還替他成了親。

他的老師給事中李老爺提拔他到京師當教習，開始得志。老師問他已否婚娶？他想丈人是撫院的差人，恐怕見笑，就說自己沒娶親。於是老師把外甥女兒許配給他。

考取教習之後要到本省地方具結。潘自業因案坐監，聽說他回來了托蔣刑房傳言想會一會他，敘敘苦情。其實潘三哥作奸犯科的事也有兩件與他有關，他卻對蔣刑房說：

「……潘三哥所做的這些事，便是我做地方官，我也要拿訪他的……如今設若走一走，傳的上邊知道，就是小弟一生官場之玷，這個如何行得？」因此不去。

後來他遇見名士牛布衣和馮琢菴，談起選文的事，便大吹大擂一番，說北五省讀書人在書案上供着「先儒匡子之神位」，牛布衣笑道：

「先生，你此言誤矣！所謂先儒者，乃已經去世之儒者，今先生尚在，何得如此稱呼？」

牛布衣當面出他的洋相，他還強辯。馮琢菴和他談起選家馬純上馬二先生，他又自抬身價說：

「這馬純上兄理法有餘，才氣不足，所以他選的也不甚行。選本總以行為主，若是不行，書店就要賠本。惟有弟的選本，外國都有的。」

一個生性至厚的匡超人，竟被虛榮所害，可惜。社會有很多無形的陷阱，如果不退一步想，好人也會掉進去。吳敬梓輕描淡寫，卻把一個匡超人寫得前後判若兩人。他用的不是意識流的手法。

好花自然香

不論中外，詩的流年都不順利。在中國更有新舊之爭，糾纏了幾十年，可謂兩敗俱傷，實在可惜。但是詩的本身價值不能因此否定，只要寫得好，不論新詩舊詩，都有其不可抹煞的地位。唐詩雖好，並未驅逐楚辭詩經；宋詞不弱，亦未否定唐詩；清朝小說多彩多姿，更未否定詩詞。李杜尊稱詩仙詩聖，並未狂妄到否定田園詩人陶淵明。而詩仙詩聖之尊，是後人的封贈，並非他們自己往自己臉上貼金。杜甫的秋興八首，後代詩人奉爲圭臬，但他並未教訓後人：「只此一家，並無分店，小子們，應該照我的做。」不幸的是，「五四」給我們帶來了自由民主的思想，也夾進了馬克思的[illegible]，在「打倒孔家店」聲中，偏激乖戾之氣也瀰漫了文壇，小說雖也想擺脫傳統，幸未高喊打倒，新詩一開始就採取否定態度，很有「不是同志就是敵人」的革命精神。

幾十年來，舊的固然苟延殘喘，新的也飛不上枝頭作鳳凰。而最令人惋惜的是，很多人不在作品方面多努力，而熱心於派系和小組織。互相標榜，自吹自擂，不一而足。幾使潔身自好者難保清白之身，有夾縫之中無以立足之感。新詩人中只有極少數幾位超然派外。舊詩人有桂冠事件，「揚名」國際，最近詩人節又大加封號。其中不乏名流碩彥，此種封號，可能是黃袍加身，拉作陪襯，抬高某些人的身價，而眞正的詩人則無冠無號，不作詩人狀，而詩寫得眞好的人也榜上無名，眞的妙不可醬油。

好花自然香，公道自在人心。莫謂蜀中無人，各行各業，眼睛雪亮，心裡明白的人還多的是。但此風不可長，還是努力寫作要緊。要想留名，「某某到此一遊」不是辦法。

少數玩弄多數

最近我接到一位女讀者的信，有一段話值得照抄：

「我覺得×××（恕我未照抄）的小說不值得各大報連載，一個作家寫作，退一步說當然是爲了賺錢，但是良心都沒有眞太沒人格了。三言兩語全是性，全是做愛，眞不知那些編輯怎麼把它選進宮的呢？」

如果上面這些話，是出自一個受過高等教育的人的嘴裡，毫不足奇，我也不會引用；但它是一位國民學校畢業的讀者講的，這番話就格外值得大家深思反省了。

一些聰明人總以爲一般讀者無知，喜愛低級趣味和官能的刺激，因此儘量製造色情，對於色情文藝，更求之若渴，背寫色情的作者，自然大行其道。在作者本身來講，爲娼爲盜，或洋房汽車，都是作者個人的事，與別人無關，政府既不干涉，別人更無權過問。但是讀者有權表示意見，既然花錢訂了報紙，就是主顧，主顧對貨品是有權批評的。不過這位讀者不瞭解「行情」，她把責任歸之於編輯，多少有點寃枉，我知道某編輯先生，就極力反對色情文藝，但大權在他的BOSS，除非編輯捲舖蓋，不然只好照登不誤。而看起來是×××的作品特別吃香，讀者也多是色情狂。想不到還有這位教育程度不高，很可能成為色情文藝的讀者，她偏偏唱反調，這眞是「異數」。

現在仍然是一個少數人玩弄多數人的時代，男人玩弄女人的時代。這位讀者所舉的例子，即其一端。此外某些 BOSS 對於某些人的狂吹狂捧，又是一例。雖然騙不了行家，却可以玩弄多數讀者。說穿了無非是為錢。

在現在這個五花八門顛倒是非的社會，作為一個普通國民，如果不多讀書，不培養眞知灼見，隨時都會被人玩弄，隨時都會掉進陷阱。

他山之石

數學家陳省身博士，對中華日報記者陳德仁談數學泰斗卡當與梵爾的忠於學問，埋頭研究的精神，備極推崇。他認爲自己之所以有今天的成就，也歸功於一九三七到一九四三年間沒有什麼應酬，一天到晚研究。同時他說：「現在的青年人常常喜歡東跑西跑，開會啦，討論啦，把工作研究的時間都浪費掉了，這並不是做學問的態度。一個研究學問的人，尤其是科學家，應儘量避免與社會的過多接觸。」陳博士的這番話，不僅適用於科學家，也適用於文學家。

文學與科學固然有其差異，但其基本精神則無二致。必須沉潛鑽研，才有成就。開會，演說，搶鏡頭，經常在大庭廣衆中出現，同樣不是寫作的態度。但是此風由來十餘年矣，而且一棒接着一棒，一波接着一波，不少人都走上這條「成名」捷徑，肯花上十年八年時間，埋頭讀書寫作的則不多見。這不僅是個人的損失，也是時代的損失。今天的作家十之八九要爲生活奔走勞碌，所餘時間已屬有限，將此有限的時間，再虛擲於大庭廣衆之中，許多無謂的會議應酬，而其所得不過是在報紙雜誌上露露臉，揚揚名，但很多人連大名都掛不上一個，更是得不償失。固然奔走鑽營是名利雙收的法寶，埋頭寫作不善應酬的人會喪失許多應得而不可得的機會，但是少數的錢既不能生活一輩子，眼前的名又不能垂之於萬世，又何必在沙灘上砌寶塔？

陳省身博士是數學家，他的話却值得文藝作家特別反省。他山之石，可以攻錯，作家們何不互相勉勵切磋？相約埋頭讀書寫作？文章千古事，不計眼前名可乎？

中國的月亮

在中國歷代中，以文學著名的如唐朝的詩，宋朝的詞，元朝的曲，在文學上都有其代表性。因此「唐詩」，「宋詞」，「元曲」，幾乎成爲後人的口頭禪了。

明朝有四大奇書，即：三國演義，西遊記，水滸傳，金瓶梅。這四大奇書都是小說，前三種都有所本，是改作而非創作。只有金瓶梅是眞正的創作。這是一部反映明朝社會腐敗生活糜爛的寫實小說。故事曲折多變，人物描寫極爲成功。只是寫男女私事過份暴露，勞倫斯的查泰萊夫人的情人亦難比擬。就小說本身而言，勞倫斯雖是遲生了幾百年的晚輩，也難望前輩笑笑生項背。

但是明朝還不能稱爲一個小說的朝代，因爲創作不多。清朝才是一個眞正的小說朝代！聊齋誌異，儒林外史，紅樓夢都是不朽的創作。足可以作爲這一代的文學代表。

聊齋誌異雖是神怪小說，篇章甚短，故事的發展不夠，然其結構的嚴謹，文字的洗鍊，已登峯造極，幾難更動一字。這是蒲松齡二十多年的心血結晶。

紅樓夢更是多彩多姿，集中國小說的大成，集中國語言的大成。它不僅充分具備了小說的三大要素，人物創造的成功，更舉世無雙！洋人不懂中文，所以它未被列為世界十大名著。（正如世界通史，我們雖是文明古國，所佔篇幅極少，無關重要，同樣使我不服。）但它是名著中的名著，拿十個諾貝爾文學獎金也不算多。可惜曹雪芹是中國人，又早生了三兩百年。但曹雪芹是永生的，現在雖是「月亮是外國的圓」的時代，但中國人總有一天看到洋人睜大眼睛說「月亮是中國的圓」！紅樓夢就是中國的月亮。

儒林外史雖然沒有紅樓夢那麼感人，但仍不失為中國的月亮。吳敬梓雖然是兩百多年前的作家，但語言運用的成功，人物創造的成功，值得我們今天的作家學習的地方還很多。今天許多小說裡面的彆彆扭扭的白話，那有吳敬梓用的白話那麼純淨而有韻味？如果吳敬梓不是純粹寫兩種讀書人的嘴臉，而穿插了一些愛情故事，則儒林外史的讀者一定會更普遍。但這無損於儒林外史的文學價值。

少年時讀儒林外史不甚了了，時讀時廢。現在自己也學塗鴉，格外心領神會。它不但是中國的月亮更是今天的文學作家的一面鏡子。從它裡面不但可以學到一些東西，更重要的是照照自己。

風俗與文學

男女公開接吻在埃及是不合法的，除非是在機場或火車站告別。否則請進警察局過夜。據報載有個美國外交官和埃及未婚妻，在去機場的路上，情不自禁地在計程車裡接吻，結果司機把他們送進警察局。開羅很多未婚夫婦去火車站裝做旅客接吻，火車一班班過去，他們照吻如故。這是很有人情味的故事。因此一個勇敢的雜誌編輯建議開羅應該有個公園，作爲情人們接吻的地方，義大利就是如此。

各國的風俗習慣不同，我們也是一個不准公開接吻的文明古國，甚至在機場火車站都不容許，但是我們中國人畢竟泱泱大度，對於外國人的接吻眼開眼閉，警察決不會把他們請進局裡過夜。

埃及人受伊斯蘭教的約束，我們中國人受孔聖人非禮勿視，非禮勿聽，男女授受不親的影響。即使是夫妻，也是「上床的夫妻，下床的君子」，不是夫妻那更別談。現在男女關係雖然開放多了，但還沒人會敢在街頭公開接吻。但這並不落伍，這正表示一種深遠的文化背景。渾沌初開時，連用一片樹葉遮羞的觀念都不會有的，更無待天體會的提倡了。

不同的風俗習慣，文化背景，正是民族文學的溫床，埃及的文學作品風格自然不會和我們雷同，英美文學作品風格和我們亦異其趣。眉目傳情的愛情，比赤裸裸的接吻，具有更高的藝術，更高的智慧，更深的涵養。因此賈寶玉，林黛玉的愛情，沈復與陳芸的愛情，正表現了中國文學的特色。如果賈寶玉和林黛玉在大觀園公開擁吻，那就一粒老鼠屎打壞一鍋羹，整部紅樓夢也就完蛋。

我們還不需要一個公園讓情人們公開接吻，我們的文學，也應該走我們自己的路子，花木應該長在泥土裡，用方塊字寫販賣來的東西，無異買空賣空，是很難發葉生根的。

開拓新境界

洛杉磯的十一歲毛頭小子 Lee Graham，乘二十四呎長的單桅帆船，作兩年單獨的環遊世界航行，這在我們中國人看來簡直如讀天方夜談。我們的十一歲孩子正日以繼夜，死啃五六級的死課本，準備升學考試，他們以為去日月潭要坐吊橋，怎麼能單獨環遊世界？可是人家有足夠的知識和準備，在此以前和他父親在太平洋上航行了六年，而且完成了兩年通訊課程，不是暴虎憑河。

無獨有偶，倫敦有一對二十二歲的青年夫婦 Stephen Greener 和他太太 Paulime，為了尋找一個理想的國度落籍，毀了家，辭去銀行的工作，買了一部貨車，要越過兩太洲，十一個國家，以實現他們的理想。

洛杉磯還有一位真正的祖母明星 Tatzumbie Du Pea 生於一八四九年，剛渡過她一百一十六歲的生日。在一百一十四歲時，她在家裡摔了一跤，跌壞了臀部，醫生以為她必死，結果到現在還是好好的，只是走路多了一根手杖。她大部份的活動是坐在前面的走廊上，數數經過的汽車和拜訪的人聊聊天，優遊歲月。

而我們的好少年，充其量忙着啃死書，升學，有不少年則熱中於動刀動棍和武俠小說，甚至着了迷入深山尋訪異人。即使是成年人和高級知識份子，也有不少在武俠小說和靡靡之音中找他們的精神出路和理想國土，缺少人家那種面對現實，樂觀奮鬥，向上的精神。老年人多半等死，活着也無太多的樂趣。還沒有具備「人生七十才開始」的雄心。

一條「五月花」，創造了今的美國，這是披荊斬棘，流血流汗的結果，不是讀武俠，看肚皮舞，聽「時代歌曲」造成的。人家已經拍了火星照片，三兩年之內就要上月球，我們的武俠兩眉一皺，一提丹田真氣能辦到嗎？何不多登多寫一些征服自然，征服太空的科學小說呢？開拓一個新境界不更有意義更有讀者嗎？作為一個「落後國家」並不可怕，有進取思想就行。精神的墮落和自甘於「文化沙漠」，才真無可救藥。

學問與創作之間

中外有學問的人很多，作家只是少數。而這些少數的人，看來好像都沒有多大的「學問」，因爲即使像莎士比亞、蕭伯納那樣舉世敬仰的大作家，都沒有受過什麼正規教育。我們的曹雪芹、吳敬梓，也並非什麼進士出身，沒有赫赫功名。而他們在著作裡所隱藏的學問，以及他們對「學問」的看法，却非等閒。如果從前的「功名」和現在的學位代表學問，那我們現在有學問的人比科舉時代不知道要多幾千百倍？但是作家還是少數，決沒有成正比地增加。即以學文學的本行來講，成爲作家應該是天經地義，當仁不讓的事，可是連百分之一都不到，這到底是怎麼回事？難道書是白唸的？學問沒有用處？並不如此，學問有學問的用處，不過不一定能用於創作。

到現在還有多少人在考證莎士比亞的眞假，有的認爲是培根的化名，有的認爲根本沒有莎士比亞其人。同樣的，也有不少人在考證曹雪芹的身世，甚至考證賈寶玉、薛寶釵、王熙鳳……是何許人？公說公有理，婆說婆有理。不管誰是眞正的王麻子剪刀舖，無可否認的，考證莎士比亞和曹雪芹的人都很有學問，看起來遠在莎士比亞和曹雪芹之上。所不同的是，曹雪芹寫出了「紅樓夢」，莎士比亞寫出了「羅密歐與朱麗葉」那許多英語國家的人奉爲經典的作品，而那些大學問家都沒有寫出來，却往往教人如何寫。妙就妙在這裡。大家弄不清楚的大概也在這裡？學問家的地位身份高於作家的大概也在這裡？

學問應該普遍受人尊敬，作家尤其應該尊敬有學問的人，本身也應該有點學問。不過學問與創作之間，還有一堵牆，要通過這堵牆，學問才能用得上，否則縱然學富五車，拿到十個博士學位，還是不能創作，不能成爲作家的。非不爲也，是不能也，縱有此心，無能爲力。

學問和創作之間的這堵牆是什麼？是表現能力。天才加學問，庶幾近之。創作是表現，是無中生有，大別於作文成章，引經據典毫無用處。說得清楚，道個明白，也是徒然。哲學家很多，爲什麼卡繆能把存在主義寄托於莫魯梭？其他許許多多的哲學家只能寫哲學論文？這原因就在於卡繆除了學問之外，還有表現能力。抑有進者，作家的學問並不限於那一方面，更不限於死的書本，還要有很多活的知識，而這種知識又不是照本宣科的，各人都有獨得之秘，甚至可以意會，不可以言傳。因此寫出來的作品纔各不相同。這和十載寒窗人人可通的學問又大異其趣。而且，更難的是，縱有天大的學問，在作品裡也要不着痕跡，一着痕跡，品斯下矣。因此，作家看起來大多沒有學問，相形之下，別人也就更有學問。作家之不受重視，創作之被視為小道，其在此乎？

但是作家最好認輸，不要和別人比學問。隨時找尋自己所需要的知識——書本上的和活的知識。寫出一兩本好作品，讓有學問的人去考證，張冠李戴都沒有關係，作者的名字不過是個符號，誰看見莎士比亞和曹雪芹從棺材裡爬起來申冤？

如果一生寫不出一部好作品，那更要承認不學無術了。海明威、莎士比亞、曹雪芹還有人說他們文法不通呢。

創作本來是一件披荊斬棘的事，不是尋章摘句的工作。明乎此，眼前的尊卑毀譽也就不必計較了。

嘉禾與莠草

[illegible]國的文藝經過十幾年的開荒耕耘，雖不能說繁花滿樹，最少也不在所謂經濟成長率之下。不過這是一塊野生地，尚未視作財產，無人統計其成長率而已。在這一塊野生地中，自然良莠不齊。經濟學中有所謂劣幣驅逐良幣，自然界中莠草更會蓋過嘉禾，這是不足驚異的事。可惜的是對於嘉禾的培植工作太少，對於莠草却在有意無意之間作了助長的工作。「冰凍三尺，非一日之寒」，其由來也漸。

今天作家的價值已經變成由市場和半吊子來衡量，而不是由文學本質來衡量。我們只知道工商業社會的庸俗，市儈氣重，而忽略了工商業社會除了能射月球，探火星之外，還能產生眞正的文學作品。海明威的「老人與海」是一例，卡繆的「異鄉人」又是一例。這兩本書不過若幾萬字的中篇，先後得了諾貝爾獎金。「異鄉人」雖然有存在主義的「荒謬」，主題意識不一定適合我們當前的環境，但它第一部的寫實主義的寫作技巧，却可以糾正我們當前的「意識流」的盲目崇拜。「老人與海」的主題意識可以鼓舞人的不屈不撓的意志，放諸人類社會而皆準。他的心理描寫（非一般莫知所云的「意識流」）可資借鏡。然而這是兩本毫無商業價值的著作，以我們今天衡量作家的標準看，他們只當得我們四五流的作家。這是一種價值的顛倒，文學的厄運。

今天首要的工作應該是公正而持久地獎勵好作品，這不僅是主題意識的，也是創作技巧的。技巧是我們過去所忽略的，最少是放在次要的地位。能寫出主題技巧都好的作品的作家，必然是有頭腦，有見解的作家，而非泛泛之輩；其在作人處世方面自然不會面面周到，更不會像鵝卵石一樣圓滑，到處滾。甚且於無意中得罪某些人。今天我們這類的作家雖然不多，但不是沒有。眞正的好作品也不是沒有，而是伯樂太少。

要除莠草，最有效的方法莫過於培植嘉禾。如果連一粒穀種都保存不住，自然只能收穫稗子。而培植嘉禾又不單是某一方面的責任，尤其要有偉大的心胸氣度，不分什麼台南一號，嘉義二號，主動去做，做到「文藝爲公」一定成功。

創作的題材

最近似乎又有人談到作家應該寫什麼的問題，甚至有人開出「單方」，而開「單方」的人又似乎不是實際從事創作的。我孤陋寡聞，偶見一鱗半爪，未窺全豹，究竟是怎麼一回事？不敢臆測。

事實上實際從事創作的作家，可能更重視題材，也更爲題材苦惱。譬喻年輕一輩的作家，從小在臺灣生長，根本沒有去過大陸，以大陸作背景的題材，多半不敢動筆，尤其不敢動筆寫長篇。我自己有幾個想寫的長篇，也就因爲沒有在那幾個地方生活過，遲遲不敢動筆。臺灣的空間只有這麼大，可寫的，已經寫得太多，不宜寫的，絕大多數的作家，都會自律。而一些有新聞價值的東西，作家並不一定認爲值得寫成文藝作品，所以作家不像記者先生「搶新聞」一樣地搶題材，而且也沒有那麼大的尺度。一般地說，作家的自律精神是值得社會尊重的。偶有極少數名利第一的作家寫過一兩本有「票房價值」，並無文藝價值的作品，還是受到口誅筆伐。往事歷歷，不必細表。至於那些凡是標明什麼言情小說或是白紙印成黑字的東西，都往作家頭上一推，真正的作家反而哭笑不得。

但是題材問題的確存在。中國作家既然沒有海明威那樣幸運，也只能就他所最瞭解的來寫。能寫好身邊瑣事，也就很不容易。鑽石雖小，價值連城。如果「開單方」可以成為作家，作家毫不可貴。可貴的是怎樣寫出來？怎樣寫好？「紅樓夢」寫的不是驚天動地的大事，「異鄉人」和「老人與海」更單純。作家應該給人看的是內心世界，內心世界越大越深，作品的價值就越高越久。

當然，作家最好擴大現實的眼界，再返回內心世界。從創作觀點來講，中國大陸是全世界最豐富的文學土壤，取之不盡，用之不竭。老年人的一句話，就具有幾千年的文化價值。妙手得之，作品不朽。

批評與創作

我願意開宗明義說兩句話：有創作才有批評，無創作即無批評。我的目的只有一個：希望這兩件事相輔相成，不是相尅相刑。這樣才能保持一線生機，使表面繁榮，其實仍然貧血的文壇，有大豐收的一天，和再生產的能力。

在探討實際問題的過程中，如有失言之處，也希望不要誤解。

臺灣光復之初，[illegible]三十八年以前，還是一片未開墾的處女地。文藝界能有今天這種氣象，雖說距離大豐收之期還有一段時日，但目前的小熟，得來已非易易，不知道洒下了多少作家的汗水與眼淚？這一痛苦的事實，千萬不可忘記！

說句公道話，這十多年來，創作方面是有表現的，作家個人，或多或少都有進步。當年一批開荒的作家，今天仍然打落門牙和血呑，不忮不求，繼續孜孜創作的，尚不乏人。這股忠於文藝的傻勁，不是剛毅木訥，具有殉道精神的人，很難堅持下來。一個作家，如果在未完全成熟之前退却，或者倒下去，那是前功盡棄，浪得的虛名，在整個文學史上，不會留下絲毫痕跡。偶爾發表過幾篇文章，或者出過三兩本書，便以作家自命，沾沾自喜，都是不成熟的表現；把自己看成前無古人，後無來者，中國的莎翁，中國的卡繆，中國的喬伊斯，更徒見其幼稚。創作是一條最難走的路，只有第七，沒有第一。~~不走完這條路~~，很難保持「作家」頭銜於不墜，走完了這條路，還不一定是一位眞正的作家。從事創作的人，必須先有這種認識，方可成爲大器，~~才有希望寫出站得住的作品~~。

這十多年來，作家和作品在數量上每年都有增加。自然不是每一個人都是成功的作家，每一本書都是不朽之作。如果存此奢望，那是太不瞭解創作之道和實際情況。古今中外，該有多少作品？又有百分之幾是不朽之作？在臺灣能有百分之二三的作品站得住，就可以算是豐收。可惜的是，一直到現在，我們還沒有作過普遍公正的作品分析工作。這裏面一定有不少缺乏宣傳的好作品沒有發現出來。毋可諱言的，過去我們的文藝批評，是最弱的一環，大多的評論文字，是變相的商業廣告，或者不是把作者捧上九重天，就是把作者罵得體無完膚，缺少眞知灼見的持平之論。

恕我說句直話，作爲一個批評家，不是搞創作失敗了的人可以勝任的。批評是一種高深學問，不讀破萬卷書，很難成爲一個權威批評家，很難說出一針見血的話。正如醫生開刀，高明的一刀見效，蒙古大夫，自然誤人性命。而批評家在做學問當中，有一門最基本的學問決不可以忽視，那就是豐富的創作經驗。托爾斯泰是一位大作家，也是一位批評家，毛姆亦復如此，詩人艾略特又何獨不然？證之目前臺灣能寫出一針見血的批評文字，學理與創作經驗兼收並蓄的先生們，也正是非同小可的作家。有創作經驗作支柱的批評，離譜的很少。醫生之重視臨床經驗，正是彌補照本宣科的不足。但是從事創作的作家，很少願意寫批評文字，寧可埋頭創作，把自己對於文學方面的見解，溶化於具體的創作之中，這也是臺灣文藝批評偏枯的一個原因，不過很少人注意及此，甚至以爲搞創作的人不懂理論。可是不說話的人不一定是啞巴。

批評家需要很大的學問，但可以力學而成。如果本身是個作家，倒可以事半功倍。創作需要學問，但更需要才氣，如無才氣，讀破萬卷書也很難成爲作家。這兩件事現在形式上已經分裂爲二。如能二者合而爲一，當更理想。旁觀者淸，看別人的作品往往好壞立見，也說得頭頭是道。當局者迷，作者對於自己的作品，往往爲了某種原因，而不忍割愛，或明知故「犯」。

批評家和作家在形式上雖然已經獨立存在，各立門戶，但仍然是兩位鄰居，是朋友而非敵人。作家不必輕視批評家，批評家也不必高高在上，儼然君師。作爲一個作家，應有接受任何考驗，和歷史批判的勇氣。活着的時候固然可以請人捧場，把自己捧得暈頭轉向，但死後請誰「護航」？文章千古事，不是今天賣了幾千幾萬本書，拍了十部八部電影，就可以永垂不朽。貨賣識家，莫謂現在，將來的讀者都是靑光瞎。如果連這一點認識和自覺都沒有的作家，眞不知其何以成爲作家？作爲一個批評家，更應該具有大智、大公、大仁的修養與襟懷。大智才能透視，分析；大公才能不爲私慾所蔽，不偏不倚，冷靜批判；大仁才不斬盡殺絕，保留一線生機與祥和之氣，而符合中國文化精神。

今天的文藝作品，有「劣幣驅逐良幣」的趨勢，低級的色情趣味代替高尙的文學思想情操的事實。鑑別眞僞的工作，倒是當務之急。這一工作作得允當，的確可以幫助讀者選讀優良的文學作品，是無量功德。

由於今天的文藝作品，並沒有達到大豐收的地步，今天的文藝作家，大多還在摸索試探之中，成熟的作家，還是少數。當年的開荒作家，現在也不過四五十歲，就創作而言，這只是一個由爬到走的階段，還沒有到蓋棺定論的時候；眞正的成功失敗，要看以後二三十年，只有惟恐這批人不倒而別有用心的人，才迫不及待地宣判他們的死刑。至於年輕的一代更不必說。因此，當前的文藝批評，應當從愛出發，才能期待未來的大豐收。

最後我願再強調一下，有創作才有批評，無創作即無批評。批評家與作家雖已各立門戶，但是鄰居，不是敵人。創作不易，批評也難，雙方下筆謹慎，自然會有好的作品。從事創作的作家、不妨抽點時間寫寫批評，從事批評的批評家，也不妨花點功夫從事創作。甘苦與共，才能痛癢相關；經驗交流，才能抉微發隱。創作出之以誠，批評發之於愛，正心誠意，十年之後，臺灣文壇當有一番新氣象、新面目。

墨人註：本篇雖是二十年前[illegible]，[illegible]自大陸來台的作家已停筆，且多已作古，極少數倖存者已高齡九十上下，自生自滅。

二〇〇七年十月十四日午夜於紅塵[illegible]廬

純文學與大衆文學

留日甚久的文學家崔萬秋先生，最近所撰「日本的文壇」一作，對於日本文壇的狀況叙述甚詳。這種客觀深入的介紹，最有助於我們瞭解別人。日本人接受西洋文明比我們早一步，不僅工商業如此，文學亦然。我們三十年代的作家，不少是留日的，「五、四」以後我們的新文學運動，或多或少也受了他們的影響，這都是不容否認的事實。

現在日本作家社會地位之高，已經到了使商人動腦筋利用他們的照片和三言兩語作商業廣告的地步。大衆文學作家年入數千萬日元那是早就報導過的舊聞了。

但是日本人做事總有其嚴肅的一面。今年四五月間訪問我國的日本詩人高橋喜久晴閒聊時儘管談笑風生，不拘細節，一談起詩立刻就顯出那種「純文學」的嚴肅態度。

崔先生的大作裡也說：「日本人把純文學譬作手織綢！把大衆文學譬作混紡。」這是一個最恰當的譬喻。

那麼「手織綢」和「混紡」的差別在那裡？崔文也有很恰當的說明：

「手織綢品質堅固，到孫子的時代還可以穿。純文學亦然，文學作品的生命長久。」

「至於大衆文學，則等於攙雜人造絲的混紡。緯絲使用文學的素質，經絲則挿入當時流行的感情和思想……可是不夠堅固，隨穿隨丟，不能持久。」

這種恰當的譬喻，勝過千言萬語和長篇累牘的解釋論爭。儘管日本純文學作品也是「市場狹窄」，但庄野潤三還是拒絕了ＮＨＫ廣播公司改編他的「夕雲」爲電視劇本，自然一千萬元的版權費也拒絕了。這是一筆相當於一百多萬台幣的數目，這種精神就非同小可。

反觀我們的文壇，卻是以市場價値和社會關係決定文學價値，以大衆文學代表純文學，以贋品的「混紡」代表貨眞價實的「手織綢」，我們連識別「手織綢」與「混紡」的起碼知識也沒有，此種怪現象，實在令人「不忍卒談」。

國際性與民族性

美國人像畫家亞瑟・艾略特，五十六年七月一日在文星藝廊與我國畫家歡敘，交換有關繪畫藝術方面的意見。根據記者先生客觀的報導，艾略特是個眞正的內行，也是我們的諍友。

近年來我們在文學藝術方面，曾有一股特別西化的傾向。尤其是年輕的一代，其强烈的程度幾乎完全否定我們的文學藝術傳統，否定我們的固有文化。而美其名曰「創新」。實際上是旣不新，更非創，只是接受本世紀西洋文學藝術的一部份的表現方法。學習本來不能算是壞事，學習人家迷失了自己，却是文學藝術的最大損失。

「艾略特認爲今日中國繪畫受西洋影響很大，而他個人的意見，則希望能看到中國的畫家能多多接受中國自己的傳統和精神，這樣對西洋人而言將是一種最佳的說服。對建築方面他也持相同的見解。」

他山之石，可以攻錯。艾略特的話又非隔靴抓癢　照理應該重視。可是「有人主張繪畫應爲國際性，不分所謂東方或西方影響。」艾略特到底不失爲一個行家，一個諍友。他對於我們的畫家的這種「高論」，「不表同意」，他認爲「各國的繪畫各有其民族根源，不容抹煞。」不僅繪畫如此，文學亦然。凡是追求「國際性」的畫家作家，必先表現其「民族性」，如果喪失了本身的「民族性」，迷失了自己，就談不到「國際性」。理由很簡單，「皮之不存，毛將焉附？」而文學藝術這種「非工業性」、「非商業性」的作品，又最講究「個人性」和「民族性」，如捨本逐末，何異緣木求魚？

艾略特還有更率直的表示：「畫家在作畫時，不應先存有這幅作品完成後能賣多少錢的想法，作畫時應絕對忠於藝術。至於作品完成後別人願出多少代價，則是以後的事。」他這些話同樣適用於作家。

綜觀艾略特所言，並無新奇之處，可以說是老生常談，是一個畫家的最平實的意見，惟其平實，且對我們的文學藝術一針見血，所以格外值得重視。要想我們的文學藝術具有「國際性」，**必須掃除「幼稚病」和「商業性」，充分發揮「個性」和「民族性」，此外別無他途。**

超然物外安份守己

一九六六年十月二十五日是畢卡索八十五歲生日，這位世界聞名的畫家，隱居在他的鄉村別墅裡面，以免盛名干擾他的藝術。

他的鄉村別墅重門深院，本地的餐館老闆像平常一樣送食物給他，那天是幾打牡蠣和一個大生日蛋糕。但畢卡索不一定吃它。

八十五歲的畢卡索過着一種更隱居的生活，生日那天他的太太和兩個兒子都不在身邊，只有僕人聽用。雖然消息很難透出他的重門深院，但新聞記者說他還天以最大部份時間繪畫。最近拜訪他的朋友說他正在同時畫四幅畫，以與時間賽跑。雖然他已經完成了一萬件藝術作品，他的朋友認爲他仍然有很多事情必須完成。

他的畫室裡的幾千幅畫，價值連城，它們的正確價值，要到他死後才能知道。

像畢卡索這樣一位譽滿世界，已經八十五歲高齡的大畫家，除了工作以外，他沒有想到別的東西，甚至連自己的生日也不慶祝。這就是藝術家的特色之一。畢卡索之能成為大畫家，決非偶然。從這種性格上去瞭解他，比從作品上去瞭解他更能探本索源。作家藝術家之不同於一般人，就在他能超越世俗而不忘本份。像畢卡索其人，無論金錢、名譽，足可以招搖過「世」，作各國名公巨卿的上賓。但他捨此而不為，寧願躲在鄉下繪畫。畢卡索的可敬可愛在此。

不凡的藝術家、作家，不管是那一國人，總有其超然物外安份守己的相同氣質。

墨人注：我不是畫家，更不擬畢卡索。今日重讀這篇散文時我已八十七歲，我隱居北投大屯山下已三十五年，與鳥獸草木為伍，固不快不樂，怡然自得。我自知一百二十歲還是有的，創作年齡，不是生命終點。

二〇〇七年一月十五日重校於紅塵寄廬

作家作品與文化復興

尼采說：「凡一切已經寫下的，我只愛其人用血寫的書。」其實還有一種「和淚」寫的書，如曹雪芹的「紅樓夢」，沈復的「浮生六記」，都德的「最後一課」等。「用血寫書」可以使人體會到「血便是精義。」和淚寫書，也可以使人體會到「淚便是精義」。而一部永垂不朽的作品，往往是血淚交織的；林黛玉的血，何嘗不是曹雪芹的血？陳芸的血何嘗不是沈復的血？要想作品不朽，作者必先嘔盡心血，這是進入藝術宮殿的唯一窄門，沒有第二條路可走。要想達到藝術上的眞，作者首先必須是一個眞實的人，一點不能作假，作人作假，可能佔得一時便宜；作品作假，則無異自毀文學生命。

然而戰亂時代，國民道德水準普遍降低，自欺欺人之事層出不窮。能夠洞察現實社會眞相與人類內心世界而又保持眞我的作家，纔能寫出血淚交織的作品。但這需要大智慧和特殊的定力，不是一件容易的事。風氣逼人，風氣移人，大多數作家迫於生活，惑於虛名實利，只好跟着風氣轉。樹欲靜而風不息，正是當前作家的心情。此種投機取巧，浮滑輕薄，顛倒是非的惡劣風氣，由來已久；往往使好事變成壞事，使榮譽變成醜惡，影響純潔作家與愛好文藝青年，莫此爲甚。

今天我們有不少好作家，也有不少好作品，他們早在默默地從事文化復興工作；然而，我們也有冒牌作家兼黑社會人物。此種「作家」別字連篇，文句不通，比中學生高明不了多少，可謂中外史無前例，但會瞞天過海，好話說盡，壞事做絕，而且高高在上，一直代表眞正的作家。這實在是文藝創作與文化復興的一大障礙，造成了一種反道德、反文化、和反淘汰。「粉壁牆上糊牛屎」，這是我們的一大汚點。其影響不僅是現在，而且及於未來。

二○○七年五月十四日重校

文化復興談小

台灣在政黨論聲中，正提倡「文化復興」，只是外行者主政，效果不彰。國小人盡讀邵「去中國化」書，以遂其私慾。

「歷史文化」不是空洞的名詞，而有其豐富的內涵，是整個民族的智慧血汗結晶，長年累月堆積而成。而四書五經則是自修身齊家以至治國平天下的寶典，小至作人的藝術，大至政治哲學，無不包羅。陳立夫先生怎麼說也不是土包子、多烘先生，他在美國寫四書道貫，的是有心人。他勸有太保太妹子女的官員，回家教訓孩子，也是語重心長，中國的政治哲學是：修身、齊家、治國、平天下。層次分明。是基礎穩固的金字塔，不是倒置的金字塔。不幸很多事我們都把它弄反了，塔頂倒立，所以毛病百出。

以上是犬焉者，還有不少小道，幾乎數典忘祖。如圍棋、柔道，不但西洋人認爲是日本的國粹，我們中國人又有多少人知道那是中國的技藝？柔道出自我們的摔交，圍棋則原封未動，只是人家當作一門學問專心鑽研，而我們的林海峰也只好去日本留學。遠的不談，請看看「紅樓夢」，是不是有下圍棋的事？

日本人已經把我們的摔交，圍棋變成他們的國粹，而我們的年輕人則以學柔道和西洋拳擊爲時尚，自己的國術反而不學。而韓國的武打明星，卻是一位「唐手」，這眞有點令人啼笑皆非。如果一旦日本人學會了我們的太極拳，設院研究，那我們的子弟又要去日本留學了。

文化復興自然是一件大事，但小的地方也不可疏忽，值得復興與發揚光大的文化甚多，所謂「見微知著」是也。即如命相學，也値得以科學的態度去硏究。命理出自周易，相學本來就是統計學生理學，都是科學而非玄學，不過被一知半解甚至一竅不通的江湖術士弄糟了。而眞有研究的無不中肯，連天氣都可以預測，此非科學而何？

斯坦貝克

十二月十二日美聯社報導美國諾貝爾文學獎金得主小說家斯坦貝克，到了越南。這位六十四歲蒼髯鬚的小說家到越南幹什麼？他要到水上去到山裡去瞧去看。他說他要學打M—16自動來福槍，和M—79手榴彈投射器。他已經六十四歲，兒子在越南美國陸軍服役，他用不着當兵打仗，他爲什麼要學打槍，要學投手榴彈？他有一句話雖是老生常談，但値得一些鄙視寫實的作者思考。他說「如果我不瞭解它們，我怎麼能寫那些事情？」他在越南無限期的停留，就是仔細觀察研究而寫作他所看到的和感觸到的事物。

斯坦貝克之到越南，純粹是爲了寫作；而他之不惜冒生命危險，無非是爲了求眞，求實，而寫出他所看到的和感觸到的事物。單從這件事情看，斯坦貝克不是存在主義的作家，而是一位道地的寫實主義的作家。他在美國，怎樣的胡思亂想，怎樣的意識流，也寫不出越南人民的疾苦，和美軍的侵略戰爭。因此他還是要親自到越南去。

撇開一切不談，斯坦貝克這種實事求是的精神，值得我們借鏡。作家不是超人，作到「平實」二字，無論其人其文，都有可觀。站在半懸天裡，未見得一個跟斗能翻十萬八千里，倒栽葱的機會倒比較多。

時間空間人性

尋尋覓覓、冷冷淸淸、悽悽慘慘慼慼。乍暖還寒時候，最難將息。三杯兩盞淡酒，怎敵他晚來風急？雁過也，正傷心，却是舊時相識。滿地黃花堆積，憔悴損，而今有誰堪摘？守個窗兒，獨自怎生得黑！梧桐更兼細雨，到黃昏點點滴滴，這次第，怎一個愁字了得？

這是李淸照的聲聲慢。這首詞將女性的「愁緒」寫絕了。宋朝多少詞家，唐代多少詩人，沒有一位對於「愁緒」的表現能如此纖細深刻，令人迴腸盪氣，悽惋欲絕。

李淸照是宋朝詞人，生於一〇八一，她所處的時代是靖康前後，山河破碎，烽火連天，又死了丈夫，國破家難，因而寫出這種表現個人愁苦的千古絕唱。這首詞寫作的年月雖不可考，但當在八百年前，並沒有因爲時間的久遠、「形式」的「陳舊」，而減低它一絲一毫價値；也並沒有因爲她是濟南人，而北平人不能體會；也並沒有因爲她這首詞是以大陸的自然環境作背景，而台灣人不能欣賞。何以如此？她掌握了人性、表現了人性、超越了時間、突破了空間，所以不朽。

同理，霍桑的「紅A字」、雨果的「悲慘世界」、巴爾札克的「高老頭」、莎士比亞的「羅密歐與朱麗葉」……我們並沒有因爲他們不是中國人，作品內寫的不是中國的東西，在時間上和我們又相去甚遠，而無動於衷。況且他們早生於無諾貝爾獎金之世，即當今的諾貝爾獎金作家，也無法掩蓋他們的文學光芒。

作品之不朽，無關於現代、古代、中國、外國，自然也無關於任何獎金，而是基於人性。誰能把握人性、表現人性，這種作品就可以不朽。創作之道無他，人性而已矣。惟矯揉造作、裝模作樣者無緣，等而下之更無論矣。

二〇〇七年一月十七日夜重校

東風西漸

世界有兩大畫家東西輝映，一是法國的畢卡索，一是我國的張大千。這兩位大畫家的作品絕不相同，沒有一點血緣關係。張大千的畫是純粹的中國畫，代表中國藝術傳統和文化精神；畢卡索的畫一變再變，看不出一點東方的影子，是屬於西方的，也是屬於他個人的。這兩位大畫家的作品的藝術價值，已爲舉世公認。但張大千是張大千，畢卡索是畢卡索，各人走各人的路，誰也不排斥誰。

兩三年前，我國畫壇曾有新舊之爭。大抵年輕的畫家維新，崇尚西洋，否定傳統，否定國畫。好在爭論已過，各從所好。誰也否定不了誰。文學藝術本來就有其獨立性，永久性。張三是張三，李四是李四，無法否定也無法統一的。但是取人之長，補己之短，却不是壞事，而且有其必要。盲目的崇洋和新的都是好的，而一窩蜂地去學，似可不必。張大千和畢卡索就是一個很好的例證。而在此時此地却有一個更好的說明，就是外國人學中國畫的特別多。

有一位陶太太，我不認識，她似乎是不聲不響地作了一件很有意義的事，把中國畫傳授給外國人。

根據英文中國郵報的記載，陶太太是位山水畫家，她曾經在美國、加拿大、墨西哥，舉行過個人畫展。她教了八年中國畫，學生背景不一，有五百位是外國人，每個禮拜教他們兩小時，其他的時間讓他們自己練習畫。她這些高足的畫正繼續在中國郵報畫廊展覽，同時在該報刊出。那些外國人的作品除了姓名以外看不出是外國人手筆，而且已經到了相當火候。將來這些外國人回國，正是傳播中國畫的最好媒介。這是實實在在的文化交流工作。六十年風水輪流轉，東風西漸，陶太太是一位文化大使，文化功臣。

畢之注：中國人和平崛起後，現在很多美國人都努力學中文，甚至有歐洲人去北京學京戲。抗日戰爭前上海就有位美國籍爵士，但是京戲的要求很多很高，外國人是很難登堂入室的。

二〇〇七、一、十六、夜於紅塵齋廬

賽珍珠的義舉

報載七十五歲的美國女作家賽珍珠，決定將她的一百萬元財產，贈作亞洲國家半美國血統兒童的特別福利計劃基金。一百萬美元合四千萬台幣，是一筆不小的數字。賽珍珠以她個人的力量，個人的財產，造福一半美國血統，尤其是黑人血統的亞洲兒童，實在是一片仁心，一大義舉。

亞洲的混血兒童日漸增多，單以日本而論，就有五萬人左右，韓國、越南、泰國、菲律賓，還有不少。越南駐有美軍數十萬人，將來混血兒的數字決不會在日本之下。這是一個嚴重的問題，賽珍珠說：「在亞洲沒有家屬就不能上學，也找不到工作……什麼都沒有了。」

賽珍珠在中國出生，在中國住了四十一年（一八九二—一九三三）她以中國作背景的「大地」，使她贏得了崇高的文學榮譽。雖然有人說她對中國認識仍然不夠，不免隔靴抓癢，但「

大地」比我們很多月亮外國圓的作者寫的中國小說實在更有「中國味」，人物也更像中國人。短篇老惡魔（The Old Demon）裡的風土人情，以及王太太，小猪這些人物，對於今天很多中國作者，都是十分陌生的人和事，寫起來更是隔靴抓癢了。遠不如寫阿哥哥和扭扭那麼熟悉。賽珍珠的「大地」，將來可能成為中外人士瞭解中國的權威文學作品。

今年秋天，她將出版美國軍人和越南女人生的孩子的故事《聖誕節的秘密》。這本書當有助於瞭解越南。

她於一九六四年開始辦理她的基金會，她說：「正如我的作品一樣，是以我的經驗為基礎。」她將在漢城設立一個每年教育三千名半美國血統兒童，並給他們母親生活保障的機構，還希望在日本越南等國設立同樣機構。

賽珍珠不僅是一位作家，也是一位慈善家。作家不僅是把白紙寫上黑字的人，更重要的是具有一顆悲天憫人的心。今天我們沒有百萬美金財產的作家，也更需要具有賽珍珠這樣仁心的作家。否則也產生不出萬級的作品。

里兄注：最近報載大陸有位作家靠版稅一年有百萬人民幣，是超過賽珍珠了。台灣絕對沒有。我國[illegible]的自民四九來的作家，還可以稿費貼補家用，二十年前就已停筆了。只有個人還在知其不可為而為之。因為我向來就不是為稿費、版稅（今年我八十八歲）還在寫作的，不然也老早停筆了。我是不死不休的。

二〇〇七.一.十六夜

一字千金

蘇俄以前的大獨裁者史太林的女兒史薇拉娜，投奔自由一波三折，最後終於到了美國，而且正走着名利雙收的好運，這大概是她在自己的祖國四十二年中所未曾有的。

史薇拉娜的八萬字的俄文傳記，已收到首批版權和預付版稅二百五十萬美元以上，最後可能超過三百萬美元，每頁收入將達一萬美元，打破了邱吉爾五巨册戰時回憶錄將近一百萬美元的最高紀錄。

如果以最少的兩百五十萬美元計算，一個字就值三十一元二角五分美金，折合台幣一個字值一千二百五十元。以三百萬元計算，一個字則值三十七元五角美金，折合台幣一個字恰好值一千五百元。從前我們恭維人家文字的身價「一字千金」，是阿諛之詞，未必眞有，而且那多半是指書法，不是指文章。即以唐宋八大家的文章來講，也不過是短短的散文，即使一字千金，一篇文章也不過是兩萬美金，決不會值兩三百萬美金，一億多台幣的。史薇拉娜一字一千多台幣眞是前無古人。以我們目前的稿費標準來講，高出約兩萬倍。史微拉娜八萬字傳記的代價，不但台灣作家無一人可以望其項背，即以全台灣各種作家聯合計算，窮一生時間精力，寫億萬字，拿各種獎金，也抵不上史微拉娜這八萬字的代價。

在西方國家裡，發財是一件並不困難的事，科學技術發明，固然可以一夜暴富，一般認為最無實用價值的文學，一樣能使洛陽紙貴，作者一樣能一步登天。「甘迺迪總統之死」的作者也賺了上百萬，其他「金錢作家」和著名小說家也都是百萬富翁。

我們的作家還在和貧窮作戰，[illegible]。如能一字一元，則報紙雜誌可以少浪費一點紙張，作家的生活反而可以小康。

寫書人註：最近新科大陸作家二〇〇六年一年版稅收入前十名的作家第一名少年寫一千四百萬人民幣，合台幣五千多萬元。與一般人相比，已經是大富翁了，而且是「五四」以來前所未有的。以中國人口十三億而言，文學市場也是全世界最大的，以後教育水平提高，讀書人[illegible]更多，書的銷路更大，版稅亦水漲船高。文學水平如能同時提高最好，文學畢竟不是商品，還有更高的價值值得追求。

二〇〇七年一月十五日於紅塵客廬

曹雪芹、莎士比亞

世界有兩大作家爲後人聚訟紛紜，而又未成定案。這兩位作家是誰？一是英國的莎士比亞，一是我國的曹雪芹。

關於曹雪芹的爭論，是「紅樓夢」後四十回的問題。一派說是高鶚寫的，一派說是曹雪芹的原著。公說公有理，婆說婆有理。弄得讀者不知道誰是誰非。關於莎士比亞的爭論那更滑稽，有的根本否定了這個人。我們不是英國人，自然更弄不清楚這樁公案。

但是這兩位作家都有一個不爭的事實。那就是他們的作品的價值無人敢予否定。莎士比亞的著作早已成爲英國文學的經典，不但英語系國家文學教授要靠莎士比亞吃飯，連我們的英國文學教授也要靠他吃飯。曹雪芹的「紅樓夢」雖然沒有像屈原、李、杜等人的作品那樣養活一批國文教授，但是私淑心儀的人不知幾許？從那麼多學者教授化那麼多的時間精力在考證後四十回這件事看來便知梗概。最近因為林語堂先生的一次公開演講，指出「紅樓夢」後四十回是曹雪芹的原作，又引起葛建時、嚴多陽、趙岡諸先生的反駁。

姓名只是一個符號，作者也是一個符號。有沒有莎士比亞這個人？不是重要的問題；「紅樓夢」後四十回是曹雪芹寫的，還是高鶚寫的？也不是重要的問題。重要的是怎樣接受他們的文學遺產。莎士比亞（或者是培根吧）的作品好在什麼地方？曹雪芹（就算是高鶚吧）的「紅樓夢」好在什麼地方？壞在什麼地方？學英國文學的人怎樣寫出比莎士比亞更好的作品？學中國文學的人怎樣寫出比曹雪芹更好的作品，纔是頂頂重要的事。莎士比亞曹雪芹的偉大，不是那兩個符號的偉大，是他們作品的偉大。除掉「羅密歐與朱麗葉」等作品，就沒有莎士比亞，更扯不上培根。除掉「紅樓夢」就沒有曹雪芹，自然更不會有高鶚了。

寄語林語堂先生，早日把「紅樓夢」譯完，讓外國讀者開開眼界，望望中國。縱然現在沒有機會出版，將來自有機會問世。曹雪芹寫這部書如果考慮出版問題，那就不成其為曹雪芹。「正其誼不謀其利」，好在林先生不等着米下鍋，應有點讀書人的傻氣。譯「紅樓夢」比編中英字典實在更重要。

墨人注：[illegible]紅樓夢[illegible]

[illegible] [illegible]

[illegible]年[illegible]月十五日重校於北投紅塵齋

創作與考據

紅樓夢的爭論，集中在「己卯」、「乙卯」，和「蓮公」、「董董」這幾個字體之上，以求證後四十回的眞僞。論爭雙方，都言之成理。大體說來，「蓮公」派爲學術而考據，近乎鑽牛角尖；「董董」派爲創作而考據，甘犯學者衆怒，是爲曹雪芹喊冤叫屈。目前雖均未成定案，但若干年後，新資料會不斷出現，必然「水落石出」。林語堂先生之小說雖難望曹雪芹項背，而他爲曹雪芹仗義執言，尊重創作而去考證的精神，仍然可愛可敬。今天有不少事倒是誤在「強作解人」和「二房東」之手的。尤其是文藝創作，「隔行如隔山」，「隔靴抓癢」，看起來是在抓，却始終抓不着癢處。

一百二十回「紅樓夢」，說是成於曹雪芹一人之手，固不能增加曹雪芹半點榮耀；說是高鶚一個人僞作的，也無損於曹雪芹，無益於高鶚，因爲兩人早作古人，「身後是非誰管得？」他們還能從棺材裡爬出來？即使今天的盜印商人取銷了曹雪芹三個字，代之以張三李四，「紅樓夢」還是「紅樓夢」，名字雖變，價值不變。名字只是一個符號，無論曹雪芹高鶚，他們都拿不到版稅，享不到專利，重要的是作品本身。「紅樓夢」是中國的文學遺產，已成定論。學者們爲什麼要捨本逐末，不研究「紅樓夢」的創作方法，而斤斤於一兩個字的考證？縱然全部否定是曹雪芹的創作，或者如前幾年某教授的大文說曹雪芹是個文字不通的人，又於文學何補？於創作何益？

科學重在發明，文學重在創作。多少世紀以來，我們沒有科學發明，歷史教員天天講火藥、指南針、印刷術是我們發明的，又有什麼重大意義？我們的文學教授寫不出直追甚至超越屈原李杜諸人的作品，天天叫學生唸離騷，秋興八首，又有什麼了不起？考據家如果寫不出十章八章與「紅樓夢」等量齊觀的作品，縱然否定了曹雪芹其人，又有什麼積極的意義？

幾十萬年前的北京人，都有出土之日，曹雪芹死去不過兩百多年，他的寫作資料自會陸續出現，何必斤斤於一兩字之爭？不如暫且放下考據之筆，創作出一兩部足以代表我們這個時代，足以媲美「紅樓夢」的大作吧！

二〇〇七年十月廿五日重校

詩的基本問題

最近報紙上又引起詩的論爭，頗不寂寞。但我應該聲明，十篇大作我有九篇沒有拜讀，偶爾看過篇把，只是開頭幾行和末尾幾行，因爲我沒有時間參加討論，所以無法一一領教。

四十年左右，少數自大陸來臺的詩人，點燃了詩的火把，那時是新詩的全盛時期，寫詩的人雖然不多，但新詩卻朝氣勃勃。不幸以後詩壇內鬨，由領導權之爭奪而造成兩個派系，各自招兵買馬，我即悄然引退。所謂「現代派」，也就是在這種情形之下產生的。接着是藍星詩社的成立，雙方都是老朋友，我不願作左右袒，也未參加任何一方，但不能不說明這一件事實。

我悄然引退之初，還保持閱讀的興趣，不旋踵間新詩「走火入魔」，我連拜讀的勇氣也喪失了。照某「大」詩人的說法，我應該列入不够水準的讀者之內，因爲我也讀不懂他們的「傑作」。

詩人站在高高的山峯上，讀者匍匐在山脚下，詩也和我們芸芸衆生脫節了。

但就詩壇這個小天地來講，現代詩是走了上風，原來是反對現代詩人的某詩人，在前幾年的一場論戰中，却以現代詩的發言人自居，眞正提倡現代詩的詩人，都在一旁觀戰，讀者愈弄愈糊塗，稍微瞭解內情的人都知道這是一件「妙不可言」的事。但那場論戰的結果，外行人是被罵得抬不起頭來，現代詩也更走下坡，發言人自己也調頭轉向了。

以現代詩人自命的作者們，十之七八不會寫我們傳統的詩詞，甚至連四聲和平仄都不懂，也很少能直接閱讀西洋詩，對於哲學上文學上的淵源流派，知道得也並不太清楚，心理學上的許多問題，瞭解也很有限。而有些作者甚至除詩以外，其餘的均不屑一顧。只是盲目地跟着所謂先進們的屁股後面跑，以爲時髦。其實他們的先進已經落後了幾十年。這豈不是黃鼠狼變貓，變死不高？

在文學各部門中，詩的語言文字是最講究精鍊的。新詩揚棄了中國傳統詩的許多優點，但它沒有辦法揚棄中國文字，而又無法用西洋文字寫中國詩，這是一個死結。單音節的方塊字和多音節的蟹行文，根本無法揉合在一起。黎東方先生譯的「將進酒」，雖頗傳神，但還是兩回事，比將進酒意境更高更含蓄的詩那就更難譯了。將西洋詩譯成中國詩，走樣的更多。因爲詩比小說更難譯，甚至無法譯。精通中外文藝尚且如此難以突破文字障礙，而讀一再輾轉翻譯過來的西洋詩的中國詩人，居然以洋派詩人自居，以方塊字模做人家的作法，再加作者對本國文字的駕馭能力尚有問題，請問中國人如何能懂這種現代詩？

中國現代詩人非常鄙薄韻文詩，對於舊詩全盤否定，對於有韻腳的新詩更嗤之以鼻。這充分表現出「反傳統」精神。但是一國文字有一國文字的特性，中國方塊字有它特殊的優點，它能以最少的字表現最多的意象和最深的含義，尤其宜於寫詩。十四行詩雖然格律謹嚴，但很難與中國的律詩絕句相提並論，五言絕句只用二十個方塊字，古人就寫出了許多傳誦千古的不朽傑作，這不是中國文字本身具有特殊的優點怎能辦到？我的淺見或許無人承認，喝足了洋水的胡適先生，該不會比現代詩人落伍？有一年五四文藝節，他公開講過中國文字是全世界最優美的文字這句話，是文藝界人士親耳聽到的，他的話總該有點參考價值？然而不幸的是，我們具有現代狂和月亮是外國的圓的詩人卻一味洋化，彷彿不如此就不時髦，就趕不上現代。（正如我們以寫性生活為時髦的新潮派的小說作者一樣，自以為是新技巧，殊不知勞倫斯的「查泰萊夫人的情人」在一九二八至一九二九年間就已轟動歐美文壇。我們的笑笑生的「金瓶梅詞話」在明朝萬曆年間即已問世，究竟誰新誰舊？即以「性技巧」而言，勞倫斯和笑笑生也是老前輩。）而現代詩中還有一種奇怪的現象，即字體大大小小，顛顛倒倒，使人看了就容易引起錯亂，但作者認為這是新。可是遠在抗戰時期，二十多年前，鷗外鷗，陽太陽就常寫這種「詩」，且早已證明其失敗，今天的這種作者怎麼配稱爲「新」？無論如何巧辯，也難令人置信，因爲還有許多當年寫詩的活人。

現代詩人既然强調詩早就脫離了音樂而獨立，應該用散文寫詩，怎麼又去附庸於圖畫？如果還文字本身不能寫出詩來，那只能證明作者的低能，而不是作者走在時代的前面。

中國新詩既已一刀割斷了與傳統詩的關係，否定了我們自己的優點，詩人們把讀者又看得太低，單音節的方塊字和多音節的蟹行文雖然硬扯硬拉還是靠不攏。思潮方面雖然自以爲新，實在落後了一大段路，如此上不巴天，下不沾地，橫的關係又扯不上，這豈不是自取滅亡？何忍把責任加在讀者身上？如果照近十年的情形而言，這一代的詩必然會交白卷，只是作者自我陶醉了一番。

儘管新詩反對舊的格律詩，但舊詩並不是不可以存在，最少它還保留着中國文字的傳統優點，只是所有好的詞彙已被古人用盡，現在詩人容易落入前人的窠臼，而又不能把新的思想新的詞彙運用進去，因此舊詩缺少新生命，未作更進一步的發展。新詩只有幾十年的短暫歷史，雖然借來了自由的形式，但是問題嚴重，幾十年來的搖擺不定，正是一個最好的說明。因此，今天的詩壇，特別需要大思想家和大天才。惟有大思想家才能推陳出新，化腐朽爲神奇；惟有大天才能巧妙地駕馭文字，點石成金。中國的詩重建與發展，必須有這樣的大手筆，而不是形式的新舊問題。形式不能決定詩。不幸我們兜了幾十年的圈子，嚴格地說，仍然是形式之爭，皮相之見，而沒有眞正留下多少詩。詩與任何主義流派無關，屈原李杜是存在主義者還是現代派？誰能指出來？誰又能否定他們的作品是詩？」

最後我還要特別說明，這篇短文只是提出一些基本問題，卑之無甚高論，更不是針對任何人的大作討論。恕我站在詩壇門外，說了幾句[illegible]不中聽的話。

二〇〇七年一月十五日[illegible]

平劇的前途

在我們的國粹中，平劇有極高的藝術價值。不但應該保存，而且應該發揚光大。這比發展所謂「民族舞蹈」重要得多。而我們的某些「民族舞蹈」，自己人看了有一種說不出的痛苦，外國人看了會以為我們比印第安人還要落後，哪是具有五千年歷史文化的民族？平劇雖具有極高的藝術價值，但由於演員的藝術修養不夠，和劇本，場面不事研究改進，演出時不將故事內容，時代背景、人物性格作適當介紹，腔調戲詞也不印發，使年輕的一代和對平劇缺少薰陶的觀衆，既看不懂也聽不懂，因此平劇日趨沒落。現在就沒有一個劇團能夠長期演出。是不是中國人眞的不愛平劇了？不是。而是演員和演出方面未盡人事。試看趙培鑫每次演出，場場滿座，還有很多人買不到票子。這次譚硯華小姐獨挑大樑，演出霍小玉，也是座無虛席，而且有男女外賓購票入場。票價兩百、一百、六十，最少的也二十元，比電影的票價高得多，爲什麼還搶着看？這就是譚硯華小姐劇藝不凡，上次與趙培鑫先生聯合公演，給予觀衆以充分信心，認爲花一兩百元看她一場戲並不冤枉。即此一點，我們就可以看出發揚平劇之道，徒託空言是不行。

霍小玉的劇本共分「落魄遇俠」，「憐才許媒」，「梳粧合巹」，「奪魁負義」，「攀貴另贅」，「餞別棄釵」，「游春洩隱」，「相思驚變」，「賣釵逢怒」，「俠探淒訴」，「痴訣鋤奸」十一場，前後照應，脉絡貫通，交代清楚，是編劇的一大優點。戲詞方面，有些很雅，而且雅得合情合理，有些則須修改，這是一般平劇戲詞的通病，不獨霍小玉如此。「霍小玉」之劇本之所以成功，得力於唐人小說「霍小玉傳」，如無此一小說，即無平劇「霍小玉」，這是顯而易見的事。但結尾如不以黃衫客「鋤奸」，僅演霍小玉痴心受辱含怨死去，則藝術的效果會更好，感染力量會更大，霍小玉更會贏得觀衆的同情。編劇者之所以「鋤奸」，還是本着「善有善報」，「惡有惡報」的因果觀念，這種編劇法感染力雖然稍弱，但整個劇本前後呼應，黃衫客濟助李益於窮途落魄時，又手刃李益於忘恩負義日，表現了黃衫客的俠義，且有警世作用，而又不破壞戲的統一，仍不失爲佳構。

看了譚硯華小姐的「拾玉鐲」耳目一新，她通身輕俏，動作如行雲流水，這份工夫，已臻上乘。而拾玉鐲時先將手巾投地掩蓋玉鐲，再裝作檢拾手巾順手牽羊將玉鐲拾起，不露形跡，「還種「心理描寫」，十分細膩，可謂神來之筆。而一般坤伶，無此手法，戲演到這種地步，才是藝術！

譚硯華的花旦戲已膾炙人口，她演霍小玉這個青衣悲劇角色，其成就更在花旦之上，眞是令人喜出望外。

譚硯華不是「鐵嗓鋼喉」，但她會唱，低而不弱，輕而有味，正適合那種悲劇氣氛。「餞別棄釵」，「相思驚變」兩場的唱腔，與梅派的「生死恨」同樣令人廻腸盪氣。台步的輕盈美妙，通身柔若無骨，以及手指的顫動，水袖輕飄，無一不美，無一不是藝術，說她全身是戲，決不爲過。而其他的演員一絲不苟，循規蹈矩，演什麼像什麼，尤足稱道。全體合作之好，整個戲都帶了幾分書卷氣，也是前所未見。不常露演的袁玉鴻（黃衫客），陳正亮（李益）等均有大角風度，而無傖俗之氣、更出乎意料之外。看霍小玉的觀衆也與台上默契，鴉雀無聲。這不但是一次高水準的演出，也有一場高水準的觀衆。在這裡我們可以看出中國人的藝術修養。

爲了保存平劇這份國粹，精益求精，發揚光大，有幾件事應該積極進行。

一、協助趙培鑫，譚硯華，金素琴，章遏雲等劇藝極高的伶票，長期合作演出，以資示範。

二、整理劇本，修改戲詞。

三、演出時印發故事，戲詞，演員表，並加放幻燈字幕，註明腔調，培養年輕一代看不懂平劇的觀衆。

四、聘請專家學者，指導演員進修，改進舞台動作，鑽研唱腔。如趙培鑫先生有些唱腔就比余叔岩，言菊朋的還好；但這種改進需要文人學士指導，一般伶工多半無能爲力。

平劇目前雖然正走下坡，但是我們不相信它會被淘汰，這個集文學、音樂、舞蹈、歌唱於一體的高度藝術，如果會被扭扭、恰恰，披頭所代替，除非我們的歷史再倒退三五千年。但是如果不求長進，不培養觀衆，妄自尊大，自然會帶來一次厄運。

這是一個被西方物質文明[illegible]沖昏了頭的痛苦時代，但我相信平劇是有前途的，正如我們的文學一樣。只要自己能站得住腳跟，把握優點，改進缺點，將來會有大放光明的一天。

墨人注：我看了大半輩子的京戲，抗日戰爭勝利後我在上海日夜看梅蘭芳、言慧珠、馬連良、周信芳、紀玉良、李宗義……那時上海的天蟾舞台、皇后戲院、黃金大戲院、共舞台，都是名角演出，[illegible]

二〇〇七年[illegible]十五日[illegible]於紅塵齋[illegible]

「吳鳳」與文藝片

我曾聽過兩個揹着書包的小學生在路上閒談，男的問女的：

「妳歡喜看中國片子還是外國片子？」

「外國片子。」女的回答。

「爲什麼？」

「像那麼回事。」

「中國片子呢？」男的又問。

「像我們辦家家酒。」女的回答。

他們的知識有限，自然談不出高深的戲劇理論，他們只憑直覺說出他們自己的觀感，這種觀感也許是以「偏」概「全」，但我們也不能完全抹煞他們的意見，假如這兩個小學生完全沒有看過電影，他們決說不出這樣的話來，更不可能比較了。

我們的電影事業已有幾十年的歷史，早就跨過了啓蒙階段，較之東鄰日本，應該毫不遜色。事實上二次大戰之後，香港出產的國語片也並不比日本片子差，但是人家的進步快，而最重要的一點是沒有忘記他們是日本人。所以「羅生門」一出，不但給日本的電影開闢了一條康莊大道，也把我們摔得老遠。而我們還一直在東剽西竊；人家有「鴛夢重溫」，我們馬上跟着趕一部「青青河邊草」。人家電影裏面有歌舞場面，我們電影裏面自然也不放過，甚至人家有酒吧間，喝洋酒，我們電影裏面也照樣來一套。至於把外國名著改編，換上中國人名地名，既不向洋作家或其繼承人付製片權費，自然樂得幹了。而對於我們已經作古的前輩作家的作品，更可以毫無顧忌地拍，反正死人不會從棺材裏伸出手來，仍然是吃定了。對活着的作家的作品，也可以「偷天換日」，「瞞天過海」的手法，鑽法律的漏洞。這樣作，錢是省了，賺了，但是剽竊洋人的東西，不敢拿出去打天下；剽竊自己人的東西，多少有點畏首畏尾，甚至弄得非驢非馬；而模仿人家的東西，又徒弟打不過師父，自然更談不到「民族風格」了。鼻子墊得再高，黃皮膚還是無法揭掉。因此我們的電影還徬徨在十字街頭，還停留在「辦家家酒」的階段。

但是臺製的國語片「吳鳳」，卻給中國電影帶來一線曙光，並且找到了一個正確的方向。

吳鳳在臺灣是個家喻戶曉的人物，他的壯烈成仁捨生取義的精神的確值得表揚，而最可貴的一點是，吳鳳並不是一個很有權勢的人物，他只是一個小小的通事，而製片人能突破積習，不選擇劉銘傳之類的大人物，而選擇了吳鳳這個小公務員，是值得稱道的。

中國電影應該走那一條路？「吳鳳」是一個啓示。

我國旅美小說家兼劇作家黎錦揚亦恰於此時返國，他對於中國電影所提供的兩點意見，也極有價值。第一是跟美國人合作，利用他們的拍片技術；第二是拍高水準的文藝片。

第一點是純粹技術問題，比較容易通過。第二點則是觀念問題，很難說得通。我們到臺灣十多年，文藝界一再呼籲重視文藝，尤其是腳踏實地從事創作的作家們，無時不希望各方面重視文藝。到現在爲止，除了中央中華兩報副刊以較大篇幅刊載文藝作品之外，文藝還沒有受到眞正的重視。文藝作品本身尚未受到重視，高水準的文藝片又從何而拍？外國的文藝片子十之八九是取材於小說，不是東偷一點，西竊一點。一篇三四萬字的「老人與海」，製片家就出三十多萬美金買下製片權，我們的製片家連三四萬臺幣也不肯出，甚至三四千也想省掉，而忍心喝作家的血，揩作家的油，作家已經窮得很難寫出高水準的文藝作品，即或有幾篇令人擊節嘆賞之作，也是嘔心瀝血才寫出來的　而所換得的也不過是五十塊錢一千字！這樣又如何能拍出高水準的文藝片子？「皮之不存，毛將焉附？」這道理是很淺顯的。然而我們還是十分高興聽到黎先生這種法。他又指出美國有一種藝術舘，專門放映高水準的文藝片，我們才知道人家除了忙於去月球、探金星之外，也重視文藝。希望黎先生的話一言九鼎，能够被接受才好。這不僅可以造福作家，也可能爲中國電影在國際市場舖路。

另外一個可以讓製片家不化錢的辦法是，好好的認眞地拍一部完整的《紅樓夢》。曹雪芹已經死了，他當然不會從棺材裏爬出來打官司。而這一部巨著，又實在是我們中國人的光榮，如果影片能够表現原作的十之七八，不但可以遠勝於「飄」，也足以傲視國際影壇。但這種片子絕對不能同人家「合作」，無論編、導、演一定都要自己來，而這些工作人員也一定要事先好好地讀一讀《紅樓夢》，多下點功夫，最好知道詩怎樣寫，詞怎樣塡，又是怎樣吟咏，決不可以像演文明戲那樣背台詞，否則又像小孩子「辦家家酒」了。

俗話說「不進則退」，因爲人家並不等我們。我們雖然在科學技術方面趕不上人家，但我們可以從文藝作品以及編導演方面多下功夫，仍然可以趕上甚至超過別人，仍然有它的觀衆。而我們最要緊的是，應該有勇氣承認自己是中國人，不要再胡亂模仿別人。寫中國的東西，拍中國的電影，文藝作品中國化，電影中國化，我們不要再抱着金飯碗討飯，中國人在文學藝術方面的頭腦決不下於白皮膚綠眼珠的外國人，但是先要使作家藝術家生活安定，不要讓他們爲油鹽柴米消耗太多的時間，若干年後我們的文藝、電影必能開出兩朶奇葩，那我們就毋須再抱着金飯碗討飯，自然楚材也不會爲晉用了。

讀「士司與我」

我國旅美作家黎錦揚先生，已經是一位享譽國際文壇的作家了。他的第一部著作「花鼓歌」，雖然遭到四家出版公司的退稿，最後終被一位八十二歲的窮老頭子看中，而由法拉公司(FARRAR, STRAUS AND CUDAHY)接受出版，使他一舉成名。隨後更搬上舞台，拍成電影，名利雙收，這實在是一件好事。而且「花鼓歌」的中譯本已經在香港出版一年多了，可惜我沒有看到。

最近我有幸拜讀了黎先生的第三部作品 SAWHAW AND HIS SECRETARY 的中譯本的原稿（歐陽佩君彭中原合譯），和黎先生作了第一次的心靈接觸，我有一份喜悅。他雖久居異國，並未洋化，而能使東方與西方碰頭，這在文化交流方面的確是一種貢獻。這不是單純的輸入，而是指導的輸出。在輸入過多，而使年輕的一代日益洋化，我們中年這一代有點倒胃口的時候，黎先生這本書是有點文藝本身以外的價值的。也只有受過完全的中國教育，徹底瞭解中國的中國作家，用洋文寫中國東西，才不致於使中國迷失。而我們今天有些洋化了或是半洋化的中國人，雖然住在中國使用中國文字，但是缺少中國精神，中國氣息，甚至比美國人賽珍珠寫中國的東西更少中國味，而有人還認為這是時髦，這是新的貨色，實在使人啼笑皆非。

「土司與我」（作者用第一人稱，我個人認為這個書名比「土司和他的秘書」更簡鍊切題，因為土司還有另外一個中文秘書楊師爺，而全書的重點是在土司和作者這個英文秘書。）的故事是從滇緬邊區最大的芒市土司放玉奇，為追求現代化而需要一個英文秘書，作者去芒市應聘了這份差事開始。全書共分「摩登化的計劃」，「審案、定讞、縱囚」，「和尚打敗了譚同志」，「拋枕戲」，「大蒜風波」，「小土司的婚變」，「鐵漢變花」，「深山採藥」，「仰光獵艷」，「五百元姑娘」，「慶功宴」，「戰鬪」等十二章，約十三萬字。其中對於政情、宗教、擺夷、略欽人的風俗習慣，[illegible]擺夷人與異鄉人的交往，史捷爾醫生的掃除迷信，以及[illegible]土司的私人生活，都有適當的描寫。從整個故事當中，可以看出作者在邊區生活的體驗，這是一部現身說法的著作，也可以視為作者自傳的一章。因為這本書是寫邊區，所以對於讀者自然產生一種新鮮的感覺，而作者處理故事的手法又相當輕鬆婉約，同時表現了適當的幽默感，所以就故事而言，這本書有特殊的內容而不枯燥，只是開頭不少篇幅採取間接敘述說明方式，略顯平淡呆滯，而非直接表現，所以未能一下擒住讀者。像這樣一個篇幅不大而內容相當豐富的小說，從頭到尾都可直接表現，這樣不但手法經濟，效果也更突出，始終緊扣讀者心絃。因為這本書的主旨不是表現思想人物，而是介紹風土人情，故事的成份較重，如果作者沒有小說家的修養，就會寫成一本遊記。所幸作者是個小說家，因此他寫成了一本小說，而不是寫遊記，同時故事展開以後，也漸入佳境，趣味盎然。不過作者為了介紹吃人的喀欽族，而加入「深山採藥」這一章，似無必要，孔詹士這個人物沒有什麼作用，是一着閒棋。如果不用他，而派作者或楊師爺去達成某種任務，那更恰當。因為作者和放土司都是這個圈子裡的人物，而孔詹士則是一個和這個生活圈子無關的外人，他的價值不如美國醫生史捷臚，史醫生是打進這個生活圈子行醫，破除擺夷人的迷信，和放土司的「摩登計劃」息息相關，與「譚同志」之想[illegible]顛覆土司，都能使這個生活圈子相激相盪，使整個故事相輔相成。因為作者是一位在國際間享有盛譽的作家，因此我才有這種「吹毛求疵」的說法。（如果作者也是個「癩蝦蟆」，對於這種地方我決不置一詞，因為此地只求好「貨」，不管羊頭狗肉。）除此一點淺見而外，作者對於故事的處理，枝幹分明，有條有理的。

本書的人物自然以土司放玉岱為主。其次是放土司的二房太太愛黛。其他的人物如賢慧的大太太，身有癲疾的小土司芳龍，浪子放武鼎，小偷白毛，[illegible]「譚同志」、五百元姑娘、慈信法師，美麗的小萍，貨車司機劉凱，上尉軍官馬安，鐵漢阿能，醫生史捷龐，以及吃了飯沒有事做，坐在榕樹下聊天剔牙的無能的警察等等，所費筆墨都不太多，然而輪廓分明，能給讀者一個清楚的印象。

放土司的十九歲的二房太太，是他四十一歲時親自去仰光物色回來的歐亞混血姑娘。父親是愛爾蘭水手，母親是舞女領班，放土司却詭誓她父親是英國陸軍上校，母親是落籍緬甸的蒙古公主。她會說中英緬語，嬌小玲瓏，年輕美麗，驕縱，幼稚，好玩，好客。放土司對她寵愛有加，儘量容忍，而她在作者房間裡却鬧了一幕趣劇，使作者十分尷尬，使放土司真正生氣。這表現了愛黛的淘氣、天真和醋意。

至於放土司本人，仍然是主腦人物，全書的靈魂。這位看似優柔軟弱的土司，實際上是寬容、大度、幽默、機智。他具有中國人的優良氣質。擺夷人是愛好和平樂天的民族，配上這麼一位統治他們的土司，眞是如魚得水。他對擺夷人有最高的權力，却不是一位暴君，也不是一位昏君，他對擺夷人的態度非常合乎中國人的王道精神。他遇到困難問題時，慣以姆指食指摩掌額頭，他能不露形跡地處理重大問題。慈信法師和他是政教方面敵對的領袖，然而在趕走「譚同志」時，他們却携手合作，他借用了慈信法師的精神力量。當「譚同志」被慈信法師的徒弟們日夜包圍，用法器敲打得他無處安身而不得不溜走後，他捋着下巴得意地大笑：

「希望他寫篇文章罵和尚吧！（因爲「譚同志」曾寫過文章罵他）如果他眞的寫了，黎秘書，我們別忘記撿一份給慈信法師！」

你看他這份幽默和心機！

他不但在這件事情上運用了慈信法師，爲了「敎訓」他的兒子芳龍，他也運用了慈信法師。他把兒子送到白雲寺削髮受戒，過六個月淸心寡慾的苦行僧生活，他估計慈信法師會對他這個政敵的兒子嚴加管敎，如命他挑水、燒飯、打掃庭院等等，而這正是他所希望的。結果也正如他所料，使他的兒子康復。當他決心把兒子送進白雲寺時，他噴着好幾口白烟，吃吃而笑地對作者說：

「唔，有一二敵人並不是壞事，是嗎？」

這是多麼幽默？多大的智慧？

放土司平時在他的小王國裡是一個規規矩矩和藹可親的統治者，沒有任何荒唐艷事，雖然他可以有三宮六院，擺夷女人又是那麼漂亮，可是他只有兩房太太。然而當他的二房太太愛黛生產後，他却在愛黛的面前扯了一個大謊，偸偸地帶着作者去獵艷了。在這一過程中，作者表現了放土司人性的另一面。

故土司實際上是一個獵艷老手，他談起女人的事來十分內行，而且一向不向屠夫買肉。但是這次他改變了主意，他說：

「我們要爭取時間啊！黎秘書。這次我們就向屠夫買肉吧。我帶了兩千盧比，爲了節省時間氣力，我決定透過娼媒花掉它一半。你有沒有興趣要個姑娘？」

「我玩不起，土司。」

「你是我的客人，」土司說：「實際上這就是一種賄賂，要你爲我保守秘密。狗啃骨頭不吠，早已有名言。」

他大笑起來。

這又是多麼坦率？雖然有點邪氣。

他和一個印度皮條客談生意時眞是個「老嫖客」，精得很。當他以一千五百盧比談妥了一對漂亮的英緬混血種的姊妹花，並且約好了時間以後，他們去看了一場中國戲，在這場戲中間，有愛國華僑義賣鋼筆，捐款回國支持抗戰，他却以一千五百盧比的高價，把那枝鋼筆買了下來，不回原來那家旅館，躲開那個印度皮條客。他說：

「我們明天早晨回芒市去，黎秘書，我覺得這種尋芳獵艷的生活是太老了。」

「現在誰也不能叫我騙子，除非那個印度龜頭。反正以後我再不會見他的面了。……」

由此我們可以見他的識大體而可與爲善的性格。

他的愛國思想行爲還不止此，在「慶功宴」那一章有更多的描寫。他的愛民甚至故意要點手段，逼走那個賴在門不加鎖，三十年不用的牢裡的小偷白毛，看起來有點可笑。而他愛國愛民的綜合表現，是日軍侵入芒市時他不單獨逃走，卻把自己的車子送給作者，讓作者逃走。

從以上各種角度來看放玉奇土司，作者是寫出了一個有血有肉的活人。因此，從人物的創造方面着眼，黎錦揚先生是一位站得住的小說家，而不是一位膚淺的編故事的人。

這本書雖不是偉大的巨著，卻是值得一讀的文藝作品，不是左道旁門。它的譯文如能再加潤飾，發揮中國文字和中國語言的優點，效果可能更好。

方向・方法・農耕隊

文藝界遇到困擾時，常常會有人遺憾地說：「我們沒有文藝政策」。文藝創作完全是一種精神活動，千頭萬緒，對於創作本身而言，任何精闢的文藝理論，都不一定有助於實際創作，甚至作家自己事先擬定的寫作大綱，都會中途改變。一個健全的文藝政策，可能有助於文藝運動的推行，卻不一定有助於文藝創作的本身。

現在我們的方向是正確的，但是我們的方法卻有待改進。我們知道，美國一般人民的政治意識不高，而以賺錢爲目的的好萊塢製片家却拍出一部最高級的反共電影「玻璃絲襪」，裏面沒有一句標語口號，卻有發人深省的笑話。一個高級俄共出國以後還是板起面孔，別人要他裝出一點笑容，他非常勉強地笑了一笑說：「我有三十年沒有笑過。」這種諷刺是多麼深刻？一下就揭開了蘇聯的瘡疤，暴露了共產黨的本質。文藝作品最忌八股，講究差異，這是文藝和科學最大的區別。如果說科學家需要很高的智慧，文學家卻需要更高的智慧。美國能生產洲際飛彈，蘇聯也能生產洲際飛彈，但海明威能寫出「老與人海」，巴司特拉克卻只能寫出「齊瓦哥醫生」，雖然同是得諾貝爾獎金的作品，而內容性質完全不同。文藝作家應該像每一位公民一樣，遵守共同的道德標準，國家法律，不能特殊，不能超出，這是無可置疑的事；而文藝作品則是個人的工作，個性的表現，應求多彩多姿，寫的人應該如此，看的人也應該有此修養。但是創作上的多彩多姿，決不是刀光劍影，來去如飛，更不是描寫性行為，而今天奇怪的現象是，後面這兩類作品，卻特別發達，真正的文藝作品，反而在夾縫中苟且偷生。

工商業的發達，有助於文藝的發展，這是事實。但是我們的工商界人士眼光還沒有轉移到文藝方面來。目前的現象是過分重視商品價值，而不是文藝價值，通俗甚至庸俗作品的流行，既難提高文藝作品的本身價值，亦難提高讀者的文藝修養，「偉大的性靈作品」也就更難產生了。即使寫了出來，在大家只求感官刺激的現狀之下，又有幾位讀者追求思想情感的昇華？因此，美化人生，也需要作更多的努力了。

不可否認的，這十幾年來，大多數的作家們對於大原則的配合是沒有功勞也有苦勞的。由於他們的努力創作，才使這一塊本來是「文藝沙漠」的土地，終於開花結果。

無論從客觀環境，和主觀條件而言，都是值得慶幸的。這種情形，只有我們的農耕隊在非洲不毛之地，種出金黃的水稻，差可比擬。然而農耕隊是在雙方政府全力支持之下，創造出了奇蹟。但我們的作家，是自發自動地創作，有的是利用公餘時間，匆匆趕稿，有的犧牲了午夜的酣睡，伏在桌上把方格子的稿紙，一格格填滿。

文藝創作在表面看來好像是個人的事，一切成敗得失好像也完全是個人的；但文藝作品一經發表出版，就是公衆的，因此這才有它的影響和功能，雖然這種影響和功能既看不見也摸不着，但是比之任何力量更爲久遠。所以無論就爲人生而藝術也好，爲歷史任務盡其天職也好，文藝是應該被重視的。如何協助國內這批「農耕隊」造成一次文藝上的大豐收，是值得大家仔細研究的問題。這不單是作家的責任、政府的責任，也是社會的責任。我們的工商業可以借重人家的技術，買人家的原料，然後標明「中國造」，這都不算十分丟人的事；但是我們不能把人家的作品翻過來，換上中國人的名字，也不能請外國作家加入中國籍，就可了事。工商品可能冒充假借，惟獨文藝不能冒充假借。我們可以買美國人的福特汽車，但是我們不能把漢明威、史坦貝克這些作家買過來。同樣的情形，美國富強甲天下，也不能把我們的曹雪芹、施耐庵買過去。非洲國家可以請我們的農耕隊在沙漠裏種稻子，卻不能請我們文藝界的「農耕隊」去替他們創造文藝。科學不必完全靠自己，文藝必須百分之百地靠自己。

創作的艱辛

前幾天，有一位愛好寫作的青年朋友到我家裏來，問了我很多寫作上的問題，不答覆嗎？又辜負了他一番熱忱；答覆嗎？却一言難盡。因爲這是一本難唸的經！結果我自然不能辜負他的熱忱，因爲十年來我曾經義務地爲不少青年朋友修改作品，那比講幾句話更費勁。但這次我未能暢所欲言，也沒有鼓勵他寫作，因爲我自己的感慨太多。好在他留下了一篇幾千字的小說，我還有機會向他提供拙見。

看了中副（宣誠先生譯）的「作家筆下的短篇小說」之後，我不禁發出會心的苦笑。這篇作品說的雖只是短篇，却道出了創作的艱苦。那位青年朋友和我所談的題材問題，從這篇文章裏面可以得到一部份答案。

不但初學寫作的人會爲題材苦惱，就是有經驗的作家也有同樣的苦惱，尤其是短篇小說。因爲短篇不同於長篇，長篇題材想好之後，可以連續寫下去，普通的寫十幾萬字，長的可以寫上一百多萬字，主題還是那個主題，人物還是那些人物，故事還是那個故事，頂多是多加穿揷，大體上是不會改變的。如以當前的所謂「武俠小說」而論，照那些作者的寫法，大可以爲寫到這個世界毀滅爲止，因爲「小說」中的人物可以死而復生，一粒靈丹妙藥就可以解決一切問題，其他的更不在話下了。但是眞正的小說是不是這樣容易？絕對不是那回事。長篇只是不必變換題材，寫起來也不是輕而易擧，如果不是胸羅萬象，大筆如椽，寫到十幾萬字就會難以爲繼；而一個眞正成功的小說家，還不作興向讀者說故事，難就難在這裏。我常想「老人與海」如果是中國作家寫的，那會連發表的地方都找不到，還談什麼諾貝爾獎金？但海明威比中國作家幸運，那麼一個短短的中篇，除了使他贏得最高的榮譽之外，還賣了三十幾萬美金的製片權費，又找到好萊塢的「絕物」史賓塞屈塞來演，誰說美國人只會賺錢，不懂文學藝術？

長篇既不易寫，短篇更困難，因爲麻雀雖小，肝膽俱全。而最大的困難是題材必須篇篇翻新，不但要與自己寫過的不同，而且要與衆不同。同時必須挖空心思，絞盡腦汁。那位德國作家如果不是個中人，絕對道不出那份艱苦！而當他把幾年前的舊作，三十年前的故事，重新改寫，換個新題目，交給那位要求「故事必須非常的新，並須從生活中取題材！」的出版商時，那位出版商居然非常高興地說：「好極了，這正是我們求之不得的，……今天像你這樣很新的短篇小說題材，到處有的是，只要你俯身去拾就行了。」這位作家倒很會幽默。

假如題材眞的只要俯身去拾就行，目前臺灣稿費雖低，作一個拾荒者倒也不算太壞。問題是，那怕只有幾千字的短篇，你可能想上幾天。

最近三個月來，讀者和朋友們都覺得我寫得很多，但很少人知道我付出了多少腦汁？爲了寫短篇，我不得不擱下長篇。假如我有四五萬元的生活基金，我就會先完成那篇寫了五十多萬字的長篇，而毋須拼命寫短篇了！然而我卻和電台的節目主持人差不多，每隔十來分鐘就得更換節目，而且都得自己做，連唱片也不能放。寫的時候在想，不寫的時候也在想，常常一個人坐着發呆，往往三兩天下來，腦子裏還是一片空白。有時爬上公墓，看看死人，有時跑到西門町看看電影，但對我都沒有多大的幫助。多半是睡在床上想出一點題材，但這必須付出長夜失眠的代價。

我平時不抽烟不喝酒，人多時才逢場作戲，所以我從不乞靈於烟酒，倒是聽聽京戲可以調節我的情緒，「生死恨」尤令我迴腸盪氣，它可以增進我作品裏的一點古典氣氛。

那位德國作家在窮思苦索之餘，對裁縫與木匠因羨生妬，是很自然的事，但不算新鮮。凡是從事創作的人幾乎都有這種感覺，因爲裁縫有布料，木匠有木頭，要做什麼也有一定的尺寸，而作家則要無中生有，不但別人的尺寸不合用，自己的手法也必須篇篇翻新。世界上還有什麼比這更吃力的事？

有些人也許會以爲作家名利雙收，大有可爲。在美國一個小說作家一書成名，一書致富的不算奇事，在日本作家也是天之驕子，日本最紅的明星也趕不上作家的收入。而此地的稿費一般說來能按時付得起五十元一千字的就算信用卓著了，但平均一個月寫十萬字的作家實在太少，就是專說故事也很難辦到，利在那裏？至於名也是靠不住的，如果不是眞正寫在讀者心上的東西，很難持久，寫在紙上的東西不一定可靠，即使活着的時候能够勉强維持得住，死後却很難說了。名利皆空，火中的鳳凰是特別需要勇氣和定力的。

創作是艱辛的。要想作一個眞正的作家，更應先有殉道的精神。然後才不會被虛名浮利誘惑，才不致於灰心。「作家觀」確定之後，才經得起創作的熬鍊，經得起世俗的考驗，不然人家要武俠就寫武俠，要故事就說故事，那就「差之毫厘，失之千里」了。世界上求名求利的方法很多，但都比做作家强。作家是「予」而不是「取」，尤其是中國作家，取得最少。《紅樓夢》的讀者何止千百萬？曹雪芹生前得了多少？我們前一輩的人還把《紅樓夢》當作那書哩！

如果願意自找苦吃，創作倒是一個很好的磨鍊；如果願意取最少的報酬，付最大的心力，作家也是九流三教之外的一種行業。但必須穿過重重荆棘，才能拿到那點稿費。一舉成名的事很少，一舉成功的事更不多，很多事都可以投機取巧，創作却是例外。十年時間投下去，可能沒有一點聲響；寫了一輩子，也許沒有一篇作品能留下來。

創作就是這麼回事！作家就是這種人！如果你歡喜自我陶醉，你會比任何人都滿足，因爲你寫了那麼多字，出了那麼多書；如果你有自知之明，你可能比任何人都空虛。在物質上你沒有享受，在精神上却充滿痛苦，而當你一旦發現這種尷尬情況時，也快「死翹翹」了！

如果你不識趣地向閻王訴苦，說你在陽間白走了一趟，閻王可能板起面孔打你的官腔：

「什麼事不好幹？誰叫你發神經病當作家？」

文藝投資

我們這個社會越是有錢有地位的人，對於文藝越是漠不關心。他們的興趣集中於政治和工商事業，乃至股票市場。當然這並不是壞事，但是如果也能轉移一點興趣於文藝，充實自己的精神生活，那就會變成更優雅高尚的紳士了。教育部長黃季陸先生，在作協年會上就曾引用過甘迺迪兩句話：「政治使人腐化，詩使人進化」，今天有許多有錢有地位的人，只看看報紙標題，連小說都不看，自然更不會看詩了。假如他們每天能抽出一點時間，看看文藝作品，看看報紙文藝副刊，對他們個人多少有點好處；假如他們能登高一呼，做點實際的文藝工作，那效果會有想像不到的大，可是並沒有人這麼作。舉例來說，嘉新水泥公司總算是一個對學術文化工作比較熱心的商業機構，它舉辦了很多屆獎學金，最近又在三個大學設了學術講座，聘請三位學者講學，薪水每月六千元，比任何大學的專任教授待遇都高，這在嘉新水泥公司來講不過是九牛一毛，但對於那三位學者和許多莘莘學子，卻是一件最好不過的事。既然設了三個學術講座，再多設一個「文藝創作講座」，又有何妨？（我為什麼要提「文藝創作講座」而不提「文藝講座」？因為[illegible]像[illegible]過各大學已有文學教授，[illegible]，今天中外文系的學生並不缺乏一般文學知識，他們需要的是「創作技巧」[illegible]而且中國沒有一位作家可以擔任這個講座？如果月亮真是外國的圓，請一個外國作家來講也可以。像這類的工作，和用於文藝方面的錢，公司方面儘可以完全自主，毋須假手於任何團體或中間人，這樣自然可以符合自己的意願，避免許多無聊的牽扯。至於文藝創作講座的教授那更好辦，公司方面對於人選可以儘量推敲，信得過的，可以一次聘他兩年三年，稍有存疑的，不妨一次聘約半年，講得好再續聘，講不好另外換人。因為這種講座要憑真實本領，[illegible]不行，而學生又是最好的監督人，這種教授對學生[illegible]，且應完全以創作代替考試，作品好壞，學生自有公評，教授[illegible]的。這種「文藝創作講座」是最輕而易舉的事，不但嘉新水泥公司可以舉辦，任何事業機構[illegible]都可以舉辦，因為學校[illegible]，可以多開一門課，多一位教授。[illegible]，這是一個最直接有效的方法。

在社會方面，有錢的[illegible]們和工商事業機構，可以自行贊助自己看中的文藝刊物和作家，一文補助也好、長期津貼也好，辦法可以自己擬訂，不受外力影響約束。

工商業投資，動輒千萬，維持費也不在少數，說不定三兩年垮掉，什麼也沒有。科學投資，所費不貲，即使十年八年之後，我們也能發射人造衛星，但別的國家已經派人登陸月球甚至更遠的星球了，我們還是落後，而且決不止一步半步，要想「迎頭趕上」，眞是談何容易？可是文藝投資，所費

談到投資，自然要講到「投資環境」。文藝值不值得投資？我們且不談那些國家民族的大道理，僅從實際情況就事論事，這答案也是肯定的。

先說作家。這幾年來，我們先後產生了不少作家，

[illegible]，可是就沒有一個作家能專心寫作。他們將寶貴的時間，浪費於油鹽柴米，這眞是無可彌補的損失。中國人也許缺少科學頭腦？（以李政道楊振寧爲例，也並不缺乏）但決不缺乏文學藝術頭腦，而我們的文[illegible]爲什麼這麼暗淡呢？此中原因雖多，但有一個不可忽視的事實，就是作家沒有充分的時間讀書寫作，生活艱苦，心理緊張，提起筆來也是草書比快，不可能字字推敲。海明威認爲一天寫三兩百字足够，而我們的作家一動筆每[illegible]得寫上千字，否則[illegible]生活不下去。如果我們的作家一天只寫三兩百字，那只够買公共汽車票，喝白開水，更不必談像海明威那樣包了飛機到非洲遊歷了。說句笑話，即使要想自殺，也買不起海明威那桿獵槍。在這種情形之下，我們的作家能寫出目前這種水準的作品，已經難能可貴了，而且有不少作品是在水準以上的。

「世有伯樂而後有千里馬」，我們的作家羣中不乏千里馬，我們的社會卻缺少一個有眼光的伯樂。因此再多的千里馬也會老死廐下。[illegible]我們慣於做捧著金飯碗討飯的事。

文[illegible]是可以投資的，而且是一舉數得的事。

[illegible]

現在不是文窮而後工，也不是遺世而獨立的時代了。我們不能要求作家過一兩千年前的農業社會生活，生產現代工商業社會的文藝作品，而有些作家甚至想過陶淵明那種沒有心理緊張的窮苦寧靜的生活還不可得呢。

工商業社會任何事業都需要人投資，文藝自亦不應例外。文藝雖然不是謀取眼前利益的事業，但是[illegible]現在需要的是一些有錢而又有[illegible]眼光的人。

俗話說「富不過三代」。力霸財團的王又曾是「紅頂商人」，[illegible]

二〇〇七年一月十八日重校於紅塵書屋　北投

關於納富選集

七月十四日徵信新聞人間閒話寒爵先生大作「晝壇需要批評」，大意說文壇沒有批評，晝壇亦然。而且說「那和有些作家偶因寫一篇鬼狐小說，得膺外國三流消閒雜誌之選，而自命爲揚名國際，同樣地幼稚可笑。」

爲了怕自己犯幼稚病，過了兩天我再翻翻那兩本納富選集（NEFF-Anthologie），一本是動物小說選集（第三集），一本是怪異小說選集（第二集），寒爵先生提的大概是第二集。爲了避免誤會，我省去「最佳」兩字。這篇小文的目的也只是說明事實眞相。

當初納富出版社編選「當代世界最佳小說」共分七部，第一部是幽默小說，依次是怪異小說，動物小說，戰爭小說，愛情小說，狩獵小說等等。我們所知道的，已經出了前三本。後四種是否完全出版了？不得而知。納富編印這種世界性的選集並不容易，除了透過各國報紙雜誌之外，還透過外交當局，那次（一九六〇年）台灣知道這件事還是由我[illegible]駐西德新聞專員聯繫協助的。第一集幽默小說[illegible]不知道，所以只有[illegible]老舍一人入選。從第二集開始，才有蕭傳文女士的「白狐」和拙作「馬脚」入選。當時我並不知道這件事，是作品雜誌編者在文協開會討論[illegible]而且一定要[illegible]第三集的動物小說我是以「江州司馬」筆名寫的，而且簡歷也是[illegible]英譯者隨便湊的。因爲我的目的在[illegible]而不在「名」。那時我正養鷄，天天過年三十。

怪異小說選集共五九五面，入選國家有阿根廷（一人），澳大利亞（一人），比利時（三人），巴西（一人），保加利亞（一人），中華民國（二人），德國（五人），法國（二人），迦納（一人），英國（三人），幾內亞（一人），希臘（一人），印度（二人），愛爾蘭（一人），以色列（二人），義大利（一人），日本（一人），南斯拉夫（三人），墨西哥（三人），奈及利亞（一人），挪威（一人），奧國（五人），巴基斯坦（一人），秘魯（一人），菲律賓（一人）波蘭（一人），瑞典（一人），瑞士（二人），西班牙（一人），南非（一人），捷克（三人），土耳其（二人），匈牙利（二人），美國（二人），阿聯（二人），西印度（一人）共計三十六國，六十三位作者。此外丹麥、荷蘭、芬蘭、葡萄牙等國，雖有作品應徵，但無一篇入選。至於作者當然不是每一位都是揚名國際的，其中一九五一年諾貝爾文學獎金得主瑞典作家拉革克菲斯特（Dar Lagerkvist），我們就不熟悉；以色列的本可林（Ben-Chorin，十七歲就著書問世，一九五九年獲西德李奧培克文學獎，是國際文壇健將，我們也不熟悉；印度的勃羅克（Gulabdas Broker），奧國的克索柯（Franz Theodor Csokor 時任奧國筆會會長），法國狄特羅（Francis Didelot 時任法國文協會長），德國的柯赫（Werner-Wifried Koch），英國的華胡（Evelyn Waugh），我們也不瞭解，連美國的布爾德瀨李（Ray Brhdbury），我們也不熟悉。我們所熟悉的只是諾貝爾文學獎金得主美國作家威廉福克納（William Faulkner）。第三集動物小說共五九七面，入選的也是三十六個國家，入選的作者却是七十一人，國家不盡相同，作者也不是原班人馬。這次入選最多的是德國七人，第二是奧國五人，第三是中國四人（台灣三人，另一人爲大陸[illegible]作家 Kuo Mo Jo 郭沫若），美國也只有三人，即鮑爾（Annixter, Paul），維多利亞（Lincoln, Victoria），克拉克（Van Tilburg, Clark）。至於第一集幽默小說入選的國家也不相同，是三十七國，入選作者是八十七人，英國最多（七人），德國奧國各六人，美國五人。最著名的作家是約翰斯坦貝克、威廉沙樂揚、毛姆、阿多士赫胥黎、亨利波爾等。

維也納納富出版社編印的「當代世界最佳小說」選集是一套叢書，德文版本，在翻譯編印方

面都鄭重其事，二十四開，精裝精印，國內尚無如此典雅大方的選集。至於是不是「外國三流消閒雜誌」？[illegible]

「怪異小說」不過是納富七種選集當中的一種。該書序文中說，它並不是以刺激讀者的恐怖爲能事，而是爲物理學與工藝學之驚訝於每一科學的迅速發展，以求得人類身心的成熟，所以它不僅是一種造型藝術，也是另一種素材的文學。此種文學並非史無前例，德國的霍夫曼，美國的愛倫坡，法國的莫泊桑，英國的吉卜林均有所作。我國蒲松齡的「聊齋」更全是「鬼狐小說」誰能否定它的文學價值？拙作「一馬腳」自然不及聊齋萬一，而且我是寫家鄉（長江中游）的民情風俗，是親眼目睹的事實，不是向壁虛構的故事。在我[illegible]所寫的一百多個短篇，所出版的[illegible]本小說[illegible]中，它只是最起碼的作品。「文章千古事，得失寸心知」，作者本人到底比局外人清楚[illegible]

關於納富選集的情形，[illegible]台灣大學教授德文的宣誠先生曾在中央日報和聯合報撰寫專文先後發表，比我講的詳細。我這篇小文只是提供事實。「納富選集」是不是「外國三流消閒雜誌」？毛姆，約翰斯坦貝克，威廉福克納，威廉沙樂揚，阿多士赫胥黎，亨利波爾等外國作家，是不是和我們這種無名小卒一樣「幼稚可笑」？讀者心裡自然有數。

※ 誠如寒爵先生所說，文藝需要批評，畫壇也需要批評，但是創作的人和畫畫的人都不願意作這件工作，而評批的人又很少創作，很少畫畫。胡捧固然爲人不齒，瞎罵也不容易贏得尊重。批

評需要專門學識，不是一件簡單的事，批評家應該比作家看得更深、更細，而且針針見血，沒有一句廢話，這和寫雜文不同。台灣沒有文[illegible]批評，不能完全怪作家沒有雅量，如果批評家眞高於作家，比作家更客觀，作家是沒有不心悅誠服的。在眞理面前人人低頭，這是走遍天下都能行得通的道理。如果隔靴抓癢，或信口雌黃，作家自然很難容忍誤解，必須有所[illegible]，這不是雅量問題，而是是非問題了。不獨台灣作家如此，外國作家亦然。

五十六年七月二十六日

有利用價值，女性已非弱者，女作家更多，我更「大門不出二門不邁」，亦無貴人上門，閻王也不收，就靠康先生每一年校正一次戶口，如果社會上都是我這種沒有出息的人，警察、消防都要失業了，保全公司更要關門。

二〇〇七年一月十九日 清晨重校於紅塵寄廬

新詩欣賞

「五四」以來，新詩發展到二〇〇七年已近九十年了。台灣的新詩，一九四九年起由於自大陸來台的詩人的辛勤播種、耕耘，起了很大的作用。覃子豪是一九三六年與紀弦在重慶同編研究新詩的學報，紀弦與他則以詩會友。楊喚雖然比他年輕一些，但他是一位很有天才的詩人。一九四九年來台後他在……覃子豪一直鼓勵他寫詩。因此特年輕一些的詩人的作品排在前面，余光中、羅門以及印度兩位詩人泰戈爾、奈都夫人的作品排在後面，以他山之石作借鏡，希望有助於新詩的創作更上層樓。

二七二

王睩松

頭顱半島

細草般的短髮們
坐在頭顱上，仰燈光做日浴。
眼睛，姊妹花般拉着手
在書本上悠悠地踏青。
鼻子呢，獵狗般地嗅着。
而且伸長到六七尺以外去捕獵靈感
張向夜的藍海的
耳朵像兩隻不凍的港口，
迎着海一樣的窗外
聽草蟲的波聲浪語。
而嘴巴是座地下倉庫，藏着許多歌。
——在這頭顱的半島上。

這是一首好詩，作者的想像力很強，語彙也很豐富，用字非常準確。

以頭而言，在一般人看來是沒有什麼詩意的，但在詩人看來，却詩意盎然，而且具體地表現了出來。

先說題目，如只用「頭顱」兩字，詩意就不够濃郁，而且缺少美感，在主詞「頭顱」底下加上「半島」兩字，這就生動活潑多了。

第一行「細草般的短髮們」，如果僅以「短」字形容「髮」，那只是一個空洞的概念，再加上「細草般的」形容詞這就具體多了。因爲草是實體，而形容頭髮又必須用「細」才恰當。

第二行也好，第三四行更佳。

眼睛，姊妹花般拉着手
在書本上悠悠地踏青。

以「姊妹花」形容兩隻眼睛，本已很妙，再用「拉着手」來形容「姊妹花」就更妙了。接着是「在書本上悠悠地踏青」，以書本作草地，而以眼睛悠悠地「踏青」，這就比「看」具體生動而有神韻多了。

其他如以「兩隻不凍的港口」形容耳朵，以「地下倉庫」形容嘴巴，都很新穎而不落俗套。

總之，這是一首純正而不走偏鋒的好詩。

小窗・藍天・海

沙　牧

不要遮住我小樓的眼睛呀！
你，夜的巨大的黑影。
穿藍裙子的海知道，我有多麼深的鄉愁和戀情。

每晚，我總要佇立窗口凝視良久。
然後我才上床，依枕讀我喜愛的詩集，
直到倦極時，在似蟬翼般透明的矇矓中，
讓濤聲的溫柔的手指拍我入夢。

彩色的貝殼爲我的藍色舖路。
星星爲我燃亮照明的小燈。
我夢我光着身子在海邊碎金的沙灘上打浪兒的童年。
夢我童年的小愛人。

以及故鄉明媚的春天和飄雪的冬。

我的小小的窗口開向藍天和海，
晝有微小的陽光殷勤造訪，
夜來有吹着流浪口哨的海上微微的風。

是呀！我該承認這夢境似的生活是幸福的，
而我的鄉愁和戀情啊，却更深重。

這是一首純淨的抒情詩，有顯明的意象，優美的情感和優美的韻律。

第一行「不要遮住我小樓的眼睛！」就好，作者不直接說明「小窗」，而以「小樓的眼睛」來代替，這一變換就詩意盎然而意象明顯了。

海是藍的，而作者不這麼說，因爲這麼說是散文的，而不是詩的！改成「穿藍裙子的海」，這就是詩的了，這不是比「海是藍的」美多了而又意象鮮明嗎？

再如：「吹着流浪口哨的海上微微的風」，這種句子不僅有一種潛在的韻律美，而以「吹着流浪口哨的」來形容「海上微微的風」，也極新穎具體而生動，從這句詩裡可以使人聯想到一個在海邊輕輕地吹着口哨的流浪人了。

所以這是一首純淨的生動的優美抒情詩。

當潮退走

沙牧

當潮退去，沙灘拉住海的衣角哭着
那不知駛向何處去的斜斜的小帆也逝去
啊，海面上浮滿了我心的碎片
當潮退遠，沙灘的眼淚也流盡
海天的剪刀剪斷了我凝空的視線
不！那不是海的聲音，是我沉重的嘆息

「當潮退走，沙灘拉住海的衣角哭着」，這一句非常好，好在把「沙灘」和「海」都人格化了，「沙灘」「拉住」「海的衣角」，這是多麼生動具體？而後面又用「哭着」來形容那潮濕的沙灘和殘餘的海水，這一句詩裏就包含了很多的意象了。我以爲如把哭着改爲「哭泣」就更好些。

第二段第二行「海天的剪刀剪斷了我凝空的視線」，也很新穎，作者以合攏的剪刀形容海天一線，亦見巧思。而用「剪斷」代替遮阻這類字眼，就更生動具體了。

這首詩短小而精鍊，也是好詩。作者不是一個名詩人，但本文所選的他兩首詩，却不愧爲傑作。

三月

磬子

雨的三月　半寂靜地轉
貝殼們猶在睡
春色似淡淡的酒

夢，猶未實現
一隻白色天鵝正蜷臥
在白色翅被下……

三月是未嫁的少女
一群素約小腰身的雨

偶然——
從屏風後偷窺這世界
竟
怦然心許

唯三月幽夢如烟
有太多待揭的謎
從一室反光的玻璃
縱透明卻甚麼都看不淸

那未映的紅袖　未濃的春草
究竟是殘酷的眞實？
還是繁花密葉的預期！

這也是一首純淨的抒情詩。作者把三月比作情竇初開的少女，又把三月和雨相連，因爲雨是無色的，且有淡淡的寒意，象徵尚未着色的初春，而初春的夢尚未實現，蓓蕾亦未開放，所以幽夢如烟……。這是作者寫作這首詩的大意。

作者把三月比作未嫁的少女，以「素約小腰身」來形容三月的雨，很有詩意，也很具體。這首詩的優點是表現了「早春」和「少女」的朦朧情緒，也可以看出作者感情的纖細。

沉悶的感覺

玻璃窗外的小榕樹打瞌睡，建築物
沉思，公雞縮着脖子做夢……。

窗內風景畫的山水感不出涼快
劍山的劍蘭收斂了笑靨。
花猫守住隅垜深睡……
我指不出藍天的藍，白雲的白
以及太抽象詩的精華。

這首詩的題目是「沉悶的感覺」，是表現一種沉悶的情緒，情緒是抽象的名詞，是看不見摸不着的。要表現這種抽象的東西，必須用具體的事物及其動態，才能使抽象變爲具體，使看不見的變成可以看見，詩的意象就是這樣產生的。

作者以什麼來表現沉悶呢？他是以「小榕樹」，「建築物」，「公鷄」，「花貓」……這些動物植物來表現的。但是光是這些動物植物能否表現呢？仍然不能。何以不能？因爲沒有動態。「小榕樹打瞌睡」，「建築物沉思」，「公鷄縮着脖子做夢」，「花貓……深睡」，加上了「打瞌睡」，「沉思」，「做夢」，「深睡」，這些適當的動詞和形容詞，才表現出它們的動態，才能表現出「沉悶的感覺」。所以才指不出「藍天的藍」，「白雲的白」，以及「大抽象詩的精華」。因爲在沉悶的狀態當中，人的思想意識是不十分清明透澈的，辨別事物的能力自然降低了。

這首詩的作者是一個新人，但他的表現能力很強，沒有走入岐途，是一個很可喜的現象。

歲月

魯　蛟

一個小規模的運動會
在我的臉上開始了。

鬍鬚和縐紋
是兩個優秀的運動員
他們以百米的速度
跑起馬拉松來了！

於我稀疏的髮林中
還有揮舞着白手巾的
加油的啦啦隊呢！

這首詩是寫歲月，但無一「老」字，作者以優秀的運動員來形容鬍鬚和縐紋，以白手巾形容白髮，立意很新，不落俗套。是一首好詩

五十歲的歌手

紀弦

錦瑟無端五十絃，一絃一柱思華年
——李商隱——

五十鍵急急如狂的敲碎

空谷裡冷冷不絕的回聲

也許有點兒吧矜持
總之帶幾分的蒼凉

不是爲了誰敎彼女多相思淚
而是由於我乃此世之異邦人

我常喊着一個沒有人回答的名字
也不曉得何處才是我眞正的故鄉

但我寧願忘了天上的榮華
把我的歌獻給大地之詩神
唉我聽見了潮似的encore

那麼讓我換個調子歇一會兒再唱

這首詩是表現一個中年人的「哀樂」心情，作者有其獨特的風格，這首詩還算「平易近人」，不是作者所標榜的那種難以捉摸的「現代詩」，所以選入以供參考。作者本人有其成就，但學他的人多半失敗。這倒不是什麼主義問題，而是氣質問題。

路

楊喚

車的輪，馬的蹄，閃爍的號角，狩獵的旗。
不疲憊的意志是向前的。
爲什麼要抱怨那無罪的鞋子呢？
你呀！熄了的火把，涸池裡的魚。

期待

楊喚

每一顆銀亮的雨點是一個跳動的字，
那狂燃起來的閃電是一行行動人的標題。

從夜的檻裡醒來，把夢的黑貓叱開，
聽滾響的雷爲我報告晴朗的消息。

獵　　楊喚

山林裡有帶槍的獵者，
貓頭鷹且不要狂聲獰笑。
沙漠裡有汲水的少女，
駝鈴啊，請不要訴說你的寂寞和憂鬱。

楊喚的詩有一最大優點，就是意象新顯而鮮明，這是很多詩人辦不到的。他用字非常簡約，動詞，名詞，形容詞運用得非常恰當，上面這三首詩幾無一字浪費。他的情感純眞，不矯揉做作，思想深刻而不膚淺，眞有創作才能，而又不標新立異，他是不屬於任何主義任何派別而又能獨立存在的極少數詩人之一。他死了多年，他的詩在今天仍然是最好的詩，他的「詩的噴泉」十首，將是不朽的傑作。

虹

覃子豪

虹是海上的長橋
無數的船像落葉般的
在橋下飄過
我眞厭倦在海上流落
要踏上長橋
去覓歸路

看不見橋的起點
也看不見橋的盡頭
踏上長橋
何處是路？
心中憑添了
煩惱與憂愁

這首詩表現出一種空虛悵惘徬徨的情緒，是純粹的抒情詩。作者把虹當作海上的長橋，而又把船當作無數的落葉般在橋下飄過，自然給予人一種美感。這是作者四十年間的作品，實在比近年的許多作品簡鍊充實而富有詩意。

熱帶魚

墨人

紅脊脊的，花肚皮的
以及和斑馬一般多彩多姿的
熱帶魚群
一個個啣着尾巴游進來
從一百度高溫的室外
游進這七十五度的低溫帶
游到綠色棕梠樹下
游進綠色的海藻
選擇那最黑暗的區域
靜止下來，棲息下來

而且把黑色的頭埋下去
深深地埋進綠色的海藻

然後以同類都難聽懂的語言
輕輕地絮語着，傾訴着
鰭與鰭擁抱着
唇與唇喋唼着
而且發射着輕微的音波

我是一尾孤單的淡水魚
偶爾游進這旖旎的熱帶魚區
他們在黑暗的海底喋唼纏綿
我却淸醒地浮在透明的海面
在六百個綠色的方城中
生產着一個個藍色的受精卵

然後吐口白色的泡沫
悄悄地離開這熱帶魚區
離開那些紅背脊的，花肚皮的
以及和斑馬一般多彩多姿的
正在發暈的熱帶魚

以上這首詩是拙作，我只說明寫作背景。

第一首詩「熱帶魚」，是大熱天我在一家咖啡室趕寫小說時的「觀感」。泡咖啡室的男男女女很多，而且穿着五顏六色的衣服，直條子的橫條子的，花的，應有盡有，有很多是情侶，大家都選黑暗的地方坐，還有盆栽的棕梠樹的地方坐，下文不必細說。即使是中年以上的單身漢，眼睛也向服務小姐滴溜溜地轉，而有些偷情的中年男女，更借這種地方幽會，這種事情只好以小說表現了，並未入詩。

上面選了[illegible]的一些新詩之後，再順便談談印度詩哲泰戈爾的「漂島集」和奈都夫人的詩。

印度這兩位詩人的詩都是糜文開先生翻譯的，是值得研讀的好詩。

先談泰戈爾的「漂島集」，據糜先生在序言中說：「泰翁這本詩集，可說是傑品中的傑品。」當我看完了泰翁的另幾本詩集如「受貽集」，「採果集」，「橫渡集」之後，深深同意糜者的說法。

在「漂鳥集」三二六首詩中，有些是前後互相關聯，有些是個別存在，但全集中幾乎沒有一首是超過四行的，都是些短句，而且有很多是格言，即使是詩，也充滿了人生哲理。這個集子的這一特徵，是我們首先應該瞭解的。正因爲如此，我們不妨把他這些短句分作兩方面來探討，一是屬於詩的短句，一是屬於格言的句子。

屬於詩的句子，我舉幾個例子如下：

正像「黃昏」在靜寂的林中，
「憂愁」在我的心裡已平靜下來。

——一〇

女人，當你走着料理家事時，你的手脚都在唱歌，像一條山溪在卵石中歌唱一般。

——三八

今晨我坐在我的窗口，世界像一個過路人在那裡停留片刻，向我點點頭又走開了。
世界衝越過纏綿的心弦彈着憂鬱的音樂。

——四四

青草尋求牠陸地上的擁擠，
樹木尋求着牠天空中的幽靜。

——七八

雲謙卑地站在天之一隅，
黎明用光彩作王冠來給牠戴上。

——一〇〇

以上所選的六首詩的短句中，我們可以看出泰翁的卓越的表現技巧來。這種表現技巧決不是普通詩人所能辦到的，泰翁之所以享有國際盛譽，這種表現技巧應該是很重要的因素。這幾首詩沒有一首不是意境清新形象生動的，每一個名詞，動詞，形容詞的運用都是千錘百鍊準確有致的。如第十六首「今晨我坐在我的窗口，世界像一個過路人在這裡停留片刻，向我點點頭又走開了。」這裡面所用的「窗口」，「世界」，「過路人」，「點點頭」，是多麼的準確恰當？生動活潑。他坐在窗口，把世界比作一個過路人，在這裡停留片刻，又點點頭走開了。這一「點」眞是畫龍「點」睛，形象具體生動活潑極了，這和我們的「光陰者如白駒之過隙」眞有異曲同工之妙。但站在詩的觀點來看，這一首詩是更富有藝術價值的。

再如第七十八首「青草尋求着牠陸地上的擁擠，樹木尋求着牠天空中的幽靜」，這就分出了平面和立體，而這首詩裡面名詞動詞形容詞的聯合運用之妙，眞是無以復加，多一字固不可以，少一字也難成完璧，此大詩人之所以爲大詩人也。其他各首亦無一不是佳構，而且首首都給我們一新耳目。

屬於詩的句子如此，屬於格言的句子又如何呢？爲了便於探討，仍然需要舉例。

當我們十二分謙遜之時便是我們接近偉大之時

——五七

「偉大」不怕與「渺小」同行。
只有中間才遠離別人。

——一五六

過分接近可能殺死，保持距離或許成功。

——一九七

如果人是畜牲，人比畜牲更壞。

——一四八

眼睛不會用眼力來傲人，却以戴眼鏡來傲人。

——二五六

讓死的有不朽的名，但活的要有不朽的愛。

——二八〇

以上所舉都是格言，但這些格言不但其本身有顛撲不破的眞理，在文句的構造上也是藝術化了的，絕對不同於一般貧血，蒼白的標語口號，因此我們仍然可以把這類的格言當作詩看。這個集子裡面雖是一些短句，沒有四行以上的形式完整的詩可資借鏡，但僅僅這些短句也足够我們的詩人一生受用了。從這個集子裡面，我們不僅可以看出泰翁是一個偉大的詩人，同時也是一個偉大的哲學家，他之被尊爲「詩哲」是一點也不偶然的。他的作品不僅可以啓發我們的表現技巧，也可以醫療我們的詩人們思想上的貧乏。

印度的另一位詩人奈都夫人的詩，也可以作爲我們的借鏡。奈都夫人晚生於泰戈爾十八年，後死八年，她寫了「金城」，「時之鳥」，「折翼」三本詩集之後就停止了創作。他的作品沒有泰戈爾多，寫作範圍沒有泰戈爾廣，她的詩的風格和泰戈爾也完全不同。她的詩熱情旁礴，但不粗糙，氣象宏偉但不獷野，字句凝鍊但無斧鑿痕跡，其最大優點是形象生動意境清新，她的「孤獨」一詩可作代表。

哦，愛啊，孤獨地我尋覓在那開花的空林。

尋覓在那歡快的光亮而熟悉的小徑，
尋覓在那美麗晨光中的石榴院，
尋覓在那靜夜中的安恬而繁茂的果園。

哦，愛啊，孤獨地我衝向那閃光的波濤，
衝向那生命的溪之變幻浪潮，
衝向那希望的大海，慾念的急流，
衝向惑人明目的河口。

可是沒有憐憫的風或安慰的星，
帶給我從你寓處送來的甜蜜的信……
在什麼笑或淚的預定時間，
我才能得到慰藉於撫觸你的聖顏！

從這首詩裡我們可以發現奈都夫人的高超技巧，她對於動詞，形容詞，名詞的運用是那麼熟練而準確，因此產生了活潑的形象和清新的意境。

新詩最大的困難是形象的創造和意境的創造，而形象和意境又是決定新詩成敗的兩大關鍵，一些「美麗的僵屍」就是由於思想的貧乏和詞彙的貧乏而造成的。

小說的人物描寫

一、前言

什麼是小說？或者說小說有那些要素？這雖然不是本文所必須談的問題，但亦不妨順便一提。

有人認爲小說有五個要素，有人認爲小說有三個要素，但以我個人的淺見，五個似乎多一點，三個又似乎少一點，四個則比較恰當。

那麼小說有那四大要素呢？即：主題、人物、故事、結構。至於第五個要素「觀點」，可以附屬於第一個要素主題，因爲主題就是表現人物觀點亦即作家觀點的。

任何形式的作品，都有主題和結構，散文如此，詩亦如此。所以只要有主題和結構，就可以構成一篇文章和一首抒情詩（敘事詩也有人物故事），或是一篇寫景的散文。但是小說不然，它必須加上兩樣特殊的東西，那就是人物和故事。沒有人物和故事就不成其爲小說，這就是小說不同於其他文藝作品的地方，也就是小說的最大特色。

但是故事和人物的關係又如何呢？嚴格地講，故事是附麗於人物的，沒有人物，便不可能發生故事。以人而言，戀愛結婚是事；以狗而言，打架是事，所以事是隨人物而產生的。如果某人不戀愛結婚，某人還是人；如果某狗不打架，牠還是狗。如果我們寫人出家做和尚，不寫他戀愛結婚，可以；如果我們不寫某狗打架，而寫牠咬人，也可以。但是除掉「人」，就不可能發生戀愛結婚或出家做和尚這些「事」；除掉「狗」，也不可能發生打架或咬人這些事。其理甚淺，可是有些人還弄不清楚故事和人物的關係，甚至爲「故事重要還是人物重要？」而爭得面紅耳赤，這就無怪乎一般讀者以爲看故事就是看小說了。因爲有些人以爲寫故事就是寫小說，所以挖空心思寫故事 寫得天花亂墜，曲折離奇，纏綿悱惻，可是故事完了「小說」也就完了，讀者看完了也就算了。它根本無法在讀者心裡生根。這是什麼原因呢？就是作者沒有寫出一個活生生的人物。紅樓夢之不朽，唐吉珂德之不朽，並不是故事的不朽，而是人物的不朽。如果沒有賈寶玉，林黛玉，薛寶釵，王熙鳳……和唐·吉珂德，這兩本書照樣不會流傳下來。「老人與海」也就更無價值了。所以探本窮源，小說之所以爲小說，主要的關鍵在人物。人物成功，小說成功；人物失敗，小說失敗。

說明了這一前提之後，就可以說到人物描寫了。

二、怎樣描寫人物

寫人物眞不是一件簡單的事，人物對於小說家是一個最大的難題，一個最大的考驗。平時要多做準備工作，執筆時要運用許多手法，考慮許多問題，一個疏忽就留下一漏洞，一處敗筆。固然世界上還找不出一本十全十美的小說，但作者總以求全爲妥。正因爲如此，我不得不儘我所知的多列幾個項目，再根據這些項目提供一點淺見。

一、觀察

寫小說不能完全憑直覺，作爲一個小說家需要豐富的人生經驗和多方面的知識，尤其是對於人的瞭解，應該透澈。探尋宇宙的奥秘，那是科學家的事，但是探尋人的奥秘却是小說家的事。而在所有動物之中，人文是最複雜最難瞭解的動物。所以瞭解「人」是小說家最重要的一門學問。

那麼怎樣瞭解人呢？第一步工作應該是觀察，這是寫人物的最重要的準備工作。

每一個人都有機會接觸別人，一個人一生所接觸的人簡直多得無法統計，但是除了至親好友之外，別的人無異「過眼煙雲」，毫無印象。這是一般人的情形。但是一個小說家却應該多留心一點，凡是自己所接觸到的人，一定要留心觀察。有些人有很好的記性，張三李四的姓名甚至電話號碼，他很快地就可以記住，而且很久不會忘記；但這只是事務頭腦，副官交際人才，而不是一個小說家的頭腦。因爲電話號碼和姓名對於寫小說並不重要，小說家是可以隨意杜撰的，但是那個人的言談舉止和特性特徵，對於小說家却非常重要，必須注意觀察，甚至把他保藏起來，當時也許用不着，將來寫作時可能大有用處。一部小說，同時出現幾百人那就是很大的巨著了，而普通的長篇則不過幾十人或者幾個人，但是每人所接觸的人至少應以千計，在這些人當中提鍊幾個重要人物應該不是太難的事，假如平時注意觀察，那就可以「手到擒來」了。

或者有人說小說人物可以虛構，爲什麼要下這麼大的功夫呢？但是我們必須瞭解，虛構的人物也是從人類社會產生的，我們可以寫黑人，白人，乃至各種有色人種，瞎子、跛子，矮子，都可以寫，但是我們不能寫其他星球的人，不能寫三頭六臂的人，除非大家都見過，而確其人，否則就是閉門造車。武俠「小說」作者可以把一個人寫成一提丹田眞氣就一躍數丈，一去無影無踪，甚至有「縮身術」，把一個昂藏的七尺之軀瞬息之間便縮成一個矮冬瓜，假如我們還有一點理智的話，就知道這是作者自欺欺人，鬼話連篇！因爲人的體能在動物當中是很差的，楊傳廣已經是一個很了不起的運動員，雖然苦練了這麼多年，但我敢斷言他的百米無法進入十秒以內，他的跳高也難造兩公尺五以上的成績。如果武俠「小說家」所云，那我們只要請那些武俠去參加世運會，那還不是我們漢家兒女的天下？所有的世運錦標還不被我們一口袋統回來？那楊傳廣便毫不足貴，我們中國人也不會老是在世運會裡扛鴨蛋了。

至於國術固有其奧妙之處，輕功氣功也有其事，但另有一套訓練方法，不可倖致。前幾年臺港澳國術家精英在三軍球場舉行大比賽，所謂少林、太極、白鶴、形意、八卦……各種拳脚招式全部施展出來，眞是使出「渾身解數」，但他們並沒有武俠「小說」作者所說的那麼「離譜」，和以通技擊的平生不肖生而言，他所寫的武俠似乎也沒有今日武俠「小說」作者所寫的這麼「神通廣大」，七俠五義裡似乎也沒有「千里傳音」這一「絕技」，而今日的武俠小說作者却寫出來了。甚至穿挿些黃色情節，以加强引誘刺激，此種武俠「小說」作者不僅不顧事實，不顧情理，也實在太缺乏道德感和責任心了。而一個眞正的小說家是不敢這樣欺騙讀者，引誘讀者，而這樣不負責任的。因此，他必須多費一點功夫去觀察平凡的人，研究大家所親眼目擊的人。這種人物寫了出來才會像人，才有人味，讀者也才會有親切感。

二、類型

如果我們注意觀察人物，就會知道社會上的人物不是一個模子裡倒出來的，他們是各有各的屬性，各有各的類型。在從前，大致可以分爲農、工、商、學、兵、這幾大類，但是現在卻更複雜，即以「學」來講，學理工的和學文學的，就大異其趣，同時學西洋文學的和學中國文學的，也不盡相同，其他的就不必例舉了。

由於社會的日趨複雜，分工越來越細密，所以人物類型也越來越多，這就是由於教育和職業的屬性所造成的。

如以性格來分，則有勇敢的、豪放的、忠誠的、怯懦的、虛僞的、奸險的、外表忠厚而內藏奸詐的……這種種人物，在現實社會裡很多，在書本中也很容易找到。

如以外型來分，有魁梧奇偉的，有氣宇軒昂的，有濃眉惡眼的，有眉清目秀的，有駝背的，有跛腿的，有瞎眼的……可以說全世界幾乎找不出一個外表完全相同的人。

因此無論從職業的屬性來分，或從人物的性格來分，或是從外型來分，人物的類型眞是五花八門，不一而足。也正因爲人物類型多，所以小說的天地是寬廣的，小說家才不致於擱筆。

三、背景

要澈底瞭解一個人物，必須尋求這個人物的背景。人物的背景又可以分爲先天的和後天的，屬於先天的最重要是遺傳。（我之所謂遺傳不是上一代如何下一代也如何這個意思）遺傳爲什麼重要？因爲遺傳關係一個人的氣質，而氣質對於一個人的一生影響又特別大。俗話說「江山易改，本性難移」，就是這個道理。而小說家對於小說人物所必須把握的也就是氣質，要轉變小說人物的氣質，又決不是三言兩語可以交代清楚，這裡面所包含的問題太多，因此就不能不注意後天因素。屬於後天的，是家庭教育，學校教育、社會教育、以及本身的職業性質。這些先天的和後天的背景，就是決定一個人一生的重大因素。

假如一個人的先天秉賦是勇敢的，可是他是一個無父無母的孤兒，從小過着流浪生活，在黑社會中長大，沒有受過良好的家庭教育，學校教育，社會教育，又無固定工作，整天和流氓爲伍，那他必然會成爲一個好勇鬥狠之徒，爲了爭取生存，或是滿足其他慾望，他便視白刀子進紅刀子出爲常事。由於勇敢，他可能成爲黑社會的龍頭，頂兒尖兒的人物，娼門酒家的保鏢，一個坐地分贓的「坐山虎」。要是在大陸，自然會成爲綠林英雄，雄視一方，使商旅裹足，官軍畏懼。但是他登峯造極也不過如此。如果運氣不佳，可能很早就伏法了。同樣的一個人，如果他一直受着良好的家庭教育，學校教育，再進軍校受嚴格的軍事教育和深造教育，那他可能成爲捍衞國家的大將，見危授命，臨死不懼的岳武穆了。這是就人物個性直線發展而言。順其道而行，必然會有這兩種結果。

假如反其道而行，那結果便不一樣了。

如某人天性喜愛文學藝術，而他又一直受着文學藝術的教育薰陶，那他必然會順利地成爲文學家和藝術家。但是如果受環境影響，逼得他非學工學商學理甚至學軍事不可，那他一定不能發揮這方面的長處，甚至終生痛苦。惟上焉者才能改弦易轍，仍然發揮他文學藝術方面的天才，終於卓然成家。如李後主是個世襲帝王，但他不是一個熱衷於政治權力的人，而是一個喜愛文學藝術的人，所以把江山丟掉了。國破家亡時他還「揮淚對宮娥」呢。以政治的眼光來看，李後主是一個最倒楣最沒有出息的帝王；可是以文學的眼光來看，他卻是一個震爍古今的大詞人。他的詞章在中國文學史上放射着萬丈光芒，我們現在讀到他那些悽惋悱惻的詞章，仍然低徊不已。以他在文學上的成就而言，他又可以雄視歷史上的任何帝王了。

作爲一個小說家，他必須瞭解人物背景和許多錯綜複雜的關係。這樣他在運用處理人物的時候，才能表現深度，才能發揮更高的效果。

四、形相

人物的類型固然很多，人物的形相也不一致。以體型來分，有高有矮，有胖有瘦；以面型來分，有圓的、長的、方的、三角的：眉有濃淡，嘴有大小，鼻有高低，耳有大小厚薄，眼睛驟看似乎都差不多，其實分別極大。如以形相學來分類，五官的部位名目說法就很繁多。羅貫中寫關羽就用了丹鳳眼，臥蠶眉來形容，這就是形相學上的專門名詞。以鼻而言，中國人的所謂「通天鼻」，「懸膽鼻」，就是西洋人所謂的「希臘鼻」。假如我們寫鼻子僅僅只寫一個「鼻」字，那是多麼籠統含糊？如果寫某人是「通天鼻」，這就比較具體了。（所謂「通天鼻」，即三根隆起，與準頭天庭成一直線，直冲而上，照中國人的看法應屬帝王之相，照西洋人的說法是精力充沛，特別富有創造能力，中西說法雖有出入，其理相通。凡是具有此種鼻子的人（黃種人中國較少），如圓滿豐潤，這人不但身體健康，精力充沛，能力亦特別强，且氣質高貴，卓爾不凡，決非下流之輩）。寫小說如果能够運用形相學的專門名詞，可以給讀者一個概念，因為那是由來已久的名詞，大家比較容易瞭解接受，作者也省掉許多不必要的筆墨，不借用形相學上的專門名詞，自然可以，但是作者要多費點筆墨。形相學不但對於一個領袖人物非常重要，對於一個小說家尤其重要，正如心理學一樣，是處理人物的重要知識。

有些崇拜意識流小說的作者，盲目地反傳統，反典型，而以心理描寫爲能事，完全否定形相的描寫，這未免失之於偏。一個人的形相和他的心性是不可分的，所謂有諸內必形諸外，形相與心理是有連帶關係的。

形相是一個人的外表，寫小說當然不是畫人相，更不是所謂麻衣相法的翻版，但是要想寫出一個活生生的人，適當的形相描寫是不可以揚棄的，這種描寫只會使人物更完整更突出，而無損於人物的完整突出。大手筆三筆兩筆就可以勾勒出一個人物的輪廓，低能的人才會費去許多篇章冗長地描寫。文學藝術的運用之妙存乎一心，形相描寫正復如此。

用最少的筆墨勾勒出完整突出的形相，非常必要；完全否定形相的描寫，那是作者自己的損失。

五、心理

大致說來，形相是靜態的，一個成人除了遭遇意外事故，他的五官四肢是很少變形的，只會隨着歲月的增長而自然地逐漸地消瘦下去或臃腫起來。至於心理意識則是動態的，它是隨時在動的，瞬息萬變，一個人的心靈世界是非常遼闊的，一個不滿方丈的監牢，可以囚禁一個人的身體，但他的思想意識卻可以飛越高山橫渡海洋，他愛想什麼就想什麼，無法限制也無法拘束。小說家之描寫人物心理，就是要適當地把握住這種心理狀態。

由於佛洛伊德的影響，近代小說家多注重人物心理描寫，「意識流小說」，即其一例。「意識流小說」之反傳統，反典型，反結構，而順着人物的意識的流動，信筆所至，甚至不加標點符號，這就超出了小說的規範，破壞了小說的藝術性了。

小說不是一匹野馬，它應行其所當行，止其所當止，心理描寫不過是小說的表現方法之一、是手段而不是目的，是環節而不是全體。小說家應該懂得人類心理，但他不是心理學家，小說家也應該懂哲學，科學，醫學……但他不是哲學家，科學家，醫生……小說家是小說家，大可不必附庸風雅，自炫淵博，尤其不可以做別人的尾巴。因為哲學有哲學的範疇，科學有科學的範疇，醫學有醫學的範疇，小說也有小說的範疇，把科學、哲學、醫學的整套理論搬進小說，作為它們的實驗和辯論場地，那是他們侵犯了小說，那是喧賓奪主，心理學在小說裡面的過度擴張，同樣地侵犯了小說的主權。小說有小說的獨立地位，小說家更應有小說家的獨立思想，一個缺少獨立思考，獨立判斷能力，而輕易附和盲從的小說家，決非傑出的小說家，也絕對寫不出傑出的作品。

前面說過，心裡描寫不過是小說的表現方法之一，適應小說的某種需要而作適當的心理描寫是必要的，為皈依某種心理學而通過小說形式描寫某種心理，那是喧賓奪主，而其所存在的充其豈不過是小說的外衣而已！一個空的鳥籠，決不能使人承認它裡面有鳥；如果鳥籠裡放了一隻猫，那更不倫不類而使人啼笑皆非了。

有適當的心理描寫的小說是好小說，心理學在小說裡面的過度擴張，對於小說本身却是一種戕害，一種謀殺。

六、語言

詩有詩的語言，小說也有小說的語言。小說雖然是用散文寫的，但小說和散文不同，除了小說所不可缺少的故事和人物之外，語言也有關係。而小說語言的最大特點是表現於人物的對話。

平時我們常聽見人說，某人見人說人話，見鬼說鬼話。而一個小說家描寫人物的時候，就必須「人說人話，鬼說鬼話」。不僅要人說人話，而且要外國人說外國話，中國人說中國話。而這裡所謂外國話中國話，是指語法，是指說話的方式和習慣，乃至口話，不是文字。即使同是中國人，說話也不一樣，古人和今人不一樣，南方人和北方人也有差別。即使同是一個地區的人，由於教育程度的不同，職業的屬性不同，說話也不一樣。一個大學教授和一個工人，農夫，說話就大不相同，大學教授使用的是高級知識份子的語言，所以吐屬文雅；一個沒有受多少教育甚至文盲的工人農人，他們所使用的是他們那一階層的語言，這種語言是質樸的，沒有經過提鍊的，甚至不合文法的，所以他們說的話就粗俗樸實多了。至於軍人和老百姓的語言，也不盡同，因爲軍人說話會不知不覺地引用軍事術語，尤其是他們彼此之間講笑話時引用得特別多。這完全是由於職業的屬性關係。可是有些作品裡面，就會常常發現不倫不類的話語，中國人說洋話的就特別多。譬喩兩個道道地地的正談戀愛的中國青年男女，男的對女的文謅謅地說：

「親愛的，讓我替妳穿上大衣吧？我有服務的榮幸嗎？」

這實在不像中國人說話，這是作者自己作洋文章。甚至比這更洋化的對話還多的是。有一次我拜讀過一位青年作家的原稿，對話的洋化，簡直不忍卒讀，比看直譯過來的外國作品更難受。所以中國人寫中國小說，不僅要運用中國文字，還要運用中國語言。尤其是常用的口語。

小說對話最要緊的是要切合人物的身份性格，對話是描寫人物的手段之一，通過對話，讀者可以瞭解人物身份和性格。諸葛亮和張飛是兩種典型人物，所以他們兩人的說話完全不同。薛蟠和賈寶玉的說話就更有天壤之別，假如他們的吐屬一般無二，讀者就分別不出誰是賈寶玉？誰是薛蟠了。

我們都知道紅樓夢是一部好小說。這部書實在是中國人的光榮，在大家都愛讀「洋貨」的今日，我獨偏愛這部「土貨」。「紅樓夢」究竟好在什麼地方？拙作「紅樓夢的寫作技巧」（商務版）裡有詳細的分析，本文自然無法細談，但它有一個任何人都無法否認的優點，就是人物描寫的成功。而人物描寫的成功又得力於對話，「紅人樓夢」裡每一個人的說話都充分代表了他的身份和性格，絲毫不亂，維妙維肖。

「老天！老天！你有多少精華靈秀，生出這些人上之人來……」（薛寶琴、李紋、李綺等到大觀園後買寶玉高興地說。）

「你放心，別說這樣話，我便為這些人死了，也是甘心情願的。」（寶玉被父親苦打後，黛玉探病，問他從此可都改了罷，他長嘆一聲說。）

「下雨了，快避雨去吧！」（他在大觀園看齡官在地上畫字沉思，大雨驟至，自己淋得水雞似的，倒不覺得，反而這樣對齡官說。）

「女兒是水做的骨肉，男人是泥做的骨肉，我見了女兒便清爽，見了男人便覺濁臭逼人」。

從以上這些話中，我們就可以看出寶玉的「痴」和他對男女的看法。其他表現寶玉的性格和身份的話語很多很多，有些是他自己說的，有些是別人說的，恕不一一例舉。

「也虧的你，倒聽他（指紫鵑）的話！我平日和你說的全當耳邊風，怎麼他說了你就依，比聖旨還要快呢？」（寶釵怕冷酒於五臟有害，叫寶玉不要吃，黛玉藉雪雁送手爐的機會指桑罵槐說。）

這麼簡簡單單的幾句話，便把黛玉的小心眼和妒忌完全表現了出來。

「姐姐也自己保重些兒，就是哭出兩缸淚來，也醫不好棒瘡！」（寶釵因寶玉挨打與薛蟠吵架，整整哭了一夜，翌晨回家，路過黛玉，黛玉這樣說。）

上面這三句話，黛玉說得多靈巧？又有多損？正如兩面開口的刀，面面傷人而又不着痕跡。這就充分表現了黛玉的性格！

十幾歲時讀「紅樓夢」是一種境界，二十幾歲時讀「紅樓夢」又是一種境界，三十四十讀「紅樓夢」又是一種境界。「紅樓夢」之可貴就是使你百看不厭，意境日新，其所以如此，完全是由於人物的成功，對話的美妙而且入木三分。看過「紅樓夢」的讀者只要看了黛玉那三句話，就是不寫明是黛玉說的，一定也會猜得着，決不會誤認爲是寶釵說的。這就可以看出語言對於人物的作用了。

學問可以從書本尋求，語言必須向社會吸收，平時多聽別人的談話，三教九流的話都聽，日用語彙自然豐富起來，這對於人物描寫是大有幫助的。

七、動作

主題、人物、故事、結構是構成小說的四大要素；形相、心理、語言、動作却是表現人物的四大基礎。心理是內在的，意識是潛伏的，在表面上很不容易看出來；語言、形相和動作却是可以聽可以看的。透過語言、形相和動作，便可以發現人物的思想意識了。

意識流小說之所以沉悶，就是作者忽視了人物的語言和動作，作者的敘述多，人物的表現少，作者冗長的敍述，或藉人物內心的獨白，對於讀者正好起一種催眠作用，甚至造成讀者意識的紊亂，而不知作者所云。如：

……已過十五分鐘一個多麼神秘的時間我想在中國人們才剛起床正在梳他們的髮辮準備過這一天不久修女們就敲擊祈禱鐘了她們沒有人進來打擾她們的睡眠除了一兩位值夜班的奇特的牧師鄰居的鬧鐘嘵嘟嘵嘟響得嚇人如果能讓我睡着就好了一二三四五他們設計的那些星星一樣的花是些什麼花啊郎巴德的牆紙還要更好些他送的圍裙就像這樣只有一點兒相像我只穿過兩次最好把燈捻小我再試一下明天早晨我才能起來我要到芬得拉斯店旁的郎貝店中叫他們給我送花來放在花瓶中萬一他明天要把他再帶來家裡呢我是說今天未必星期五是不好的日子……

以上是意識流小說家喬伊斯在「尤利西斯」裡寫勃羅姆太太毛萊內心的獨白，以表現勃羅姆太太的紊亂概念和情慾意識，連標點符號也去掉了，這樣即使能表現勃羅姆太太情慾意識的紊亂，同時也造成讀者意識的紊亂。

假如作者不是一個意識流的小說家，而分階段和層次地用些自相矛盾的話語和幾個連續的錯亂的動作表現出來，那效果就强多了。（因爲獨白是靜態的，槪念的；行動是動態的，具體的。靜態的描寫和槪念的獨白，決沒有動態的具體的表現來得生動、深刻、具體。不僅小說如此，詩亦如此。）如再加上適當的標點符號，就更能表現勃羅姆太太的紊亂的情慾意識，但却不致於造成讀者意識的紊亂。

水滸一百零八位英雄好漢，個個寫得生動突出，個個都成了型，爲什麼會如此？就是依靠語言和動作。

武松是我們熟知的英雄人物，但是作者怎樣表現武松？他一開始就寫「景陽崗打虎」，那段文字把武松完全表現出來。武松「怎樣」英雄？那段文字寫得「有聲有色」，其所以如此，就是作者充分地運用了人物的語言和動作。

喬伊斯以意識的流動來寫勃羅姆太太的紊亂情慾，如和笑笑生寫潘金蓮的情慾，兩相對照，那眞是相形見拙。爲什麼？因爲笑笑生不僅描寫心理，還運用了語言和動作，而不僅是運用內心的獨白。

我們中國人都承認紅樓夢和水滸是好小說，但沒有誰承認他是意識流小說。紅樓夢的好是好在語言妙到毫顚，水滸的好，語言是一個因素，動作更是一個因素。

人物不停地動作，不僅可以打破沉悶的氣氛，人物的一個習慣性的小動作就可以表現他的心理個性。所以動作對於人物描寫是很有價值的。

無論心理也好，語言也好，動作也好，都是描寫人物的手段，而這些手段不是用於描寫形相，而是用於表現性格的。

八、性格

形相是具體的，看得見的，所以比較易於着筆；性格是抽象的，所以比較難於捉摸。雖然一個人生經驗豐富的小說家，可以從一個人的形相斷定他的性格，但是寫人物時却必須把人物的性格具體地表現出來。小說家創造人物的最大難題，就是人物性格的塑造。要解決這個難題，必須從心理，語言，動作三方面同時着手，三者互相配合，互相運用，人物性格自然會烘托出來。

「哦，是寶兄弟喲！怪不得地。他肚子裡的故典本來多麼就是可惜一件：該用典的時候兒，他就偏忘了，有今兒記得的，前兒夜裡的芭蕉詩就該記得呀！眼面前兒的倒想不起來。別人冷的不得了，他只是出汗。這會兒偏又有記性了！」這是寶釵譏笑寶玉的話，從這些話裡，同時表現了兩個人，一是表現了寶玉，同時也表現了寶釵自己。我們如果將寶釵的這些話和黛玉下面的話對比：

「姐姐也自己保重些兒，就是哭出兩缸淚來，也醫不好棒瘡」就可以看出她們兩人不同的性格來。寶釵雖然譏笑寶玉，可是她的話仍不失溫柔敦厚，使聽的人受得了；黛玉的話驟聽似乎是一句關心的好話，可是話裡却有兩缸醋，一把刀，使聽的人真不好受。

「好好的一個清白淨潔的女子，也學的釣名沽譽，入了國賊祿蠹之流」。（寶玉說寶釵史湘雲）

上面的話代表了寶玉的人生觀，更充分地表現了寶玉的性格。

心理描寫和動作的運用也有同樣的效果。譬喩寫一個抗戰時代的膽怯怕死的人，突然聽見緊急警報和轟炸機嗡嗡的聲音，便馬上駭得面如死灰，牙齒打顫，腿子發軟，跑幾步又跌倒，同時哭叫起來。這裡面就包括了這個人物的心理狀態和動作。也就表現了這個人物的怯弱了。

心理，語言，動作的密切配合，連環運用，對於人物性格的塑造，是會產生特殊的效果的。

九、對比

處理兩個以上的人物，對比的手法是很需要的。在社會上有勇敢的人，也有怯懦的人；有正直的人，也有奸詐的人；有誠實的人，也有虛僞的人。在小說中出現的當然也不完全是同一性型的人，尤其是大部頭的長篇，像紅樓夢有四百四十八個人，水滸有一百零八個英雄好漢，不用對比的手法是不行的。以紅樓夢的寶玉、寶釵、黛玉的三角關係來說，寶釵和黛玉就是一個明顯的對比。她們兩人的外型和性格完全不同，而這兩個不同性格的人又同住在大觀園裡，又同以寶玉爲中心，且常常同時出現，而這兩個人又同時扣緊讀者的心絃。作者個別描寫她們固然造成了明顯的印象，同時描寫他們，更造成了尖銳的對比。而作者又常常利用書中其他的人物對她們兩人的批評，在讀者心中造成兩個明顯的印象。

「林丫頭那孩子倒罷了，只是心重些，所以身子就不大很結實了。要賭靈性兒，也和寶丫頭不差什麼，要說寬厚待人裡頭，却不像寶姐姐有躭待，有儘讓了。」（賈母的批評）

「怨不得別人都全說寶丫頭好，會做人，很大方。如今看來，果然不錯。她哥哥能帶了多少東西來，她挨門兒送到，並不遺漏一處，也不露出誰薄誰厚，連我這樣無時運的他都想到了。要是林丫頭，他把我們娘兒們正眼也不瞧，那裡還肯送我們東西！」（趙姨娘的批評）

「要是寶姑娘聽了，還罷了，那林姑娘嘴裡愛尅薄人，心裡又細，她一聽見了，倘或走漏了，怎麼樣呢？」（小紅的話）

「不是那麼不敢出氣兒，是怕這氣兒大了吹倒了林姑娘；氣兒暖了吹化了薛姑娘！」（興兒的話）

以上的話都是作者利用其他人物的嘴，把林黛玉薛寶釵對比出來，這一對比，就比出了兩人完全不同的性格。這比單獨寫某人如何如何，效果又强多了。

一個作家如果要想他筆下的人物生動突出，就必須運用對比手法，尤其是處理主要人物的時候。

十、差異

俗語說「人心不同各如其面」，世界上沒有兩個完全相同的人物，即使是孿生兄弟，也不會完全相同。我們所說的某人和某人一模一樣，那也僅僅是形相上的大同，但大同之中必有小異，只是我們沒有仔細觀察，所以才沒有發現這個小異。一個作家在處理人物的時候，決不可籠統，如果他筆下的人物都差不多，或是一本書裡的人物都差不多，那就是膚淺。

如果僅僅是寫某一個人物，這一個人物是獨立存在，不會發生異同問題；如果同時寫很多人物，這些人物就不能個個一樣，必須個個不同，張三是張三，李四是李四，如果張三和李四混淆不清，那就是作者的低能。

一個小說家的最大能耐是同時處理幾十個甚至幾百個人物，而又沒有一個相同，這件事說起來很簡單，作起來却非常吃力，沒有極高的才華，敏銳的觀察力和幾十年的寫作修養是很難辦到的。但是我們的前輩作家羅貫中辦到了，施耐菴辦到了，曹雪芹辦到了。

三國上那麼多的人物，我們就找不出兩個相同的人物來；蜀魏吳那麼多的大將，不但蜀魏吳三國大將之間互不相同，即以西蜀的大將而言、關羽、張飛、趙雲、黃忠、又有那一個相同？他們的武功，都不相上下，可是他們的性格是那麼顯明突出，一點也不糢糊。

水滸一百零八個英雄好漢，幾乎都是大盌喝酒，大塊吃肉，而又都有一身好武功的人物，這同一類型人物擠在一本書裡，不說別的，在忠義堂安排座位都成問題，但是作者舉重若輕，把這許多英雄好漢一個個處理好了。使我們看來武松是武松，李逵是李逵，魯智深是魯智深，一點也不含糊。論武功他們是半斤八兩，論形相却不一樣，性格更大有出入。武松的特質是勇敢，血性，信義。李逵的特質是莽撞而有孝思。李逵的莽撞表現在江州刼法場，和武松景陽崗打虎一樣地令人叫絕；而李逵的孝思是在宋江回去探望父親，公孫勝也回去探望母親，大家送走公孫勝回來，李逵却在關下放聲大哭，宋江問他：

「兄弟，你爲何煩惱？」

李逵哭道：

「干鳥氣麼？這個也去取爺，那個也去望娘，偏俺鐵牛是土掘坑裡鑽出來的？」

粗人粗話，表現出了最純眞的人性。（這比劉邦不知道可愛幾百倍了！）這和武松的殺西門慶，殺嫂祭兄的手足之情，就處理手法上來講，眞是異曲同工。

魯智是個花和尚，他的特質是粗魯，却有義氣和幽默感。

魯智深的幽默感是表現在找鎮關西鄭屠打架的事件上。他不是走去就打，而是先向鎮關西買肉，慢慢激怒鄭屠，然後把他打死。

另一件事是冒充新郎，脫得赤條條鬧足了新郎（桃花山强盜）的玩笑，再把新郎打得抱頭鼠竄。這不但表現了花和尚的幽默，也表現了花和尚的義氣。

以上三個英雄好漢，各自表現了他們的「英雄本色」，但不一律，但不八股，而有很大的差異。所以武松不妨碍李逵，李逵也不妨碍魯智深。也正因爲如此，一百零八個好漢才有一百零八個型，才不是一個模子裡倒出來的。

紅樓夢的人物更多，總共有四百四十八個，連小丫頭寫得都極生動，但上自賈母下至小厮却沒有一個相同。賈寶玉是賈寶玉，賈環是賈環，林黛玉是林黛玉，薛寶釵是薛寶釵，探春是探春，迎春是迎春，史湘雲是史湘雲，王熙鳳是王熙鳳……性格完全不同。曹雪芹描寫人物的功夫已經到了不用「來將通名」，只要聽對方講話的聲音和口氣就知道他是誰了。讀者決不會把林黛玉誤爲薛寶釵，把王熙鳳誤爲尤三姐，自然更不會把賈寶玉誤爲薛蟠，這就是曹雪芹的不可及之處。

二、主客

不論中國小說也好，外國小說也好，舊小說也好，新小說也好，小說中的人物一定有主客之分，書中主要人物是主，陪襯人物是客，小說家寫小說的整個目的和所有的方法和手段，都是爲了表現主要人物，陪襯人物只是主要人物的襯托，藉收牡丹綠葉之效。爲了便於說明，再以紅樓夢爲例。（恕我不引用外國作品）紅樓夢的人物雖然多到四百四十八位，寫得十分生動凸出的人物也很多，上自賈母下至丫頭小廝，都寫得栩栩如生，非常有趣。即以最不討人歡喜的趙姨娘說，這種人物在紅樓當中也是一絕！她沒有地位，沒有知識，不識大體，可是她代表了那個時代當中女人的一面，連探春都不以母親視之，這點就值得讀者同情的。

劉姥姥是一個鄉下老婆子，她攀龍附鳳地進了大觀園之後，也佔了不少篇幅，別人把她當作笑科，可是她却是一個老世故，心裡一點也不含糊，她能夠讓別人儘情取樂，就是一份了不起的功夫。

丫頭們如鴛鴦，晴雯，紫鵑……，等等，也沒有一個寫得不好，沒有一個不是有血有肉的人，她們也佔了很多篇幅。

探春史湘雲這些小姐們，地位自然更在趙姨娘劉姥姥和丫頭們之上，她們佔的篇幅更多，幾乎隨時在讀者面前出現，極有身份地位，和賈寶玉林黛玉薛寶釵等同吃同坐同玩，沒有誰輕視她們。

賈母是大觀園的「老佛爺」。王熙鳳更是大觀園的「權臣」，眞是炙手可熱，兩府人士都要仰她鼻意，她玩弄別人於股掌之上，嘴利、心狠、手辣，是出了名的「鳳辣子」。

以上的這些人物表面看來都很重要，但是眞正重要的只有三個人。這三個人就是寶玉、黛玉、寶釵。比起這三個人，連王熙鳳也不過是一片綠葉而已。

我們若再將寶玉、黛玉、寶釵三人分析硏究，紅樓夢的眞正主人翁其實只有寶玉和黛玉兩人，連寶釵也不過是黛玉的陪襯。後來寶釵雖與寶玉結婚，但寶玉自黛玉死後，即心無所屬，如泥人木偶，認爲一切皆空，最後一走了之。

所以紅樓夢雖然有那麼多的人物，那麼熱鬧的場面，但只有賈寶玉和林黛玉是主，寶釵也只能勉強算上一角，其他的人物都是賓，都是陪襯。寫小說人物賓主一定要分，主可壓賓，但賓不可奪主。不管小說家動員多少人物？佈置多大的場面？用什麼表現方法？但他的目的只有一個，一切都是爲了主要人物。

一二、典型

意識流的小說作家反對典型，我們有極少數的作家也反對典型，他們認爲典型落伍了，愛怎麼寫就怎麼寫。不但不要典型，甚至不要故事結構。似乎這樣一來才算時髦，才算新，甚至有人把自己的小說標榜爲「新潮派」。喬伊斯的攸利西斯是一九二二年出版，已經四十多年，卡繆的存在主義作品「異鄉人」是一九四二年發表，也有二十多年，，拾人牙慧，不能算新。

以小說而言，在西洋有所謂古典主義，浪漫主義，自然主義，寫實主義之類的名詞，乃至於「意識流」、「存在主義」。但是中國過去沒有這些玩意，水滸，紅樓夢的作者並沒有標榜什麼主義，後人也很難替他們加上一頂帽子。五四以後雖然產生了不少新小說家，但也沒有產生出學麼主義什麼派來。今天似乎很難有人建立一個什麼主義什麼派？但這並不是一件壞事，因爲文什上的什麼主義什麼派並不是「自封」的，而是讀者和後人給他們按上的。其實這對於一個作家本身來講，是毫無意義的事。

什麼事對於作家本身的關係最大？那就是把作品寫好，這是最高要求。只要把作品寫好，什麼主義什麼派都沒有太大的關係，俗語說「條條大路通羅馬」，只要能到羅馬，你走你的陽關大道，他過他的獨木小橋，都無傷大雅。

但是要想把作品寫好，可也有點規範和原則，小說自亦不能例外。

小說的規範和原則是什麼？這又得談到小說的要素了。

前文已經說過的要素有四：主題、人物、故事和結構。任何文章都得有主題，有結構，小說却多了人物和故事，這就是它的特異之處。這四者之中，缺少了一樣都不可能成爲小說，尤其是人物，而寫人物的最終目的是什麼？是希望這個人物成型，也就是所謂典型。

可是有些小說家却反對典型，甚至反對故事結構，他們要寫「眞實的心理」，「眞實的人生」，希望他們的小說更符合現實的眞實。所以他們赤裸裸地描寫男女的情慾，讓人物的意識自然流動，忽然天南，忽然地北，不管他對主題，人物故事是否有密切關係？是否破壞了結構？結果讀者還沒有看完就暈頭轉向了。簡直如墮五里霧中，越看越糊塗。

這類的小說姑且不問讀者的反應如何？即使作者眞能寫得非常眞實，和現實一模一樣，那麼其在藝術上的成就剛好相反。因爲眞實並不等於藝術。如果眞實就是藝術，那就根本沒有藝術家了。這樣第二手的小說家就更是多餘的了。那我們可以不要畫，只要照相機，也毋須小說，只要醫生的診斷報告書，法官的起訴書和筆錄，速記員和書記就可以代替所有的小說家了。因爲照相速記比畫比寫更「眞實」。

無論創作方法怎樣「新」，但新不過太空船，新不過人造衞星。可是太空船和人造衞星，也有一定的軌道，它們就是遵循預定的軌道飛行。地球如果出軌，那會有怎樣的事情發生？一切禍亂之源就是不守規則，不安本分。小說更不可以亂來，它必須通過作者的理性和藝術眼光，作有秩序地安排和組合，才能成爲文藝作品。張三和李四在什麼地方相遇，在什麼地方發生衝突，都要周密的計劃安排，如果張三和李四隨時隨地打架吵嘴，那就是胡鬧。如果把小說比作一匹馬，作者就是騎馬的人，繮繩控制在作者手裡，不能讓牠亂跑；如果把小說比作一隻船，作者就是掌舵的人，方向是由掌舵的人決定，不能由船決定。野馬才會亂跑，無舵之舟才會隨波逐流。人造衛星是有軌道的，小說也有了它的軌道，而創造典型人物，應是小說家創作的終極目標。

所謂典型，並不是一般人所看慣了的平劇臉譜。我們不能因爲看厭了那些臉譜而反對典型。典型是需要創造的，不是因襲的，施耐菴創造了武松、李逵、宋江這許多典型；曹雪芹却創造了賈寶玉，林黛玉等另一批新的典型。我們不但不能因爲別人創造了那麼多的典型，而否定典型。恰好相反，我們應該創造更多更新的典型，這樣才能賦予作品新的生命。

三、結論

小說是文藝，不是科學，不是哲學，也不是心理學。小說家固應具備各方面的知識，但科學、哲學、心理學，或其他各種學術在小說裡面的過度擴張，對於小說都是一種戕害。小說家可以運用各種學識，但不能讓其他學識借小說而寄生。小說固如汪洋大海，可以兼收並蓄，但亦應保持其本身的純淨。大海可以容納百川，但百川被大海融化於無形，所以海才不失其爲海。小說亦應如是。

小說的要素有四，但其重點在於人物，小說家運用一切方法的最高目的就是表現人物，創造典型人物。而人物之所以能成爲典型，就是由於小說家創造的成功。一個低能的小說家是創造不出成功的人物的，只有傑出的小說家才能辦到。小說的生命，小說家的生命，不繫於傳奇的故事，而繫於典型的人物。曹雪芹施耐菴等之所以不朽者在此；西萬提斯之所以不朽者在此；……小說中有不朽的人物，然後才有不朽的小說家。否則雖著作等身，仍如過眼煙雲，時間的風輕輕一吹，便很快地化爲烏有了。

詠物遺懷三首

其一

尋遍千山幾樹松，盤根直上白雲峯；蓬萊春暖多花草，不禁冰霜和雪封。

其二

姹紅嫣紅處處開，惱人春色滿蓬萊；山南山北紅如火，不見寒梅一樹栽。

其三

紅也妖嬈綠也芃，桃花依舊笑春風；歲寒無處尋三友，秋樹蕭蕭憶晚楓。

墨人博士著作書目（校正版）

書目	類別	出版者	出版時間
一、自由的火焰 ⎫ 與《山之禮讚》合併	詩集	自印（左營）	民國三十九年（一九五〇）
二、哀祖國 ⎭ 易名《墨人新詩集》	詩集	大江出版社（臺北）	民國四十一年（一九五二）
三、最後的選擇	短篇小說	百成書店（高雄）	民國四十二年（一九五三）
四、閃爍的星辰	長篇小說	大業書店（高雄）	民國四十二年（一九五三）
五、黑森林	長篇小說	香港亞洲社	民國四十四年（一九五五）
六、魔障	長篇小說	暢流半月刊（臺北）	民國四十七年（一九五八）
七、孤島長虹（全集中易名為富國島）	長篇小說	文壇社（臺北）	民國四十八年（一九五九）
八、古樹春藤	中篇小說	九龍東方社	民國五十一年（一九六二）
九、花嫁	短篇小說	九龍東方社	民國五十三年（一九六四）
一〇、水仙花	短篇小說	長城出版社（高雄）	民國五十三年（一九六四）
一一、白夢蘭	短篇小說	長城出版社（高雄）	民國五十三年（一九六四）
一二、颱風之夜	短篇小說	長城出版社（高雄）	民國五十三年（一九六四）

一三、白雪青山	長篇小說	長城出版社（高雄）	民國五十四年（一九六五）
一四、春梅小史	長篇小說	長城出版社（高雄）	民國五十四年（一九六五）
一五、洛陽花似錦	長篇小說	長城出版社（高雄）	民國五十四年（一九六五）
一六、東風無力百花殘	長篇小說	長城出版社（高雄）	民國五十四年（一九六五）
一七、合家歡	長篇小說	臺灣省新聞處（臺中）	民國五十四年（一九六五）
一八、紅樓夢的寫作技巧	文學理論	臺灣商務印書館（臺北）	民國五十五年（一九六六）
一九、塞外	短篇小說	臺灣商務印書館（臺北）	民國五十五年（一九六六）
二〇、碎心記	長篇小說	小說創作社（臺北）	民國五十六年（一九六七）
二一、蠶姑	長篇小說	小說創作社（臺北）	民國五十七年（一九六八）
二二、鱗爪集	散　文	水牛出版社（臺北）	民國五十七年（一九六八）
二三、青雲路	短篇小說	臺灣商務印書館（臺北）	民國五十八年（一九六九）
二四、變性記	短篇小說	臺灣商務印書館（臺北）	民國五十八年（一九六九）
二五、龍鳳傳	長篇小說	幼獅書店（臺北）	民國五十九年（一九七〇）
二六、火樹銀花	長篇小說	立志出版社（臺北）	民國五十九年（一九七〇）
二七、浮生集	散　文	聞道出版社（臺南）	民國六十一年（一九七二）
二八、墨人詩選	詩　集	臺灣中華書局（臺北）	民國六十一年（一九七二）
二九、鳳凰谷	長篇小說	臺灣中華書局（臺北）	民國六十一年（一九七二）

三〇、墨人短篇小說選　短篇小說　臺灣中華書局（臺北）　民國六十一年（一九七二）

三一、斷腸人　短篇小說　臺灣學生書局（臺北）　民國六十一年（一九七二）

三二、詩人革命家胡漢民傳　傳記小說　近代中國社（臺北）　民國六十七年（一九七八）

三三、心猿　長篇小說　學人文化公司（臺北）　民國六十八年（一九七九）

三四、山之禮讚　詩集　秋水詩刊（臺北）　民國六十九年（一九八〇）

三五、心在山林　散文　中華日報社（臺北）　民國六十九年（一九八〇）

三六、墨人散文集　散文　學人文化公司（臺中）　民國六十九年（一九八〇）

三七、山中人語　散文　臺灣商務印書館（臺北）　民國七十二年（一九八三）

三八、花市　散文　江山出版社（臺北）　民國七十四年（一九八五）

三九、三更燈火五更雞　散文　江山出版社（臺北）　民國七十四年（一九八五）

四〇、墨人絕律詩集　詩集　臺灣商務印書館（臺北）　民國七十六年（一九八七）

四一、全唐詩尋幽探微　文學理論　臺灣商務印書館（臺北）　民國七十六年（一九八七）

四二、第二春　短篇小說　采風出版社（臺北）　民國七十七年（一九八八）

四三、全唐宋詞尋幽探微　文學理論　臺灣商務印書館（臺北）　民國七十八年（一九八九）

四四、小園昨夜又東風　散文　黎明文化公司（臺北）　民國八十年（一九九一）

四五、紅塵（上、中、下三卷）　長篇小說　臺灣新生報社（臺北）　民國八十年（一九九一）

四六、大陸文學之旅　散文　文史哲出版社（臺北）　民國八十一年（一九九二）

四七、紅塵續集	長篇小說	臺灣新生報社（臺北）	民國八十二年（一九九三）
四八、墨人半世紀詩選	詩　選	文史哲出版社（臺北）	民國八十四年（一九九五）
四九、張本紅樓夢（上下兩巨冊）	修訂批註	湖南出版社（長沙）	民國八十五年（一九九六）
五〇、紅塵心語	散　文	圓明出版社（臺北）	民國八十五年（一九九六）
五一、年年作客伴寒窗	散　文	中天出版社（臺北）	民國八十六年（一九九七）
五二、全宋詩尋幽探微	文學理論	文史哲出版社（臺北）	民國八十九年（二〇〇〇）
五三、墨人詩詞詩話	詩詞・理論	詩藝文出版社（臺北）	民國八十九年（二〇〇〇）
五四、娑婆世界（定本）	長篇小說	昭明出版社（臺北）	民國八十八年（一九九九）
五五、白雪青山（定本）	長篇小說	昭明出版社（臺北）	民國八十九年（二〇〇〇）
五六、滾滾長江（定本）	長篇小說	昭明出版社（臺北）	民國八十九年（二〇〇〇）
五七、春梅小史（定本）	長篇小說	昭明出版社（臺北）	民國八十九年（二〇〇〇）
五八、紫燕（定本）	長篇小說	昭明出版社（臺北）	民國九十年（二〇〇一）
五九、紅樓夢的寫作技巧（定本）	文學理論	昭明出版社（臺北）	民國九十年（二〇〇一）
六〇、紅塵六卷（定本）	長篇小說	昭明出版社（臺北）	民國九十年（二〇〇一）
六一、紅塵法文本	巴黎友豐（you fong）書局出版		二〇〇四年初版

附註：

▲北京中國文聯出版社二〇〇三年出版　大陸教授羅龍炎・王雅清合著《紅塵》論專書

▲臺北市昭明出版社出版墨人一系列代表作，長篇小說《娑婆世界》、一百九十多萬字的空前大長篇《紅塵》（中法文本共出五版）暨《白雪青山》（兩岸共出六版）、《滾滾長紅》、《春梅小史》、《紫燕》，短篇小說集、文學理論《紅樓夢的寫作技巧》（兩岸共出十四版）等書。臺灣中華書局出版的《墨人自選集》共五大冊，收入長篇小說《白雪青山》、《蠶姑》、《鳳凰谷》、《江水悠悠》（爲《東風無力百花殘》易名）、《短篇小說·詩選》合集。《哀祖國》及《合家歡》皆由高雄大業書店再版。臺北詩藝文出版社出版的《墨人詩詞詩話》創作理論兼備，爲「五四」以來詩人、作家所未有者。

▲臺灣商務印書館於民國七十三年七月出版先留英後留美哲學博士程石泉、宋瑞等數十人的評論專集《論墨人及其作品》上、下兩冊。

▲《白雪青山》於民國七十八年（一九八九）由臺北大地出版社第三版。

▲臺北中國詩歌藝術學會於一九九五年五月出版《十三家論文》論《墨人半世紀詩選》。

▲《紅塵》於民國七十九年（一九九〇）五月由大陸黃河文化出版社出版前五十四章（香港登記、深圳市印行）。大陸因未有書號未公開發行僅供墨人「大陸文學之旅」時與會作家座談時參考。

▲北京中國文聯出版公司於一九九二年十二月出版長篇小說《春梅小史》（易名《也無風雨也無晴》）；一九九三年四月出版《紅樓夢的寫作技巧》。

▲北京中國社會科學出版社於一九九四年出版散文集《浮生小趣》。

▲北京群眾出版社於一九九五年一月出版散文集《小園昨夜又東風》；一九九五年十月京華出版社出

版長篇小說《白雪青山》大陸版，第一版三千冊，一九九七年八月再版一萬冊。

▲長沙湖南出版社於一九九六年一月初出版墨人費時十多年精心修訂批註的《張本紅樓夢》，分上下兩大冊精裝一萬一千套。立即銷完，因未經墨人親校，難免疏失，墨人未同意再版。

Mo Jen's Works

1950　*The Flames of Freedom*（poems）《自由的火焰》

1952　*Lament for My Mother Country*（poems）《哀祖國》

1953　*Glittering Stars*（novel）《閃爍的星辰》

The Last Choice（short stories）《最後的選擇》

1955　*Black Forest*（novel）《黑森林》

The Hindrance（novel）《魔障》

The Rainbow and An Isolated Island（novel）《孤島長虹》（全集中易名爲富國島）

1963　*The spring Ivy and Old Tree*（novelette）《古樹春藤》

1964　*Narcissus*（novelette）《水仙花》

A Typhonic Night（novelette）《颱風之夜》

Ms.Pei Mong-lan（novelette）《白夢蘭》

The Joy of the Whole Family（novel）《合家歡》

Flower Marriage（novelette）《花嫁》

1965 *White Snow and Green Mountain*（novel）《白雪青山》

The Short Story of Miss Chung Mei（novel）《春梅小史》

The Powerless Spring Breeze and Faded Flowers（novel）《東風無力百花殘》（《江水悠悠》）

Flower Blossom in Loyang（novel）《洛陽花似錦》

1966 *The Writing Technique of the Dream of Red Chamber*（literature theory）《紅樓夢的寫作技巧》

Out of The Wild Frontier（novelette）《塞外》

1967 *A Heart-broken Story*（novel）《碎心記》

1968 *Miss Clever*（novel）《靈姑》

Trifle（prose）《鱗爪集》

1969 *The Road to Promotion*（novelette）《青雲路》

1970 *A Sex-change Story*（novelette）《變性記》

The Biography of the Dragon and the Phoenix（novel）《龍鳳傳》

1971 *A Brilliantly lighted Garden*（novel）《火樹銀花》

1972 *My Floating Life*（prose）《浮生記》

Selection of Mo Jen's Poems《墨人詩選》

A Heart-broken Woman（novelette）《斷腸人》

Phoenix Valley（novel）《鳳凰谷》

Mo Jen's Works（five volumes）《墨人自選集》

Selection of Mo Jen's short stores《墨人短篇小說選》

1978 *Hu Han-ming, the Poet and Revolutionist*（novel）《詩人革命家胡漢民》

1979 *The Mokey in the Heart*（i.e. The Purple Swallow renamed）《心猿》

1980 *The Hermit*（prose）《心在山林》

A Collection of Mo Jen's Prose（prose）《墨人散文集》

A Praise to Mountains（poems）《山之禮讚》

1983 *Mountaineer's Remarks*（prose）《山中人語》

1985 *My Candle Burns at Both Ends*（prose）《三更燈火五更雞》

Flower Market（prose）《花市》

1986 *A Mundane World*（novel, four volumes, over 1.9 million words）《紅塵》

1987 *Remarks on All Poems of the Tang Dynasty*（theory）《全唐詩尋幽探微》

1988 *Remarks On All Tsyr*（prose poem）*of the Tang and Sung Dynasties*（theory）《全唐宋詞尋幽探微》

1991 *The Breeze That Came From The East Last Night in My Little garden Again*（prose）《小園昨夜又東風》

1992 *Travel for Literature in Mainland China*（prose）《大陸文學之旅》

1995 *Selection of Mo Jen's Poems, 1992-1994*《墨人半世紀詩選》

1996 *I'll look upon the World*《紅塵心語》

Chang Edition of the Dream of Red Chamber《張本紅樓夢》（修訂批註）

1997 *Cherish thy guests and the Muses*《年年作伴寒窗》

1999 *Saha Shih Gai*《娑婆世界》

1999 *Remarks on All Poems of the sung Dynasties*《全宋詩尋幽探尋》

1999 *Mo Jen's Classical Poems and Prose Poems*《墨人詩詞詩話》

2004 *Poussiere Rouge*《紅塵》法文譯本

墨人博士創作年表（二〇〇五年增訂）

年度	年齡	發表出版作品及重要文學紀錄摘要
民國二十八年己卯（一九三九）	十九歲	在東南戰區《前線日報》發表〈臨川新貌〉。淪陷區著名的上海《大美晚報》隨即轉載。
民國二十九年庚辰（一九四〇）	二十歲	在《前線日報》發表〈希望〉、〈路〉等新詩作品。
民國三十年辛巳（一九四一）	二十一歲	在《前線日報》發表〈評夏伯陽〉書評等文。
民國三十一年壬午（一九四二）	二十二歲	在各大報發表〈苦難的行列〉、〈贛州禮讚〉（長詩）、〈老船夫〉、〈盲歌者〉、〈自己的輓歌〉、〈抹去那怯弱的眼淚吧〉、〈生命之歌〉、〈快劑鳥〉、〈鷂鷹與雲雀〉等詩及散文多篇。
民國三十二年癸未（一九四三）	二十三歲	在各大報發表長詩〈鋤奸隊長〉、〈搜索連長〉、〈遙寄〉、〈寫在第七個七七〉、〈父親〉、〈受難的女神〉、〈城市的夜〉及〈火把〉、〈擊柝者〉、〈橋〉、〈古鐘〉、〈汽笛〉、〈山居〉、〈沙灘〉、〈夜行者〉、〈孤芳〉、〈蚊蟲〉、〈蒼蠅〉、〈鬭雞〉、〈陽光〉、〈深秋〉、〈贈某詩人兼寫自己〉、〈哀亡命詩人〉、〈自供〉、〈自壓詩抄〉、〈哀歌〉、〈生活〉、〈給偶像崇拜者〉、〈戰書〉、〈燈下獨白〉、〈夜歸〉、〈失眠之夜〉、〈悼〉、〈殘英〉、〈黃昏曲〉、〈補綴〉、〈復活的季節〉、〈擬戀歌〉、〈晨雀〉、〈春耕〉、〈天空的搏鬥〉等長短抒情詩。另發表散文及短篇小說多篇。

民國三十三年甲申（一九四四）	二十四歲	發表〈山城草〉五首及〈沒有褲子穿的女人〉、〈襤褸的孩子〉、〈駝鈴〉、〈無聲的哭泣〉、〈長夜草〉、〈春夜〉、〈擬某女演員〉、〈蛙聲〉、〈麥笛〉等詩及散文多篇。
民國三十四年乙酉（一九四五）	二十五歲	發表〈最後的勝利〉及〈煉獄裏的聲音〉、〈神女〉、〈問〉等長詩與散文多篇。
民國三十五年丙戌（一九四六）	二十六歲	發表〈夢〉、〈春天不在這裡〉等詩及散文多篇。
民國三十六年丁亥（一九四七）	二十七歲	發表〈冬天的歌〉、〈流浪者之歌〉、〈手杖、煙斗〉及長詩〈上海抒情〉等與散文多篇。
民國三十七年戊子（一九四八）	二十八歲	主編鐘中雜誌、撰寫時論，均不署名。
民國三十八年己丑（一九四九）	二十九歲	七月渡海抵臺、發表〈呈獻〉、〈滿妹〉、及長詩〈自由的火燄〉、〈人類的宣言〉等及散文多篇。
民國三十九年庚寅（一九五〇）	三十歲	發表〈站起來、捏死他！〉、〈滾出去，馬立克！〉、〈英國人〉、〈海洋頌〉等詩。出版《自由的火燄》詩集。
民國四十年辛卯（一九五一）	三十一歲	發表〈春晨獨步〉、〈炫與殉〉、〈悼三閭大夫屈原〉、〈詩聯隊〉、〈心靈之歌〉、〈子夜獨唱〉、〈真理・愛情〉、〈友情的花朵〉、〈啊，西風啊！〉、〈歲暮吟〉、〈師生〉、〈往事〉、〈天書〉、〈歷程〉、〈雨天〉、〈火車飛馳在海岸線上〉、〈帶路者〉、〈送第一艦隊出征〉等詩、及〈哀祖國〉長詩。
民國四十一年壬辰（一九五二）	三十二歲	發表〈未完成的想像〉、〈鄉上吟〉、〈窗下吟〉、〈白髮吟〉、〈秋夜輕吟〉、〈秋訊〉、〈渴念、追求〉、〈寂寞、孤獨〉、〈冬眠〉、〈我想把你忘記〉、〈想念〉、〈成人的悲歌〉、〈訴〉、〈詩人〉、〈詩〉、〈貝絲〉、「春天的懷念」五首、〈秋風〉、〈夜雨〉、〈臺灣海峽的霧〉等及散文、短篇小說多篇。出版《哀祖國》詩集。

民國四十二年癸巳（一九五三）	三十三歲	發表〈寄台北詩人〉等詩及散文短篇小說多篇。高雄百成書店出版短篇小說集《最後的選擇》，收入〈華玲〉、〈生死戀〉、〈梅蘭馨〉、〈敵人的故事〉、〈最後的選擇〉、〈蔣復成〉、〈姚醫生〉等七篇。大業書店出版長篇小說《閃爍的星晨》一、二兩冊。
民國四十三年甲午（一九五四）	三十四歲	發表〈野菜〉、〈海鷗〉、〈鳳凰木〉、〈流螢〉、〈鵝鑾鼻〉、〈海邊的城〉、〈長夏小唱〉及散文、短篇小說多篇。
民國四十四年乙未（一九五五）	三十五歲	發表〈雲〉、〈F-86〉、〈飄GK〉等詩及散文、短篇小說多篇。香港亞洲出版社出版長篇小說《黑森林》，並獲中華文獎會國父誕辰長篇小說第二獎（第一獎從缺）。
民國四十五年丙申（一九五六）	三十六歲	發表〈四月〉等詩及散文、短篇小說多篇。
民國四十六年丁酉（一九五七）	三十七歲	發表〈月亮〉、〈九月之旅〉、〈雨和花〉等詩及長篇小說《魔障》。
民國四十七年戊戌（一九五八）	三十八歲	暢流半月刊雜誌社出版長篇連載小說《魔障》。
民國四十八年己亥（一九五九）	三十九歲	發表短篇小說、散文多篇。文壇雜誌社出版長篇小說《孤島長虹》（全集中易名為《富國島》）。
民國四十九年庚子（一九六〇）	四十歲	發表〈橫貫小唱〉等詩及散文、短篇小說多篇。
民國五十年辛丑（一九六一）	四十一歲	發表〈熱帶魚〉、〈豎琴〉、〈水仙〉等詩及短篇小說甚多。奧國維也納納富出版公司編選的《世界最佳小說選》選入短篇說〈馬腳〉，同時入選者有諾貝爾文學獎得主威廉福克納、拉革克菲斯特等世界各國名作家作品。

民國五十一年壬寅（一九六二）	四十二歲	發表〈青鳥〉、〈兩腳獸〉、〈晚會〉、〈祈禱〉等詩及短篇小說甚多。奧國維也納納富出版公司又將短篇小說《小黃》（以江州司馬筆名撰寫者）選入《世界最佳小說選》、同時入選者有諾貝爾獎得主蕭洛霍夫、郭沫若及世界各國名作家作品。
民國五十二年癸卯（一九六三）	四十三歲	香港九龍東方文學出版社出版中篇小說《古樹春藤》。發表短篇小說、散文甚多。
民國五十三年甲辰（一九六四）	四十四歲	香港九龍東方文學社出版短篇小說集《花嫁》、收入〈教師爺〉、〈劉二爹〉、〈三媽〉、〈異鄉人〉、〈花嫁〉、〈扶桑花〉、〈南海屠鮫〉、〈高山曲〉、〈古寺心聲〉、〈誘惑〉、〈隱情〉、〈美珠〉、〈新苗〉、〈心聲淚影〉等十四篇。 高雄長城出版社出版中短篇小說集《水仙花》、收入〈水仙花〉、〈銀杏表嫂〉、〈圓房記〉、〈江湖兒女〉、〈天鵝〉、〈賭徒〉、〈搶親〉、〈黃龍〉、〈風雪歸人〉、〈花子老錯〉、〈豐豐寺的居士〉、〈人與樹〉、〈過客〉、〈阿婆〉、〈馬腳〉、〈小黃〉等十六篇。 高雄長城出版社出版中短篇小說集《白夢蘭》。收入〈情敵〉、〈空手〉、〈師生〉、〈斷夢〉、〈黃昏曲〉、〈白夢蘭〉、〈平安夜〉、〈凱塞琳．萊蒙托夫與我〉、〈陽春白雪〉、〈亂世佳人〉、〈傷心之旅〉、〈白衣清淚〉、〈護士與病人〉、〈如夢記〉、〈除夕〉等十五篇。　高雄長城出版社出版《中華日報》連載的二十五萬字長篇小說《白雪青山》。　發表短篇小說、散文甚多。
民國五十四年乙巳（一九六五）	四十五歲	高雄長城出版社出版連載長篇小說《洛陽花似錦》、《春梅小史》、《東風無力百花殘》三部。　發表短篇小說、散文甚多。 省政府新聞處出版長篇小說《合家歡》。
民國五十五年丙午（一九六六）	四十六歲	是年五月赴馬尼拉華僑文教講習會講授「紅樓夢的寫作技巧」及新詩課程一個月。 商務印書館出版文學理論專著《紅樓夢的寫作技巧》、全書共十五萬字。 商務印書館出版中短篇小說集《塞外》。收入〈塞外〉、〈騙子〉、〈百合花〉、〈天山風雲〉、〈白金龍〉、〈白狼〉、〈秋爾紫鵑〉、〈齊萬秋的衣鉢〉、〈半路夫妻〉、〈百鳥聲喧〉、〈風竹與野馬〉、〈美人計〉、〈夜襲〉、〈花燭劫〉等十四篇。

民國五十六年丁未（一九六七）	四十七歲	發表短篇小說、散文甚多。小說創作社出版連載長篇小說《碎心記》。
民國五十七年戊申（一九六八）	四十八歲	小說創作社出版《中華日報》連載長篇小說《鑪姑》。水牛出版社出版散文集《鱗爪集》，收入〈家鄉的魚〉、〈家鄉的鳥〉、〈雪天的懷念〉、〈秋山紅葉〉、〈學問與創作之間〉等散文七十六篇，舊詩三首。
民國五十八年己酉（一九六九）	四十九歲	商務印書館出版中短篇小說集《青雲路》。收入〈世家子弟〉、〈青雲路〉、〈空棺記〉、〈久香〉等四篇。
民國五十九年庚戌（一九七〇）	五十歲	商務印書館出版中短篇小說集《變性記》。收入〈變性記〉、〈嬌客〉、〈歲寒圖〉、〈泥龍〉、〈祖孫父子〉、〈秋風落葉〉、〈老夫老妻〉、〈恩愛夫妻〉、〈布販與偷雞賊〉、〈芳鄰〉、〈沙漠王子〉、〈沙漠之狼〉、〈世界通先生〉、〈寶珠的祕密〉、〈奇緣〉等十五篇。幼獅文化事業公司出版長篇小說《龍鳳傳》。臺北立志出版社出版長篇《火樹銀花》出版全集時易名《同是天涯淪落人》。
民國六十年辛亥（一九七一）	五十一歲	立志出版社出版長篇小說《火樹銀花》。發表散文多篇及在高雄《新聞報》連載長篇小說《紫燕》。
民國六十一年壬子（一九七二）	五十二歲	闢道出版社出版散文集《浮生集》。收入〈文藝的危機〉、〈貝克特高風〉、〈五十年華〉等散文十三篇，舊詩六首。學生書局出版短篇小說散文合集《斷腸人》。收入短篇小說〈斷腸人〉、〈薇薇〉、〈相見歡〉、〈滄桑記〉、〈恩怨〉、〈夜宴〉等七篇及散文〈文學系與文學創作〉、〈大學國文教學我見〉、〈作家之死〉等十五篇。中華書局出版《墨人自選集》五大冊，包括長篇小說《白雲青山》、《鑪姑》、《鳳凰谷》、《江水悠悠》（《東風無力百花殘》易名）及《短篇小說、詩選》（精選短篇小說二十八篇、抒情詩一〇六首），共一百五十萬字。
民國六十二年癸丑（一九七三）	五十三歲	發表散文多篇。列入英國劍橋國際傳記中心（International Biographical Centre Cambridge England）出版的《國際詩人名錄》（*International Who's Who in Poetry. 1973*）。

民國六十三年甲寅（一九七四）	五十四歲	出席第二屆世界詩人大會。 發表散文多篇。
民國六十四年乙卯（一九七五）	五十五歲	列入正中書局出版的《中華民國文藝史》（1975）。發表〈臺北的黃昏〉新詩一首及散文多篇。
民國六十五年丙辰（一九七六）	五十六歲	列入英國劍橋國際傳記中心出版的 *Men of Achievement. 1976* 發表〈歷史的會晤〉新詩及散文、短篇小說多篇。
民國六十六年丁巳（一九七七）	五十七歲	應 I.B.C 邀請於三月間赴義大利翡冷翠出席國際文藝交流大會（The 3rd I.B.C. International Congress on Arts and Communications）。會後環遊世界。發表〈羅馬之戀〉、〈羅馬之松〉、〈翡冷翠的女郎〉、〈翡冷翠之柳〉、〈塞納河〉等詩及羅馬掠影」、〈羅城記〉、〈威尼斯之旅〉、〈藝術之都翡冷翠〉、〈西雅奈與比薩斜塔〉、〈美國行〉、〈江戶、皇宮、御苑〉、〈環球心影〉等遊記。 在《中國時報》發表有關中國文化論文〈中國文化的三條根〉，在《新生報》發表〈文藝界的『洋』瘋癲〉等多篇。
民國六十七年戊午（一九七八）	五十八歲	近代中國社出版長篇傳記小說《詩人革命胡漢民傳》。 列入英國劍橋國際傳記中心出版的《國際名人辭典》（*Dictionary of International Biogaphy.1978*）、《國際知識分子名錄》（*International Who's Who of Intellectual.1978*）、《國際人名剪影》 *International Register of Profiles*）、《國際社會名人錄》（*International Who's Who in Community Service*）。發表〈六月之荷〉詩一首。 在各報發表〈中國文化的宇宙觀〉、〈中國文化的真面目〉、〈文化、社會形態與當代文學創作（為亞洲文學會議而作）〉、〈人與宇宙自然法則〉等。 出席亞洲文學會議。　列入中華書局出版的《中華民國當代名人錄》（*Who's Who of R.O.C. 1978*）　列入行政院新聞局編印的一九七八年英文《中華民國年鑑名人錄》（*China Yearbook Who's Who*）。

民國六十八年己未（一九七九）	五十九歲	學人文化事業有限公司出版長篇小說《心猿》（《紫燕》易名）。發表短篇小說〈春〉、〈杏林之春〉、長詩〈哀吉米‧卡特〉及〈山之禮讚〉五首。短篇〈客從故鄉來〉、〈人瑞〉。理論〈中國古典小說戲劇〉、〈抗戰文學的整理與再創作〉（《中央日報》）等多篇。
民國六十九年庚申（一九八〇）	六十歲	秋水詩刊社出版詩集《山之禮讚》，收集六十四年以後新詩四十四首及七言絕律詩十首。　中華日報社出版散文集《心在山林》，收集〈花甲聲中過〉、〈老當益壯〉，及抒情寫景散文數十篇。 臺中學人文化事業出版有限公司出版《墨人散文集》收集〈文化、社會形態與當代文學創作〉、〈人與宇宙自然法則〉、〈中國文化的三條根〉、〈宇宙為心人為本〉、〈文藝界的『洋』瘋癲〉等理論性散文數十篇。 在《中央日報‧副刊》發表〈紅樓夢研究的正確方向〉、《中華日報‧副刊》發表〈人生六十樹常青〉、《青年戰士報‧新文藝副刊》發表〈山中人語〉專欄文章〈山水之間〉、〈生命長短價值觀〉、〈寶刀未老〉、〈七進七出鬼門關〉、〈報人甘苦〉、〈杏壇生涯〉等。 接受《大華晚報》採訪組副主任程榕寧兩次訪問，一為談胡漢民生平，一為談《易經》、《道德經》、命學，並發表〈醫學命學與人生〉專文。
民國七十年辛酉（一九八一）	六十一歲	繼續撰寫《山中人語》專欄。 應臺中市《自由日報》特約撰寫〈浮生小記〉專欄。 應行政院新聞局邀請參觀本省農漁畜牧事業單位，並在《中央日報》發表〈人在福中〉散文。 接受臺灣廣播公司〈成功之路〉節目訪問，於四月廿七日晚八時半播出。 在高雄《新聞報》發表〈撥亂反正說紅樓〉（六月十七、十八日）論文。
民國七十一年壬戌（一九八二）	六十二歲	九月赴漢城出席第二屆中韓作家會議，並在東京參加中日作家會議，曾暢遊南韓、北海道、大阪至東京名勝地區，歸後撰寫〈韓國掠影〉、〈秋遊北海道〉，發表於《中央日報》。 列入中華民國名人傳記中心出版的《中華民國現代名人錄》。

		列入英國劍橋國際傳記中心出版的《傑出男女傳記》（*Men and Women of Distinction*）並附照片。 列入美國 MarQuis 公司出版的《世界名人錄》（*Who's Who in the World*）第六版。 接受義大利藝術大學授予的文學功績證書。
民國七十二年癸亥（一九八三）	六十三歲	商務印書館出版散文集《山中人語》，收集散文七十篇。
民國七十三年甲子（一九八四）	六十四歲	商務印書館出版《論羈人及其作品》上、下兩冊，包括評論文章六十餘篇。 列入義大利 Accademia Itlia 出版英、法、德、義四種文字的《國際文學史》（*The History of International Literature*）及《百科全書：當代人物（*The Encyclopadeia: Contemporary Personalities*）。 端午節（六月四日）開筆撰寫已構思準備十餘年的一百餘萬字的大長篇小說《紅塵》，年底完成初稿四十餘萬字。 十月在韓國漢城舉行的第四屆中韓作家會議，事忙未能出席，但提出一萬餘字的論文（古典與現代）一篇。
民國七十四年乙丑（一九八五）	六十五歲	由江山出版社出版《三更燈火五更雞》、《花市》散文集等兩本，前者收入散文、理論二十四篇，後者收入散文遊記三十七篇。 八月一日退休，專心寫作《紅塵》，於十二月底完成九十二章，告一段落，共一百二十萬字，超出《紅樓夢》十餘萬字，內有絕律詩（聯）三十一首。
民國七十五年丙寅（一九八六）	六十六歲	年初開始研讀《全唐詩》，撰寫《全唐詩尋幽探微》，十一月完成，共十二萬餘字，一面在《新聞報・西子灣》發表，並連同歷年所作絕律詩二十七首，定名為《羈人絕律詩集》，一併交與臺灣商務印書館簽約出版。 列入美國 A.B.I. 出版的 5000 Personalities of the World；英國 I.B.C. 出版的 *The International Authors and Writers Who's Who.*

民國七十六年丁卯（一九八七）	六十七歲	訪問考察東南亞地區、國家馬來西亞、新加坡、泰國、菲律賓、香港十七天、並出席多次座談會。 商務印書館出版《全唐詩尋幽探微》（附《墨人絕律詩集》）。 《紅塵》長篇小說於三月五日開始在《臺灣新生報》連載。 七月四、五日出席在臺北市召開的抗戰文學研討會。 八月一日出席在高雄市召開的第七屆中韓作家會議。
民國七十七年戊辰（一九八八）	六十八歲	元月二日完成《全唐宋詞尋幽探微》（附《墨人詩餘》）全書十六萬字。設於美國深受世界尊重的「國際大學基金會」（The Marquis Giuseppe Scicluna 1855-1907 International University Foundation）（Founded 1973）授予榮譽文學博士學位。
民國七十八年己巳（一九八九）	六十九歲	臺灣商務印書館出版《全唐宋詞尋幽探微》。 臺北大地出版社三版長篇小說《白雪青山》。 世界大學（World University）授予榮譽文學博士學位。
民國七十九年庚午（一九九〇）	七　十　歲	五月應大陸黃河文化實業公司邀請，作四十天文學之旅，與北京、上海、杭州、九江、武漢、西安、蘭州等地作家座談中華文化、文學創作，坦誠交換意見，獲得一致共識，真摯友情與尊敬，廣州電視臺並全程錄影，製作專輯播出，六月底返臺後即撰寫《大陸文學之旅》專著。 艾因斯坦國際學院基金會（Albert Einstein 1879-1955 International Academy Foundation）授予榮譽人文學博士學位。 榮列英國劍橋國際傳記中心出版的 IBC Book of Dedications. 占全書篇幅五頁，刊登照片五張，介紹五十年創作生涯，十分翔實，篇幅之大，為全書冠，並禮聘為 IBC 副總裁。
民國八十年辛未（一九九一）	七十一歲	二月底新生報出版《紅塵》，二十五開本，上、中、下三鉅冊。黎明文化事業公司出版《小園昨夜又東風》散文集。 應香港廣大學院禮聘為中國文學研究所客座指導教授。 《紅塵》榮獲新聞局著作金鼎獎及嘉新優良著作獎。

民國八十一年壬申（一九九二）	七十二歲	文史哲出版社出版《大陸文學之旅》。 應聘香港廣大學院中研所客座指導教授。 一月五日開筆寫《紅塵續集》、自九十三章起至一百二十章止、共四十萬字、六月十日完稿、《紅塵》全書共一百九十萬字。續集自十二月一日開始在《臺灣新生報・副刊》連載近年、雙破長篇鉅著及連載紀錄。中國廣播公司《中廣小說選播》節目、亦於十二月一日十四時三十分、在AM657千赫第一廣播網開始播出長篇鉅著《紅塵》上、中、下三冊、由戴愛華小姐導播、集該公司播音精英、通力合作、龍老夫人一角由播音元老白銀飾演、其餘人物均為一時之選、效果奇佳、前所未有。　北京「中國文聯出版公司」出版《也無風雨也無晴》。 羈人故鄉九江《師專學報》、於本年起開闢《羈人研究》專欄、與《陶淵明研究》、《黃山谷研究》、並稱三大專欄、甚受教育、學術界重視。
民國八十二年癸酉（一九九三）	七十三歲	十月下旬、偕《秋水》詩刊同仁涂靜怡、雪柔、麥穗、汪洋萍、鳳信子、林蔚穎等為慶祝《秋水》創刊二十周年、訪問哈爾濱、北京、西安三大都市、與當地詩人座談交流、水乳交融、兩岸詩人因而建立深厚友誼。十一月初、隻身訪問昆明、探親、昆明作協主席曉雪、八十多歲老作家李喬、小說家張昆華、《春城晚報》副總編輯熊廷武、副刊主編原因、理論家教授余斌、作家湯世傑、李錦華等集會歡迎、其中多為白族、彝族等少數民族作家、乃以雲南少數民族文化資源努力創作相勉、深獲共鳴。資深作家彭荊風、晚間並來下榻處暢談。 繼續應聘香港廣大學院中研所客座指導教授三年。 十二月新生報社出版《紅塵續集》、全書共四大冊、其實前後一貫、為一整體、該報為方便、乃以《續集》名之。一生心願心血得以完成、在輕、薄、短、小及商品文學獨占市場情況下、亦一大異數。北京「中國文聯出版公司出版《紅樓夢的寫作技巧》。

年代	年齡	事蹟
民國八十三年甲戌（一九九四）	七十四歲	一月開始研讀自北京購回的《全宋詩》、擬續寫《全宋詩尋幽探微》。 四月十一日接受臺北復興廣播電臺《名人專訪》節目主持人裴雯小姐訪問；談一生寫作歷程及大長篇《紅塵》寫作經過。 臺北《世界論壇報》副社長兼副刊主編詩人評論家周伯乃先生、特自五月三十一日起一連三天出版特刊，慶祝七十晉五誕辰暨創作五十五周年，除刊出〈小傳〉、〈七五人生〉一首詩）、〈中國新詩與傳統詩詞的整合〉、〈叩開生命之門〉三篇新作外，並刊出蒙古族女詩人作家薩仁圖婭的〈墨人：屈原風骨中華魂〉，及馬來西亞霹靂州立女子中學校長、詩詞家、散文作家彭士麟女士論《紅塵》與大陸作家作品比較的書信、墨人著作校長、詩詞家、散文作家彭士麟女士論《紅塵》與大陸作家作品比較的書信、墨人著作目錄、美國兩個榮譽文學博士、一個人文學博士照片三張、《紅塵》獲獎照片一張、及周伯乃〈無限的祝禱〉文等。 八月七日、中國時報系的《工商日報‧讀書版‧大書坊》刊出蓓齡的《紅塵》墨人專訪文章、並配合攝影記者何日昌拍攝的墨人及《紅塵》四冊照片。 大陸廣州暨南大學中文系教授兼臺港暨海外華文文學研究中心主任、評論家潘亞暾、費時月餘撰寫《紅塵續集》論文達一萬餘字的〈偉大史詩的歸結〉，於九月二十一至二十五日在臺北市《世界論壇報‧副刊》全文刊出，見解不凡，對《續集》的成功更使他大吃一驚，因此，更肯定《紅塵》的史詩價值、地位。 八月二十八日第十五屆世界詩人大會在臺北召開，僅提出〈中國新詩與傳統詩詞的整合〉論文一篇、並未出席、論文則由《中國詩刊》主編曾美霞女士代讀。
民國八十四年乙亥（一九九五）	七十五歲	一月、臺北文史哲出版社出版《墨人半世紀詩選》（一九四二—一九九四）。 一月十日應臺北廣播電臺《藝文夜話》主持人宋英小姐訪問，許導播秀玲決定十日開播《紅塵》全書四冊，每日廣播兩次。 中國詩歌藝術學會主辦、中國文藝協會協辦，於五月二十二日在臺北市中國文藝協會舉行《墨人世半紀詩選》學術研討會、與會詩人、評論家六十餘人，討論情況熱烈，並印發海峽兩岸評論家王常新、古繼堂、古遠清、李春生、楊允達、周伯乃等十三家論文專集。各家均推崇、肯定新舊詩兩方面的成就與半個多世紀的貢獻。

		英國劍橋國際傳記中心頒贈二十世紀文學傑出成就獎。 榮列一九九五年英國劍橋國際傳記中心出版的 The Definitive Book of the Deputy Directors General of the IBC. 佔全書篇幅五頁，刊登照片五張，為全書之冠。
民國八十五年丙子（一九九六）	七十六歲	臺北圓明出版社出版涵蓋儒、釋、道三家思想的散文集《紅塵心語》。卷首有珍貴的文學照片十餘張。 臺北中國詩歌藝術學會出版《十三家論文》論《鼎人半世紀詩選》。
民國八十六年丁丑（一九九七）	七十七歲	臺北中天出版社出版與《紅塵心語》為姊妹集的散文集《年年作客伴寒窗》，各篇亦均以五、七言詩作題，內中作者詩詞亦多，並附錄珍貴文學資料訪問記、特寫、著作目錄等十餘篇。出任「乾坤」詩刊顧問，並主編該刊古典詩詞。 完成《鼎人詩詞詩話》、《全宋詩尋幽探微》兩書全文。
民國八十七年戊寅（一九九八）	七十八歲	構思六年的以佛學精義結合修行心得化為文學創作的長篇小說《婆娑世界》，於三月二十八日開筆，十二月脫稿。共三十八章，五十多萬字。 英國劍橋國際傳記中心（IBC）出版《二十世紀傑出人物》以照片配合文字將鼎人傳記刊卷首重要位置，並頒發獎狀。大陸中國國際經濟文化交流促進會、燕京國際文化藝術研究會等七大單位編纂出版的《世界華人文學藝術界名人錄》，中國國際交流出版社出版的《世界名人錄》，均為十六開巨型中文本。
民國八十八年己卯（一九九九）	七十九歲	本年為來臺五十周年，創作六十周年，中國習俗八十歲，昭明出版社出版長篇小說《婆娑世界》。 美國傳記學會（ABI）出版二十世紀《五百位有影響力的領袖》，以照片配合文字將鼎人傳記刊於卷首重要位置並頒發獎狀。照片及詩詞五首編入中國《當代吟壇》巨著。　美國「世界智庫」與艾因斯坦國際學會基金會」聯合頒贈鼎人傑出成就榮譽獎，以紀念千禧年，並榮列中國出版的《中華精英大全》。 美國傳記學會頒贈鼎人「二十世紀成就獎」。

民國八十九年庚辰（二〇〇〇）	八十歲	臺北昭明出版社陸續出版定本長篇小說《白雪青山》、《滾滾長江》、《春梅小史》；文學理論《紅樓夢的寫作技巧》，連同民國八十八年出版的長篇小說《娑婆世界》，並列爲墨人一系列代表作品，以慶祝墨人八十整壽。臺北詩藝文出版社出版《墨人詩詞詩話》。臺北文史哲出版社出版《全宋詩尋幽探微》。
民國九十年辛巳（二〇〇一）	八十一歲	臺北昭明出版社出版長篇小說定本《紅塵》全書六冊及長篇小說《紫燕》定本。
民國九十一年壬午（二〇〇二）	八十二歲	五月三日偕長子遐翰赴上海訪友小住。英國劍橋國際傳記中心授予「終身成就獎」。
民國九十二年癸未（二〇〇三）	八十三歲	八月底偕夫人及在臺子女四人經上海轉往故鄉九江市掃墓探親並遊廬山。
民國九十三年甲申（二〇〇四）	八十四歲	準備出版全集（經臺北榮民總醫院檢查無任何疾病。）巴黎 you-Feng 書局出版豪華典雅法文本《紅塵》。
民國九十四年乙酉（二〇〇五）	八十五歲	此後五年不遠行，以防交通意外，準備資料。計劃百歲前歸筆撰寫新長篇小說。北京「中央出版社」出版《強國丰碑》，以著名文學家張萬熙爲題刊出墨人傳略，爲臺灣及海外華人作家唯一入選者。並先後接到北京電話、書函邀請寄送資料編入《一代名家》、《中華文化藝術名家名作世界傳播錄》。
民國九十五年丙戌（二〇〇六）至民國一百年（二〇一一）——	八十六歲至九十二歲——	重讀重校全集，已與臺北市文史哲出版社簽訂出版《墨人博士作品全集》合約，民國一百年年內可以出版。此爲「五四」以來中國大陸與臺灣所未有者。